JN018104

A HISTORY OF
AFGHANISTAN

アフガニスタン史

前田耕作／山根聡｜著

河出書房新社

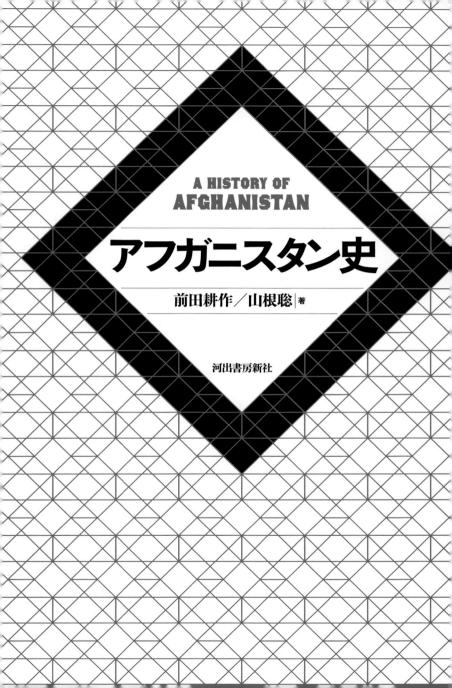

アフガニスタン史◆目次

第2部　現代

アフガニスタン史

プロローグ──アフガニスタンとはどんな国か

一三世紀の初め、チンギス・ハーンがアフガニスタンを去ったとき、この地域は新たな反乱の呼びかけにも応えることのできない状態に陥っていた。

「およそ町らしい町は根こそぎ、まるで大地震にでも遭ったあとのように、破壊しつくされた。河川の堰《せき》や堤防はこぼたれ、用水路は断たれ、流れの先は沼地に変わり、作物の種子には火が放たれ、果物がなる木は根元から鋸《のこぎり》で引かれた。農地を砂塵《さじん》から守る植え込みも伐り倒された。数千年来の耕地はステップに逆もどりした。果樹園にしても、ステップや砂漠から吹きつける砂嵐に、まともにさらされた。歌のような地名をつらねるオアシス地帯、『千夜一夜』の都市が建ちならぶ地方、アラビア・ペルシアの洗練された文化の花、いにしえのオリエントの驚異。そのすべては遊牧民と共謀するステップの乾燥に、ことごとく呑みつくされた。それはまさしく、世界の破局につらなる〈大地の死〉で、この地方が元どおりに立ち直ることはもはやなかった」（ルネ・グルッセ『チンギス・ハーン』）

長い聖戦と内戦の果て、いままた爆弾の嵐に見舞われてしまったアフガニスタンの荒廃は、かつてこの国の文化を守ってきたあの豊かな樹々の緑の帳《とばり》をどのように取り戻すことができるというのであろうか。相つぐ戦乱の中でも、なお保持しえた豊かさの象徴。あの血のように赤い柘榴《ざくろ》の実と房々とした葡萄《ぶどう》の実の山をふたたび私たちは目にすることができるのであろうか。

現在のアフガニスタンの歴史をふりかえること、そしてひとすじ縄ではなかったこの国の曲折した過去をかえりみることは、戦争と戦士の活躍に彩られてきた人類の歴史の不幸を想い起こすことでもある。アフガニスタンはその地理的位置の不運から、人間の不幸な罪をもっとも凝縮したかたちで引き受けてきたともいえるだろう。アフガニスタンの歴史をひもとくことは、私たちの克服できないでいる課題の一つ一つを見つめなおすことでもあるのである。

自然と民族

アフガニスタンは面積六四万七四九七平方キロで日本の約一・七倍、ほぼフランス、あるいはアメリカのテキサス州と同じ大きさの国である。海に面することなく、陸地に囲まれた土地で、北緯二九度二一分〜三八度三〇分と、東経六〇度三一分〜七五度の間にあり、国土の四分の三がヒンドゥー・クシュと呼ばれる峨々《がが》とした高山とその支脈におおわれている。寒烈さと雪の多さからヒンドゥー・クシュ（インド人殺し）という恐ろしい名をもつこの山脈は、ヒマラヤ、カラコルムと西へ延びる世界の屋根の西端にあり、国を南西の方向に縦貫すること一九二〇キロで砂漠と化して消える。この山系はワハンからヌーリスタンにかけての北東部がもっとも高く、南西へ行くほど高度が低くなる。山系の中央部で最後の高みをみせるのがコー・イ・ババ山脈で、その最高峰シャー・フォラディは海抜四九五一メートルある。六〇〇〇メートル級の高山が連なる北東部に比べれば、これでも山並みは低いといえる。

このヒンドゥー・クシュの中心の山系から、アフガニスタンの国土を潤す重要な三つの川が流れている。一つは東流してやがてガンダーラの平原を貫流し、インダス川に合流するカブール川であり、一つは南流してカンダハール、ラシュカル・ガー、シースタン地方を潤し、やがてハムーン沼沢地に消えるヘルマンド・アルガンダブ川であり、もう一つは西流してヘラート盆地を通り、北へ転じトゥルコメニスタンのカ

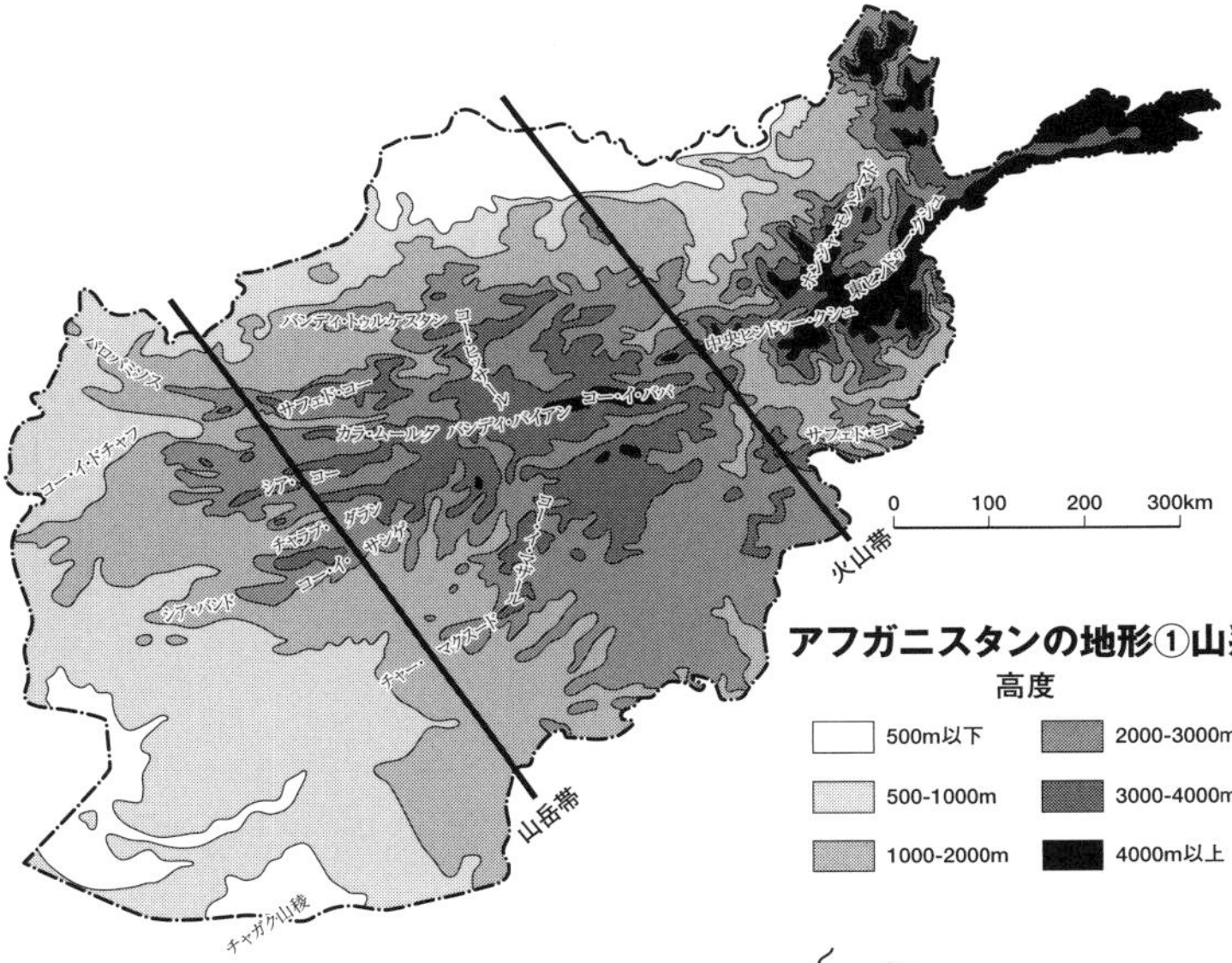

アフガニスタンの地形①山系

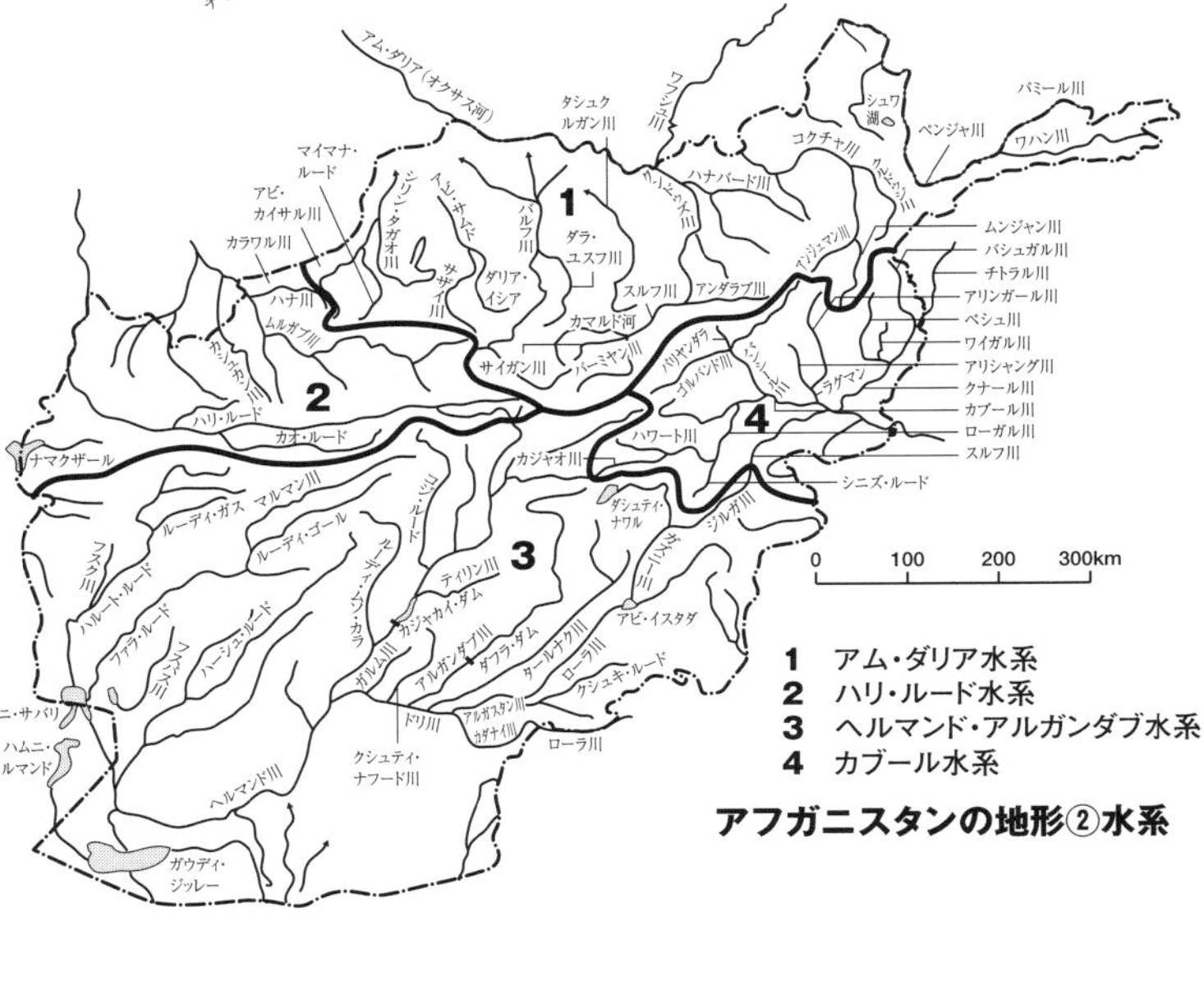

アフガニスタンの地形②水系

ラ・クム砂漠に姿を消すハリ・ルード川である。

北方へと流れだす川は、スルフ川、クンドゥズ川と連なり、あるいはコクチャ川に合流して、さらにパミール内奥に発するアム・ダリアにすべてが合して西方へと流れ去る。昔、オクサス川と呼ばれたこのアフガニスタン北縁の川が、現在はウズベキスタンとタジキスタンの国境をなしている。

大別すれば、アフガニスタンは、アム・ダリア水系、ハリ・ルード水系、ヘルマンド・アルガンダブ水系、カブール水系の四つの水系によって国土が形成されているといえる。高所乾燥アジアの中心にあるアフガニスタンの水系の変化は、地球の生態変化のバロメーターの役割も果たしているのである。

峡谷とオアシスの複雑な地形のままに、この地に住まう人びともまた多様である。東西南北、四方からの人の往来がアフガニスタンの民族の複雑さを形づくることになった。征服によるもの、移民によるもの、交易によるもの、宗教によるものなど、往来の動機もさまざまであった。

アフガン人、すなわちパシュトゥン（プシュトともパタンとも呼ばれる）人は主として南部と東部を本拠としており、人口は最大の六五〇万人を数える。パシュトゥン人は主要な都市のどこにも住んでいるが、それは一八世紀以来の移民政策によることとアフガニスタンの支配民族であったことに関係している。公用語に自民族のパシュトー語を採用させたこともあった。今日の共通語は、ペルシア語方言の一つであるダリー語である。ダリー語とは、アフガニスタンで用いられているペルシア語の方言の総称である。パシュトゥン人はこれをパールスィーと呼び、タジク人はファールスィーと呼んでいる。ダリー語はパシュトー語と同じく、広くはインド＝ヨーロッパ語族に属する。パシュトゥン人はいくつもの部族に分かれているが、ドゥッラーニーとギルザイの二部族が主族である。コーカサス系の人種で、草原や山岳の遊牧民であったが、近代史の中で歴史の主役を演じたのはこの民族であった。

コーカサス系の人種にはほかに、コー・ダマン、パンシール渓谷のバダクシャン地方に住むタジク人、

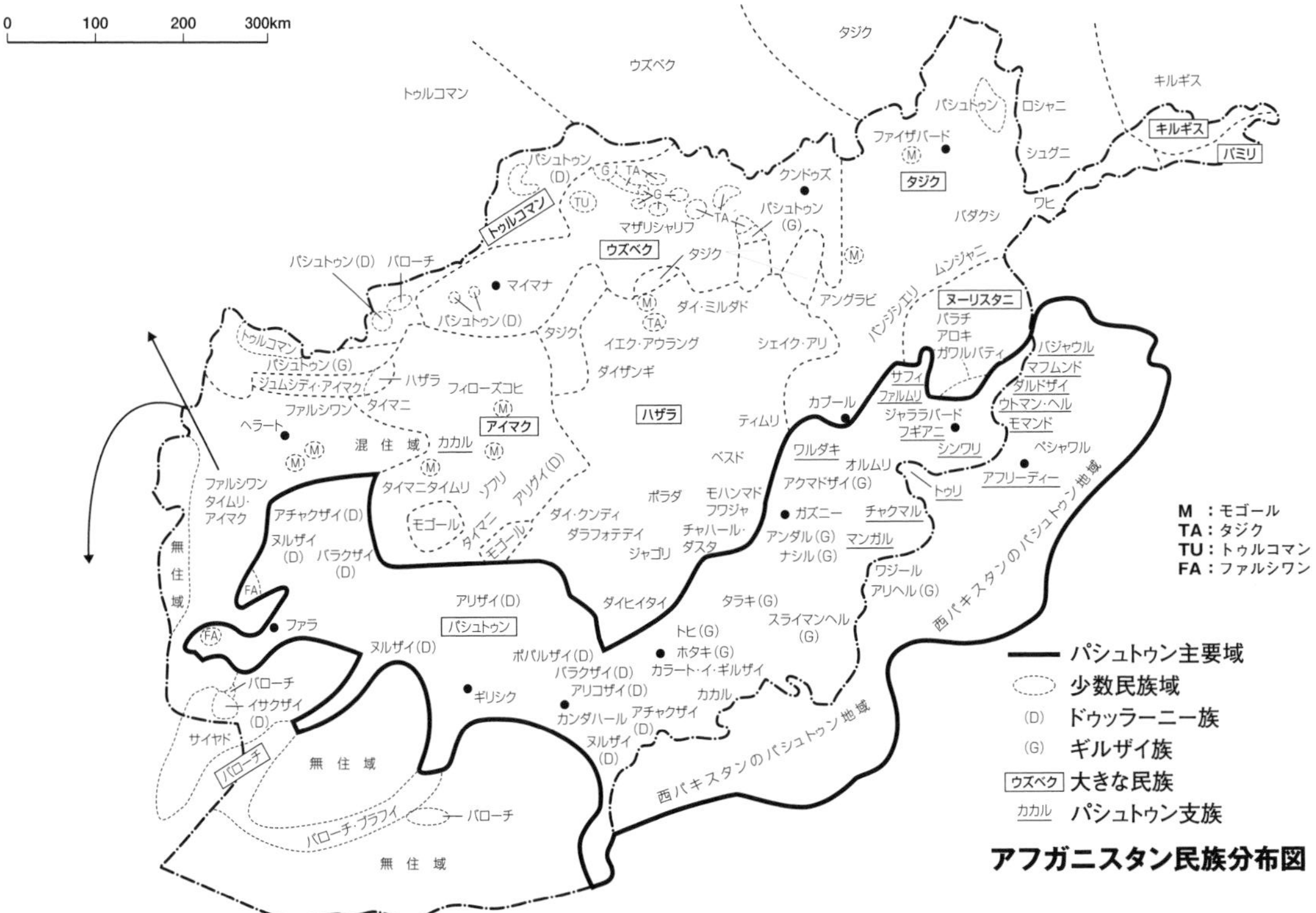

アフガニスタン民族分布図

民　族	言　語	宗　教
パシュトゥン	パシュトー語	ハナフィー派スンニー
タジク	ダリー語、タジク語	ハナフィー派スンニー、イスマイール派シーア(北部の若干)
ファルシワン	ダリー語	イマーム派シーア
キジルバシュ	ダリー語	イマーム派シーア
ハザラ	ハザラギ語(ダリー方言)	イマーム派シーア、イスマイール派シーア、スンニー(極少数)
アイマク	ダリー語(トルコ語彙多用)	ハナフィー派スンニー
モゴール	ダリー語（モンゴル語借用語多し）	ハナフィー派スンニー
ウズベク	ウズベキ語、トルコ語方言	ハナフィー派スンニー
トゥルコマン	トルコ語方言	ハナフィー派スンニー
キルギス	キプチャク・トルコ語方言	ハナフィー派スンニー
パミリ	パミリ語、東イラン語方言	イスマイール派シーア、ハナフィー派スンニー
バローチ	バローチ語	ハナフィー派スンニー
ブラフイ	ブラライ語	ハナフィー派スンニー
ヌーリスタニ	カフィリ方言	ハナフィー派スンニー
コーヒスタニ	ダルディク語	ハナフィー派スンニー
グジャル	ヒンドゥスタニ方言	ハナフィー派スンニー
ジャト・グジ	ヒンドゥスタニ方言	ハナフィー派スンニー
アラブ	ダリー語、ハシュト語	ハナフィー派スンニー
ヒンドゥー	ヒンドゥスタニ語、パンジャビ語、ラーンダ語	ヒンドゥー教
シク	ヒンドゥー語、パンジャビ語、ラーンダ語	シク教
ユダヤ(ヤフディ)	ヘブライ語、ダリ語、パシュトー語	ユダヤ教

アフガニスタンの民族・言語・宗教（ルイ・デュプレー作成の表より）

アフガニスタンの南西部に住むバローチ人、東部クナール川の流域に住むヌーリスタニ人がいる。タジク人はパシュトゥン人に次いで人口が多く三五〇万人を数え、パシュトー語と同じペルシア語系のダリー語を話す。ちなみにタジクとはペルシア語の「タージーク」（馬に乗って駆ける者）に由来し、東洋史では大《ター》食《ジー》として知られ、唐・宋時代のイスラーム教徒を指す名称であった。バローチ人も同系のバローチ語を話すが、ヌーリスタニ人はインド＝ヨーロッパ語系のカフィリ語を使用している。

中部山岳地帯のハザラ人、アイマク人、モゴール人、北西部のトゥルコマン人、北方のウズベク人、キルギス人はモンゴル系人種で、ハザラ人とアイマク人はダリー語を話し、トゥルコマン人、ウズベク人、キルギス人はトルコ語方言を話す。ハザラの語源は明らかではないが、モンゴル軍を編成する「千騎部隊」の「千《ハザール》」をペルシア語化したものであるという説もある。モゴール人は今日では大半の人がダリー語を話すが、語彙《ごい》の中に蒙古語からの借用語が多くみられる。

このほかにも少数ながら、ブラフイ人、グジャル人、アラブ人、ヒンドゥー教徒、シク教徒、ユダヤ人もいる。

複数民族の大部分がイスラーム教のスンニー派に属しているが、ハザラ人とキジルバシュ人、およびファルシワン人ら少数がシーア派に属している。一九世紀になって強制的に改宗させられたヌーリスタニ人やワハン地方のワハニ人らの信仰については、いまも未詳である。

プリンストン大学の人文学者で先史考古学にも造詣が深かったルイ・デュプレーが示した民族・言語・宗教の一覧表を借りて示せば、前ページの表のようになるだろう。

第1部

古代〜近代

1　アフガニスタン前史

アフガニスタンにはかつて紀元前一〇万年前からの旧石器の文化があり、またおよそ紀元前七〇〇〇年前からの新石器の文化があったことを知る人はほとんどいないだろう。

紀元前三〇〇〇年から二〇〇〇年にかけての時代、ナイル、ティグリス・ユーフラテス、そしてインダスといった大河の河畔に都市文明が生れつつあったが、その背景には農耕文化の発展があった。アフガニスタンで発見されたムンディガクとデー・モラシ・グンダイの両遺跡はこうした発展の経緯を示す青銅器時代の遺跡である。バクトリア地方から出土したと伝えられる数体の石製女性像もまた青銅器時代（紀元前二〇〇〇～前一八〇〇年）のもので、イラン高原やメソポタミアの諸文化と早くから深いつながりがあったことを示す貴重な遺物である。アフガニスタンは先史の時代からすでにメソポタミアとインダスの文明を継ぐ交流網の中にあったのである。

ペルシアとアレクサンドロス大王の支配

紀元前六世紀にはアケメネス朝ペルシアのダレイオス一世（紀元前五二二～前四八六年）の支配を受けた。カンダハールの旧市シャル・イ・コナの発掘によって、前六世紀にこの町がすでにアフガニスタン南方の首邑《しゅゆう》になっていたことが明らかになった。

バクトリア地方出土のクロライト製女性像（青銅器時代、BC2000年頃）。

ムンディガク遺跡の頭像（BC2700年頃）。

紀元前三三〇年から前三二七年まで、アレクサンドロス大王は東方遠征の中でもっとも長い期間、アフガニスタンの南北に転戦した。アレクサンドリア・アレイア（ヘラート）、アレクサンドリア・アラコシア（カンダハール）、アレクサンドリア・ガズニー（ガズニー）、アレクサンドリア・カピサ（カピサ・ベグラム）、アレクサンドリア・オクシアナ（アイ・ハヌム）、アレクサンドリア・バクトラ（バルフ）など、アフガニスタンに存在したアレクサンドリア（アレクサンドロスが自分の名を付した町）の数の多さがそれを裏づけている。

南方のマウリヤ朝と北方のグレコ・バクトリア王国

アレクサンドロスが三三歳の若さでバビロンに没すると（紀元前三四三年）、アフガニスタンは後継者のセレウコス一世の統治するところとなるが、紀元前三〇五年、当時勢いを増していたチャンドラ・グプタの率いるインドのマウリヤ朝に、ヒンドゥー・クシュの南方カブールとカンダハール地域が割譲されることになった。一九六七年にカンダハールの旧市近郊で発見されたアショーカ王（在位紀元前二六八〜前二三三年）の二ヶ国語碑文、ギリシア語とアケメネス朝ペルシアの公用語アラム語による法勅の碑文が、この事実を示唆して

アレクサンドロス大王の肖像のコイン。

グレコ・バクトリア王国のディオドトスのコイン。

いる。そしてアショーカ王の時代、仏教がアフガニスタンで布教されたものと考えられる。

ヒンドゥー・クシュの南方がインド文化の導入をみたのに対し、ヒンドゥー・クシュの北方では、セレウコス朝の支配が続いたが、紀元前二五〇年、ディオドトスがセレウコス朝から独立してグレコ・バクトリア王国を誕生させた。一九六五年から着手されたフランスの考古学者ポール・ベルナールの指揮するアイ・ハヌム遺跡の発掘、クンドゥズの西北、カラ・イ・ザルのキスト・タパで発見されたクンドゥズ遺宝が、グレコ・バクトリアの輝かしい歴史に新しい光を投ずることになった。

クシャン朝

グレコ・バクトリア王国を亡ぼして、アフガニスタンに遊牧民による国を生み出したのはサカと大月氏のクシャン朝（紀元前一三五年頃～紀元後四世紀）であった。北西部のシバルガンのティリヤ・テペで発見された王墓は、グレコ・バクトリアの新しい支配者となった遊牧民（サカ）の姿を映し出している。

クシャンは謎の多い王朝であるが、その王はバクトリア（大夏）の五人の王の一人であったと中国の歴史書『漢書』は伝えている。初代の王クジュラ・カドフィセス（丘就卻）のときにバクトリアで覇権を握ると、ヒン

クシャン朝第二代の王ヴィマ・カドフィセス（右）と第三代の王カニシュカ（左）の肖像のコイン。

ドゥー・クシュを越え、アフガニスタンを席捲《せっけん》してガンダーラ地方へと進出した。その子ヴィマ・カドフィセス（閻膏珍）は、さらに領土をインダス河の向こうのガンジス中流域にまで広げた。第三代の王カニシュカのとき、クシャン朝は最盛期を迎え、夏の都はアフガニスタンのカピサに置き、冬の都はプルシャプーラ（現在のパキスタンのペシャワル）に置き、版図は東トルキスタンと西トルキスタンの一部、アフガニスタンの全域と北インドの大部分におよぶ広大なものとなった。そしてシルクロードの交易を盛んにし、ローマとも友好関係をもち、東西文化の交流に大きな推進力を与えた。宗教に関しても、諸教共存の寛大な態度でのぞんだため、領土の広がりに応じ、ゾロアスター教、仏教、ヒンドゥー教、ヘレニズムの神々など雑多な信仰が競い合って存在した。とりわけカニシュカ王は、マウリヤ朝のアショーカ王にならって、仏教を保護したので、仏教は大きな影響力をもつに至り、王の治政のもとで造寺・造仏の活動がいよいよ盛んなものとなった。

ヒンドゥー・クシュの北方、スルク・コタルにおける発掘は、拝火神殿とカニシュカ王の大碑文の発見、さらには仏寺の並存も明らかになって、クシャン朝下のアフガニスタンの文化の情況を知る具体的な手掛りを与えてくれている。カニシュカ王の仏教保護の政策は、クシャン帝国が帝国の中心を現在のインドとパキスタンなどの東方へと移すにしたがって取ることを余儀なくされたのであろうが、アショーカ王以来の布教の努力が一気

クシャン朝期（3〜4世紀）の仏頭（上）。
破壊以前のバーミヤンの大仏（左）。

に花開いたといえよう。仏教のアフガニスタンにおける「静かなる勝利」は、クシャン朝諸王の後ろ楯あってのことだった。

カンダハールの古市ゾール・シャルの仏塔（三〜五世紀）、ジェララバード近郊のハッダやダルンタ、カブールとその近隣のテペ・マランジャン、シェヴァキとグルダラの仏塔、コーダマン地域のトプ・ダッラ、コー・イ・マリ、ショトラクとパイタヴァ、ガズニーのタパ・サルダール、ウァルダク、ゴルバンド渓谷のフォンドゥキスタン、バーミヤン、サマンガンのタフティ・ルスタム、クンドゥズ近辺のドゥルマン・タパ、チャカラクなど、発掘によって歴史に名をとどめる仏教遺跡は多い。アフガニスタン全域における仏教活動の全貌が明らかになったとき、私たちは初めて仏教文化と中央アジアに流布したさまざまな宗教との交流、混淆《こんこう》、並存の実体を知ることができるのである。それはひいては、文化交流のダイナミズムとその創造的な力を改めて考えさせる契機となるだろう。

クシャン朝の分裂とササン朝ペルシアの支配

三世紀の中頃を過ぎたとき、クシャン朝は分裂し、国力は低下しつつあった。西の隣国ではササン朝が興《おこ》り、シャープール一世のもとで強大な帝国の基礎を築こうとしていた。シャープールは、東西交易の利権を握っていた東辺のクシャン王国に攻撃の矛先《ほこさき》を向けた。ペルシアの祭祀の都ペルセポリスの近くにあるナクシュ・エ・ロスタムの「ゾロアスターの方堂」の壁に刻まれた王の鴻業《こうぎょう》を讃える碑文のなかに、シャープールがクシャン王の冬の都ペシャワルを攻略し、インダスの渓谷を占領し、さらに北に転じてヒンドゥー・クシュを越えてバクトリアを征服し、オクサス川（アム・ダリア）を渡ってサマルカンドとタシュケントに至ったという記録がみえる。クシャン王国はこのとき、ササン朝ペルシアを宗主国と認める小国となったのである。その後、クシャンは王国の復興に努めるが、四世紀、シャープール二世の遠征によって王国は瓦解《がかい》して、ペルシアの新しい属州になっていたバルフのササン王家から選ばれた王によって統治を受けることになった。しかし、ササン朝ペルシアによるアフガニスタン支配の実体は、考古学的調査によっても、ササン朝コインの分布のほかはまだ明らかになっていない。

五世紀になると、北方からエフタル族（イラン系ともトルコ系ともいわれる遊牧民）の侵入を受け、クシャン朝（大クシャン）を受け継ぎ当時バクトリアやガンダーラを支配していたキダラ・クシャン（小クシャン）も、ササン朝ペルシアも敗れた。エフタル族はパンジャブにまで勢力を広げたが長続きせず、ふたたび力を盛り返したクシャンとアフガニスタン各地を分有するかたちになった。エフタルはひとときササン朝ペルシアの王位継承にも影響を及ぼすほど強力であったが、ホスロー一世がペルシアの王権を手にすると、西突厥と結ぶエフタルに当たり、エフタルの西方の領土を占領した。ホスロー一世はバルフを奪回しただけではなく、シースタンとヘラートも掌中に収めた。六世紀後半の頃のことである。

六三〇年頃、中国の求法僧玄奘《げんじょう》三蔵がサマルカンドからアム・ダリア（縛芻河）を渡り、バルフからバーミヤン、カピサ・ベグラム、ジャララバードへと、アフガニスタンを南北に、そして東西に横切ってインドへ旅をした。玄奘はその旅の記録『大唐西域記』に、アフガニスタンで訪れた国々の模様をしるし、僧院や仏塔や大仏に関して貴重な当時の情報を伝えてくれている。それによると、その頃、アフガニスタンではなお仏教がみごとな花を咲かせていたことがわかる。バーミヤンの大仏は「金色のきらきらとした輝き」を放っていたと、玄奘は目のあたりに仰ぎみた大仏の姿を語っている。

アラブの支配とイスラーム化

それからまもなく、イスラーム教を奉ずるアラブ軍の足音がアフガニスタンの西北部に聞こえてきた。ササン朝ペルシア最後の王ヤズドガルドは追われてメルヴ近くまで逃れたが、六五一年に暗殺され、それとともにササン朝は滅亡した。第二代正統カリフ、ウマル（六三四〜六四四年）と第三代カリフ、ウスマーン（六四四〜六五六年）にかけての時代であった。ウマイヤ朝になるとホラーサーン地方もアラブの支配下に入った。

六七七年、バルフとヘラートはニシャプールとメルヴとともにアラブの支配するところとなり、ホラーサーンに併合されていたが、他のアフガニスタンの諸地域はなお割拠《かっきょ》する地方君主の支配権のもとにあった。アッバース朝の第七代カリフのマームーンから、反乱鎮圧の功で将軍ターヒルがホラーサーンの統治権を委《ゆだ》ねられると、ターヒル朝が創始された。だが、この王朝はわずか五〇年で亡び、鍛冶工から身をおこしたヤークーブがシースタンに創立したイラン系のサッファール朝にとってかわられた。ヤークーブは、バルフとバーミヤンを征服してカブールへ出て、当時カブールを支配していたヒンドゥー・シャヒを制圧した。アフガニスタンにおけるヒンドゥー教の活動については不詳なところが多いが、玄奘がカブールを訪れたとき、ヒンドゥー寺院が存在していたことを証言している。バーミヤンもカブールも、イスラーム教を初めて知らされたのは八世紀末頃のことと思われる。

サーマーン朝

ターヒル朝が力を失ったとき、トランスオクシアナに独立してスンニーを奉じ、アッバース朝カリフの信任を得たイスマイール・イブン・アフマド（八九二〜九〇七年）は、ホラズムを手に入れ、ついでヤークーブを失ったサッファール朝を破ってホラーサーンを支配することで、サーマーン朝を建てた。八七四年のことである。やがて九〇〇年頃、サーマーン朝は首府ブハラからアフガニスタンにも勢力を伸ばし、支配域をヒンドゥー・クシュの南にも拡大していった。王朝の名祖《なおや》は、バルフ地方に住んでいたイラン系地主階級出身のサーマーン・フダーであると伝えられている。サーマーン朝はイスラーム教に基づく法による文治に力を注いだ。経済の繁栄とともに、ブハラ、サマルカンド、バルフなどの都市に文芸の花も開いた。医学者であり哲学者でもあったイブン・スィーナー、タジクの国民詩人と讃えられるルーダキーも、サーマーン朝が生み出した逸材であった。

バルフがサーマーン朝の花の一つであったことは、マスジド・イ・ノオ・グンバド（九つの穹窿をもつマスジド）の残址からも、うかがい知ることができる。マスジドとは礼拝の場所のことで、モスクともいう。また、バルフには奴隷を愛した悲劇の女流詩人ラビア・バルヒの墓も発見された（一九六四年）。彼女もまた、サーマーン朝文芸復興に紅《くれない》の花を添えたアフガニスタンの人であった。

ガズニー朝

サーマーン朝は、トルコ人奴隷を軍事力に使うことで支配権を握っていた。しかし、ホラーサーン地方の総督兼軍司令官の地位にまで昇った奴隷出身のアルプ・ティギンはサーマーン朝から独立して、アフガ

ガズニー朝のスルタン・マスード建立のミナレット。

ヘラートのマスジド・イ・ジャミ（金曜モスク）。

ニスタンのガズニーに新しい王朝を創始した。ガズニー朝（九六二〜一一八六年）がそれである。

アルプ・ティギンの後を継いだのは、彼の奴隷で娘婿であったというセブクティギンで、インドに対して軍を動かし、ハイバル峠を越えてペシャワルに攻め入り、インダス河西岸域をガズニー朝に併合した。

セブクティギンはサーマーン家の内紛を鎮めて、その功によってホラーサーンの領有を許されるが、子マフムードをホラーサーンに置いて帰国の途中に没してしまった。ガズニー朝の第三代の王座は、セブクティギンの子スルタン・マフムードが継いだ。かつての宗主サーマーン朝との対立からこれを撃破し、マフムードが名実ともにアフガニスタンの独立君主となると、ガズニー朝拡大の野心を燃やした。

カブール（九七七年）、ボスト（九七七〜九七八年）、バルフ（九九四年）、ヘラート（一〇〇〇年）と次々にガズニー朝へと併合したのち、マフムードはイスラームの旗を高くかかげてインド遠征に向かった。異教徒に対する聖戦とインドの富の略奪を目的とした侵略である。遠征の数は十数回に及び、莫大な略奪品を都ガズニーにもたらした。ヒンドゥー教の聖地マトゥラーの壮麗な神殿の破壊（一〇一六年）、カーティアーワールの寺院を破壊略奪（一〇二四～二五年）など、マフムードは異教徒に対して苛烈であった。その最盛期の版図《はんと》は、東はパンジャブ、西はイスファハーン、北はトランスオクシアナにわたった。

マフムードが奪った富は首都ガズニーの王庭にそそぎこまれ、文芸に秀でた人びとが多く集められた。『王　書《シャー・ナーメ》』の大詩人フィルドゥシーも、『インドの書《キタープ・アル・ヒンディー》』のビールーニーも、その一人であった。当時を偲ばせるものは、戦乱相次いで多くは残っていないが、城塞の高み、スルタン・マスード（一〇九九～一一一四年）によって建てられた戦勝記念のミナレット（尖塔）と王朝最後の王スルタン・バフラム・シャー（一一一八～一一五二年）によって建てられた壮麗なミナレットが、ガズニー朝の夕暮れの光芒をわずかに偲ばせるだけである。のちにスルタン・マスードの宮殿の址が、イタリア考古学隊によって発掘されている。

グール朝

中央アジアでイスラーム教に帰依したセルジューク朝の英主トグルル・ベクによって、メルヴ南方のダンダナカーンでガズニー軍が惨敗を喫したのがきっかけとなってガズニー朝は急速に衰え始める。領土を失い、やがてアフガニスタンの中央山岳地帯のヘラートとバーミヤンの間に広がる広大な山陵を本拠にして興ったグール朝（一一八七～一二一五年）に呑みこまれてゆくのである。アラー・ウッディーンはガズニー王朝に服属していた山岳地方の王であったが、弟がガズニー王バフラム・シャーに謀殺され、ついに起《た》ってガズニーを攻め落とした。しかしセルジューク朝のスルタンに敗れ投獄された。

しかし一一七三年、甥のギヤース・ウッディンがふたたびガズニーを攻め落とし、さらに西に兵を進めてセルジューク朝からヘラートを奪い返した。ヘラートにいまも残る美しいマスジド・イ・ジャミ（金曜モスク）は、一二〇〇年にギヤース・ウッディンによって一〇世紀のモスクの遺址の上に建立されたものという。アフガニスタンのイスラーム時代のもう一つの輝かしい文化遺産であるジャームのミナレットも、この人物の建立になるものである。

ギヤース・ウッディンの後を継いだのはシハーブ・ウッディンで、セルジューク朝からホラーサーンの一部を奪い、ついでインドに向かいシンドとムルタンを抜き、ガズニー朝の最後の居城ラホールも奪い返した。しかし、カズニーはやがて北方のアラル海南域に興ったホラズム・シャー朝のアラー・ウッディーンに攻められ、一二一五年、グール朝は滅ぼされた。

蒙古軍の侵入

一二二〇年、アラー・ウッディーンの子ジャラール・ウッディーンがガズニーの主となったとき、マームーン・ビン・ムハンマドの建国（九九六年）以来ずっとイスラーム教を母体として中央アジアの北西部を支配したホラズム・シャー朝も、オトラル事件（一二一八年）を契機に北方より押し寄せるチンギス・ハーンの蒙古軍に攻められ、ついに潰《つい》え去った。

さらに一二二二年には、アフガニスタン全体が蒙古軍の掌中に帰した。バルフもヘラートもバーミヤンも、蒙古軍の軍馬の砂塵を免れることはできなかった。チンギス・ハーンの所領となったアフガニスタンは、ハーンの子トゥルイ（ヘラートとシースターンが所領）とオゴタイ（ガズニーが所領）らに分割支配された。マルコ・ポーロがアフガニスタンの北部バルフとタラカンを通ってラピス・ラズリ（青金石）の原産地バダクシャンを訪れたのは、それから間もなく、一二七五年のことであった。マルコ・ポーロはバダクシャンに病後の養生のため一年間も滞在していたという。彼は「バラシャン」（バダクシャン）には「その質の佳良なること世界無比を誇る群青《ぐんじょう》の原石を出す山」（『東方見聞録』第一章）があると記し、また「この国にはアレクサンドロス大王の乗馬ブーケファロスの血統を引く馬が多くいた」と、良馬を産していることなど詳細な観察録を残し、戦火の中で生きる人びとの息遣いを伝えている。

ティムール朝への併合

オゴタイの死後、領土は分裂し、イランの蒙古王朝イル・ハーン国に占領された時期もあったが、やがてティムール朝に併呑《へいどん》されていくことになる。ティムールが生まれるほんの少し前、チャガタイ・ハーン国が内部で対立していた頃の一三三三年、タンジール生れの大旅行家イブン・バトゥータがインドへの旅の途中、アフガニスタンを通ってゆく。バルフ、ヘラート、クンドゥズ、カブール、ガズニーにバトゥータは足跡をしるし、モンゴル人による荒廃と当時の人びとの風物を記録にとどめた。

「バルフに着いたが、廃墟となっていて住む人もいない。しかし、その立派な建物の残址を見た者は、賑かな都会だと思うにちがいない。もとは宏大な都市だったのである……。

それからカブールに進んだ。かつては大きな都会であったが、今では一村落にすぎずペルシア人の一部族たるアフガン人が住んでいる。彼らは山岳や渓谷に拠り、相当の勢力をもち、大部分が追剝ぎの徒である。その王はコー・イ・スレイマンという高山に住んでいる。大昔、ソロモン王がこの山に登り、インドを俯瞰《ふかん》したが闇黒がたちこめていたので、そのままユダヤに帰ったという伝説がある」(『三大陸周遊記』前嶋信次訳)

サマルカンドの南郊クシュの近く、「トルコ化し、イスラーム化したモンゴル族の一つ、バルラース部」の子として生まれたティムール(帖木児)は、サマルカンドを中心とする本拠地マー・ワラー・アンナフル地域の統一に成功すると、次々と絶え間のない遠征をおこなって大帝国を形成してゆく。一三八〇年代にはヘラートを含め、ほとんどアフガニスタン全体を手中に収めた。

ティムールの没後（一四〇五年）しばらくは後継をめぐる争いがあったが、ヘラートを治めていた第四子シャー・ルフがその地位についた。彼は長子ウルグ・ベクをサマルカンドの太守に任じ、自分はそのままヘラートを首府にして王座についた。そして、アフガニスタンの封領も併わせ、ティムール亡きあと、中央アジアに平和をもたらし、文化の花も開かせた。

ウルグ・ベクがサマルカンドに建てた「青の宮殿」（キョク・サライ）、イスラーム学院と天文台、そして「よろこびの園」（バーゲ・ディルグシャー）、「すずかけの園」（バーゲ・チナール）、「世界像の園」（バーゲ・ナクシェ・ジャハーン）、「広場の園」（バーゲ・メイダーン）など、美しい建立物と庭園で埋められた都は、そのまま楽園（バーゲ・ベヒシュト）であった。

ヘラートもまた、シャー・ルフの治政下、サマルカンドに劣らずトルコ・イスラームの文化を開花させた。いまも残るシャー・ルフの妃ガーハル・シャードの霊廟はその華麗な文化の残影である。王妃の霊廟の北方に建つ四本の高いミナレットは、スルタン・ホサイン・バーイカラによって建設されたマドラサ（学院）の四隅を飾るものであった。世界に名を轟かせたヘラートの細密画もスルタン・ホサインの宮廷に集《つど》った画家たちが生み出したものである。ビフザード、ミーラク・ナッカーシュ、アブドゥール・ラッザークら、名だたる画家が書画院で技を競ったのである。

しかし、この頃、ティムール朝はすでにサマルカンド政権とヘラート政権に分裂しており、王国としての統一的な力は失われていた。同時に、トルコ系遊牧民のウズベク人が、シャイバーニー・ハーン（一四五一〜一五一〇年）によって強力な国を形成しつつあった。シャイバーニー・ハーンは一五〇〇年にサマルカンド政権を倒し、一五〇七年にはヘラートを征服し、ここにティムール朝は亡びたのである。ホサイン・バーイカラが世を去って、二年後のことであった。ウズベク人がアフガニスタンの北西域に定住し始めるのは、これ以降のことである。

東方のムガール帝国と西方のサファヴィー朝の統治

シャイバーニー・ハーンはヘラートを奪ったが、それより東方のアフガニスタンの奥深くに入ることはなかった。アフガニスタンには、封地フェルガーナを追われたバーブルがいたからである。バーブルはシャー・ルフの兄で、ティムールの第三子ミーラーン・シャーの曾孫であった。シャー・ルフ以来、ティムール帝国を再統一したアブー・サーイードの孫に当たる。バーブルは一五〇三年にはバダクシャンを、その翌年にはカブールを占領し、一五〇七年には、ボラン峠にまで勢力を伸ばしていたイル・ハーン朝の後裔ズン・ヌーン・ベグ・アルグンを破ってカンダハールを奪った。そしてさらに西に転戦してヘラートのシャイバーニーを討とうとしたが、サファヴィー朝のイスマーイールが先に彼を攻め、メルヴの近くで敗死させた（一五一〇年）。ヘラートがサファヴィー朝に帰したのはいうまでもない。

バーブルはシャイバーニー戦死の報らせを受け、軍を中央アジアに転じて、一五一一年にいったんサマ

シャー・ルフの妃ガーハル・シャードの霊廟。

ヘラートの細密画に描かれたバーブル（1610年頃）。

ルカンドを奪回したものの、ウズベク人の反撃を受けてカブールに戻った。そしてふたたびカンダハールをも奪回して国力の充実を待った。

一五二五年、バーブルはインド遠征のための軍を発し、インダス河を渡り、ラホールを陥落させ、デリーをめざした。ところが進軍の途中、ウズベク人のバルフ侵入の報らせを聞き、一軍を残して北方に転戦、これを撃退し、ふたたびデリーへと向かった。デリー王イブラーヒーム・ロディーは翌一五二六年四月、デリー北方のパーニーパトにバーブルを迎え撃った。インド史上に残る最初のパーニーパト会戦である。しかしイブラーヒームは、歴戦のバーブルに十倍の兵力をもってしても勝利することができず、ついに敗れてデリーの門は開かれた。バーブルはただちにアグラに進み、そこで即位してインド皇帝を宣し、大ムガール朝の礎石を据えたのである。一五二六年五月一〇日、ムガール帝国の始まりである。ヒンドゥー教とイスラーム教は異宗教共存の大道を模索しなければならなかった。

ムガール朝の成立からほぼ二〇〇年間、アフガニスタンは分割統治に苦しみ、離合集散を繰り返すことになる。バーブルの治政の間、アフガニスタンは第二子カムランの手に委ねられ、ムガール朝の属州の一つとなった。バーブルの没後にはフマーユーンが王位を継ぐが、このとき、カムランはパンジャブを併合して支配域を拡大する。カムランの居城はラホールであった。

アフガニスタンの西辺では、サファヴィー朝のシャー・タフマースが力を振るってヘラートを奪い、カンダハールの占領を計った。カムランは再三これを撃退したが、やがて兄フマーユーンとの対立からカンダハールとカブールを失うに至った。兄フマーユーンと弟カムランの長い確執もついに兄の勝利に帰し、カムランは両眼を刺されてやがてメッカへのハッジ（巡礼）の旅立ちを許され、メッカで波瀾の生涯を閉じたという。フマーユーンもまた一五五六年、四八歳で世を去った。

その二年後、サファヴィー朝はヘラートとカンダハールを制して統治した。一五九四年にムガール朝第三代のアクバル帝がカンダハールを奪還したが、一六二一年、サファヴィー朝アッバース一世はこの地をアクバルの子ジャハーンギールから奪い返した。そして一六三八年、ジャハーンギールはこれをさらに奪還し、一六四八年、アッバース二世はふたたびこれを奪い返した。

ミール・ワイスのカンダハール王国

カンダハールはムガール朝とサファヴィー朝の間で、まるでキャッチボールのように争奪が繰り返された。攻守所を変える戦いの中で、アフガニスタンの部族、雄族ギルザイとアブダーリーは駆け引きに力をつけ、独立の機をうかがっていた。ギルザイ族の族長でカンダハールの行政を委ねられていたミール・ワイス・ホタクは、挙動を疑われてイスファハーンに送られたが、そこでサファヴィー朝の腐敗を目撃し、独立の機の近いことを悟ったという。

一七〇九年、ミール・ワイスはサファヴィー朝の将軍グルジン・ハーンを庭園の宴席に招いて謀殺した。こうして彼はついにカンダハールをサファヴィー朝の軛より解き放ち、アフガン人自身による最初の独立の拠点をつくった。

グルジン謀殺の翌日、ミール・ワイスはカンダハールの人びとを集め、「この出来事はただただ独立を達成することが目的であって、利己的目的から発したものではない。独立のためにはいかなる手段をもってしても戦うに足る」と説いたという。その後、イスファハーン朝廷と攻防があったが、ミール・ワイスはさらに西のファラにまで領土を拡大し、カンダハール王国を築いた。アフガン諸族はミール・ワイスの主権を認めたが、ヘラートのアブダーリー族はひとりそれを承認しなかった。

一七一五年、ミール・ワイスが没すると、その後継には一八歳のマフムードが立った。野心家のマフムードはペルシアに攻め入り、イスファハーンを占領し、一七二二年、カンダハールのギルザイ族の王がサファヴィー朝の王位につくことになった。しかしこの三年後、マフムードは死去し、王位はその従兄弟アシュラフによって継がれた。しかし在位わずか五年で、トルコ系アフシャール族のタフマス・クリ・ハーン（後のナーディル・シャー）に敗れて逃れる途中、殺害された。

アフシャールの雄ナーディル・シャー

イランのアフシャール朝の創始者となったナーディル・シャー（一六八八～一七四七年）は、やがてカンダハールに出兵し、一年にわたって攻囲した。カンダハールを死守したのは、ミール・ワイスの第二子ホサインであった。堅城を誇ったカンダハール（ゾール・シャル）も万策尽きてついに陥落したが、ナーディル・シャーは勇敢であったホサインにカンダハールの統治を任せ、自分は新都を古都の南東に築いて、ナーディラバードと名づけ、遷居した。ナーディル・シャーはついで、ガズニーを経てカブールに進軍した。彼はアフガニスタンでの戦闘で、彼らの勇猛と信義の厚さを知り、ヘラートのアブダーリー族とカンダハールのギルザイ族を軍中に加えた。

一七三九年、ナーディル・シャーは、カブールより始まってペシャワルからラホールへとムガール朝軍を撃破して進み、ついにデリーを落とした。ナーディルの軍はデリーの財宝をことごとく略奪してカブールへと引き揚げた。その略奪品のなかには、高名な伝説の宝石コー・イ・ヌル（光の山）が含まれていた。この輝くダイヤモンドは、数奇な歴史をかいくぐって、現在はイギリス王室の王冠を飾っているという。

一七四七年六月、ナーディル・シャーは、シンド、ブハラ、ホラズム、果ては小アジアのエレヴァンまで遠征したあげく、ペルシアに帰国して間もなく部下のペルシア人将官によって暗殺された。ナーディル・シャーの不慮の死が、アフガニスタン独立の狼煙《のろし》となった。

アフガニスタンで歴史の舞台にパシュトゥン族が主役として躍り出ようとしていたとき、インドでは東インド会社が活動の手掛りを探り、ヨーロッパでは「グラン・リュミエール」（啓蒙の時代）が始まっていた。ナーディル・シャーが殺害された翌年、モンテスキューは『法の精神』を世に問うた。

パシュトゥン人の歴史

アフガニスタンという名称は、文字通りアフガン人の国という意味であるが、アフガンという呼び名がパシュトゥン人以外の諸部族をふくめた総称として使われるようになったのは、ほとんど二〇世紀になってからのことである。一九世紀末までは、アフガニスタンという名は、パシュトゥン族の居住地域を指す限定的な呼称であった。具体的にはこんにちのデュランド・ライン（アフガニスタンとパキスタンの国境線）に沿った地域の呼称であった。パシュトゥン人は古くよりアフガン人とも呼ばれてきた。

しかし、パシュトゥン人とアフガン人との間に区別をつける説もないわけではない。それはアフガンとはそもそもペルシア起源の名称で、主として西方の部族をいい、パシュトゥンは土着の部族のインド的呼称で東方の部族を指すというものである。それでも両族とも総称としてはパシュトゥンという呼称が使われてきたのである。

かつてヘロドトスが『歴史』（Ⅶ・67）に書きとめた「獣皮を身にまとい、独特の弓と短剣を携えるパクテュエス人」をパシュトゥン人に当てる説もあったが、こんにちでは有力な説とはいえない。むしろヘロドトスが「サッタギュダイ人、ガンダラ人、ダディカイ人」（Ⅲ・91）と並べて書きしるした「アパリュタイ人」は、こんにちのアフリーディー族に当たるという説の方が可能性が高い。この部族は古くはカブール川の南域、ハイバル山稜からインダス川に至る地域を支配していたと考えられている。また、アフリーディー族はグルグシュティ・アフガンのカルラン支族の一つであったと思われる（ベリュウ『アフガニスタン民族誌研究』一八九一年）。彼らはカブールからハイバル峠を越えてペシヤワル地方に侵入した最初のアフガン族といわれている。

アフガンという語の起源も明白ではない。ペルシア語の「騒がしい」「泣き悲しむ」「吹きすさぶ」という意味の語から由来しているという説もあるが、そうだとすれば、ヘロドトスの「バルバロイ」と同じで、ペルシア人にとっての「異邦の人《バルバロイ》」といった意味の呼称であったと考えることもできよう。ササン朝ペルシアではその最初期（三世紀）にアフガン人を「アブガン」と呼んでいたという（デュプレー『アフガニスタン』一九八〇年）。

その後、アフガン人に言及した最初の文献は、意外にもインドの占星術者ヴァラーハミヒラの『占術大集成《ブリハット・サンヒター》』（六世紀）であった。その中で、「チョーラ人、白いフーナ（フン族）、中国人」とともに挙げられている「アヴァガーナ」が、それである。そのすぐ後（七世紀）、玄奘《げんじょう》もまた『慈恩寺三蔵法師伝』（五巻）の中に「阿薄健《アフガン》」の名を記した。玄奘はインドからの帰り路、ヴァラナ国（今のパキスタンのバンヌ）からジャーグダ国（今のアフガニスタンのガズニー）へと赴く途中、阿薄健国《アフガン》を通り、その名を書きとめたのである。『大唐西域記』には記されなかった「阿薄健国」が『慈恩寺三蔵法師伝』に記録された意義は大きい。

イスラームの文献では、『フドゥド・アル・アーラム』（九八二年）がもっとも早くアフガン人（アル・アフガーニヤ）に言及している。ガズニー朝のマフムードがトハリスタンに遠征したときの軍中に、アフガン人が加わる一隊があったという。ガズニー朝に仕えたイラン系の天文学者であり、数学者であり、歴史家でもあったアル・ビールーニー（九七三〜一〇四八年）は、『インドの書』の中でインド西方の国境《くにざか》いの山岳地帯に、アフガン人のさまざまな部族が住んでいることを記している。この記録によってアフガン人がスレイマン山系を祖地としていたことが知られる。しかし、そこから西方へどれほどの広がりをもっていたのかは定かではない。おそらく当時は、まだガズニーの西方にアフガン人が住んでいたのかどうかについてはよく知られていなかったと思われる。それは同時に、ガズニー朝（九六二〜一一八六年）の時代には、アフガン人は政治的にはまださほどの重要性をもっていなかったということを意味するものであろう。

一一世紀から一三世紀にかけての時代、アフガン人たちはあちらこちらの権力者たちの傭兵として歴史に名をとどめているに過ぎない。ムスリム（イスラーム教徒）とヒンドゥー教徒の抗争では、アフガン人はどちらの陣営にも姿を現わしていたという。傭兵として給与を得られないときは、山賊として力ずくで略奪して生計を立てなければならなかった。しかし、ときには力を振るってインドの王権を手中にしたこともあった（一四五〇年）。この王朝はバーブルによって打ち倒される（一五二五年）が、すぐにスィール・シャー・スールが再び権力を奪い返し（一五三七〜五五年）、多くのギルザイ族や他のパシュトゥン人をインドに移住させた。しかし、アフガン人たちはまだ部族を結集することができず、抗争に明け暮れていた。

東方のパシュトゥン人たちを、ムガール朝インドから独立させるための最初の試みが、詩人フシュハール・ハーン・ハタクによってなされたのは、ようやく一七世紀に入ってからのことであった。彼は、独立のためにパシュトゥン人は部族間の争いをやめて、手をたずさえて共通の敵に当らねばならないと説いた。その後アフガン人の国家建設の試みはギルザイ族の首領ミール・ワイスによってなされ、その試みはアブダーリー族の首領アフマッド・シャーによって一八世紀にようやく実現をみることになったのである。

アフマッド・シャーがカンダハールにアフガン人の国家を創設すると、アフガン政治の中枢的地位を占めるようになったのは、ほかならぬパシュトゥン人であった。なかでもアブダーリー族（のちのドゥラニ族）が先駆的でもっとも重要な役割を担った。一八世紀以来、アフガニスタンを統治した二つの王朝サドザイとバラクザイは、いずれもパシュトゥン人の最大の部族連合であるドゥラニ族に所属していた。

ドゥラニ族の起源は明らかではない。チャールズ・マッソンはかつてドゥラニの古族アブダーリー族と古いエフタル王族とを関連づけたが、さしたる根拠はない。アブダーリーの名はパシュトゥン人の共通の父祖アブダール（アウダル）に由来する。伝承によれば、アブダーリー族は一五世紀の初頭に、ゴール地方からアフガニスタン南部に侵入したという。そして一六世紀にはシャー・アッバース一世が、彼らのうちポーパルザイ族の頭領に最高司令官の地位を与えたと伝えられている。また別の伝承によれば、ほぼ同じ頃にアブダーリー族は、カンダハールの東方で「羊飼い」の部族として名を知られていたともいう。

一七世紀にはアブダーリー族はカンダハールの近郊にいたが、一八世紀の初頭、ギルザイ族によってその地域より追い出され、ヘラートの山岳地帯に避難したともいわれている。しかしそこでも彼らは、その地域を支配していたペルシア人と戦わねばならなかった。彼らはようやくヘラートの支配権を手に入れると、今度はホラーサーンへと侵入していった。彼らは短期間のうちに諸部族を結集し、数を増大させていった。彼らはアフシャール朝（一七三六〜九六年）のナーディル・シャーの支配下に入ったが、すでに一万二〇〇〇の騎兵部隊を構成しうるほどの力を擁するようになっていた。ナーディル・シャーが没すると、アブダーリー族は独立を求めて、カンダハールの南東五キロのところにあるスィール・エ・ソルクの聖祀でジルガ（長老会議）を開いた。そしてポーパルザイ族の中のサドザイ氏族の若者アフマッド・ハーンを首領に選んだのである。この若者こそのちに即位してアフマッド・シャーを名のり、カンダハールに最初のアフガン人の王朝を打ち立てた人物である。

パシュトゥン人の系譜をめぐる伝承は歴史資料に基づくものではないが、諸部族の関係を知るうえでは貴重な伝承資料であることに変わりはない。

パシュトゥン人の全部族の共通の始祖は、カイス・アブドゥル・ラシードであるという。アブドゥル・ラシードとは「強き者の息子」という意味で、部族の長であったカイスにカリフが与えた尊称であった。彼はハーリド・イブン・ワリードによりイスラームに改宗したと伝えられている、タールート（あるいはサールール）王の孫で、彼にはサルバンとバタン（あるいはビタン）とグルグシュトという三人の息子がいた。さらに、サルバンにはシャルフブーンとハルシュブーンという二人の息子がいたという。パシュトゥン人はすべて彼らを祖とする後裔であった。伝えられる系譜（『イスラーム百科事典』）を示せば、次ページのようになる。


長くドゥラニ族と対立関係にあったもう一つのパシュトゥンの雄族ガルザイ（ガルジー）族はエフタルとトルコの血が混じっていると考えられてきた。ガルザイ（ギルザイ）とはパシュトー語で「盗賊の息子」という意味である。

系図からもわかるように、ガルザイ族は全パシュトゥンの始祖カイスの息子ビタンの娘マトーの後裔である。マトーはグールの亡命王子シャー・フサインと恋に落ち、二人の間に生まれたのがガルザイで、この子が部族の父祖となるのである。ガルザイという名は、ミノルスキーによると一〇世紀にガズニー地方に住んでいたトルコ（エフタル？）系部族ハラジの名に由来するという。

バーブル帝（在位一五二六〜三〇年）は、ガズニー近辺にいた「ガルジー」に対する遠征をおこなったという記録があるが、それがガルザイ族に触れたもっとも早い情報である。一七世紀になると、ガルザイ族はカンダハール地方を占拠する。それは、この地域にいたアブダーリー族がイラン・サファビー朝のシャー・アッバース一世（在位一五八六〜一六二九年）によってヘラートへと移動させられ、

1　始祖ラシードの息子サルバンの系譜1

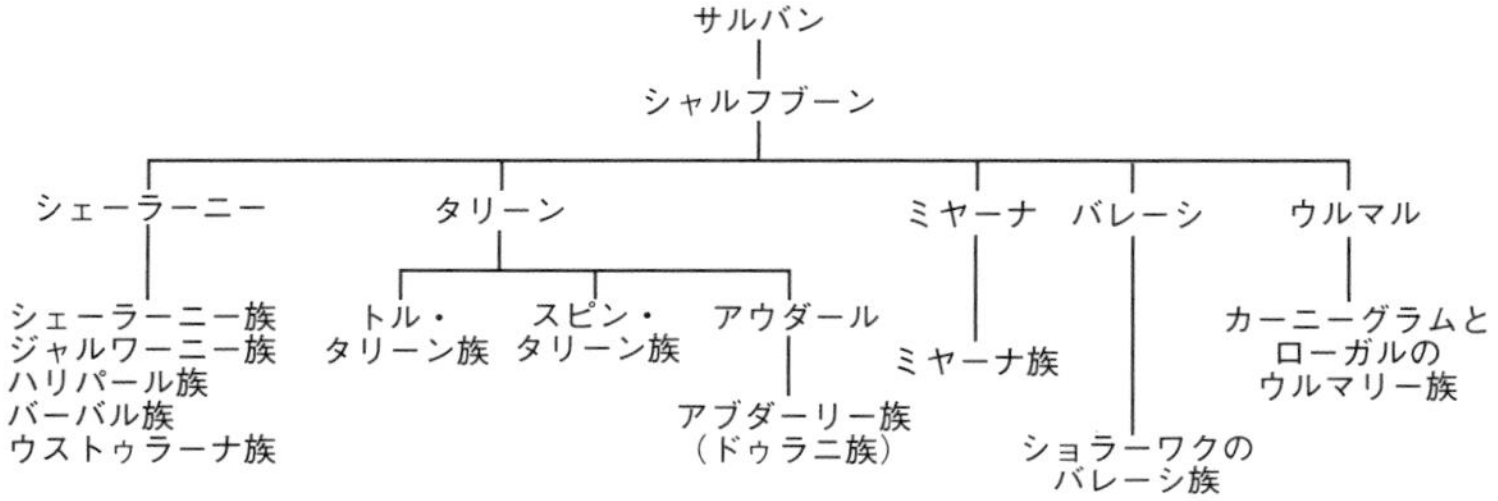

2　始祖ラシードの息子サルバンの系譜2

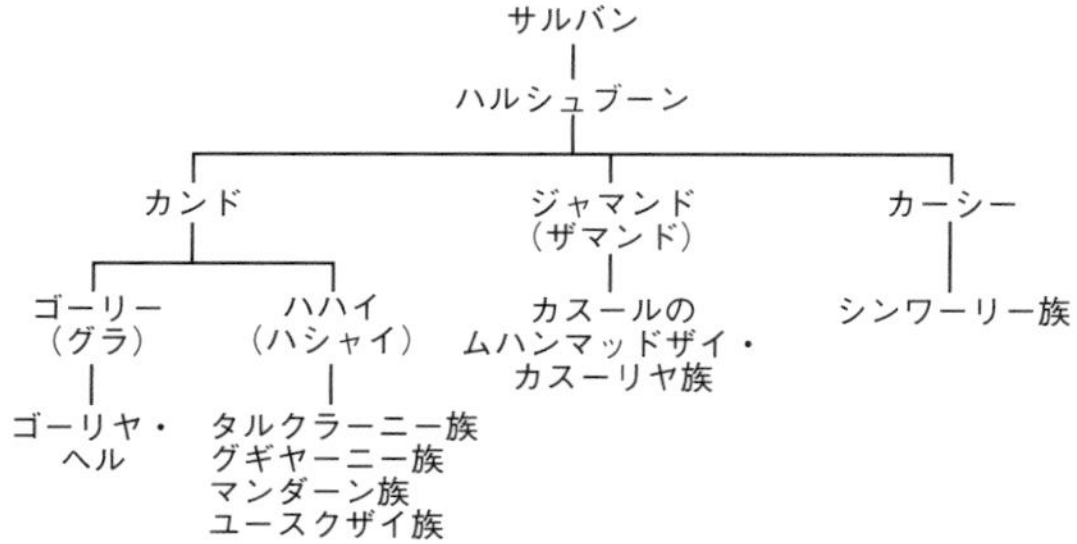

3　始祖ラシードの息子ビタンの系譜

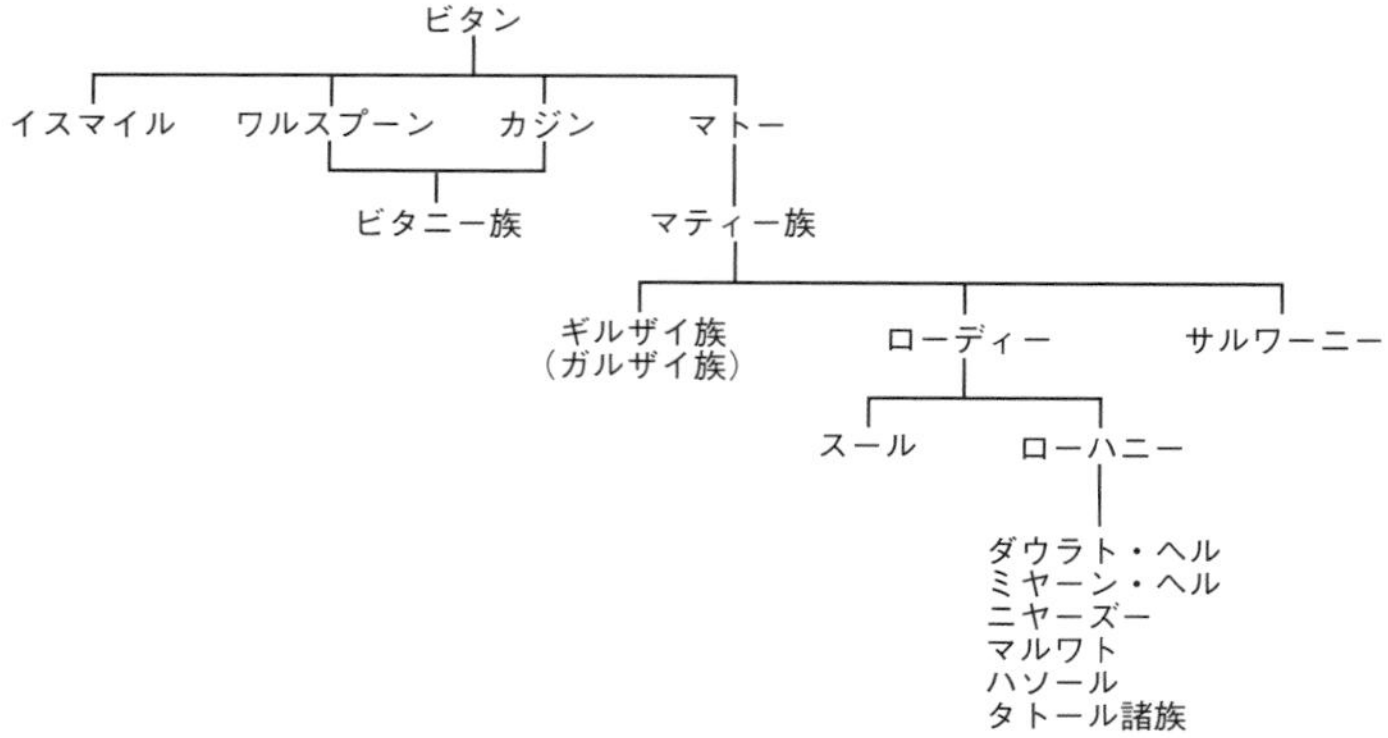

4　始祖ラシードの息子グルグシュトの系譜

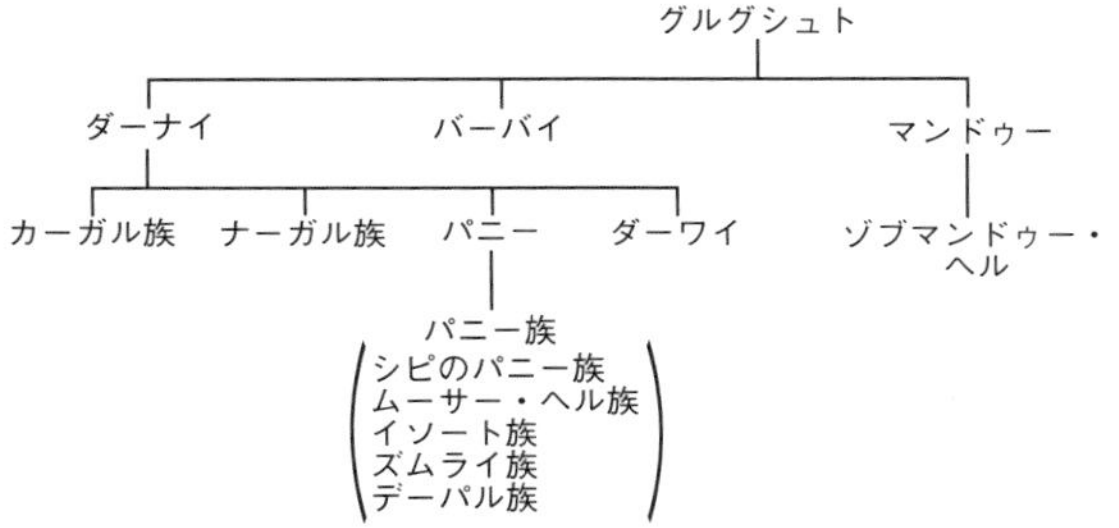

5　カッラーンの系譜（始祖ラシードとは別系統の伝承）

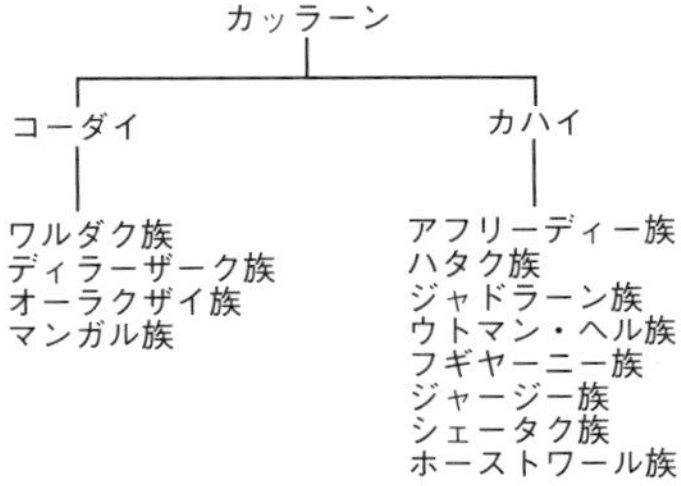

この地域一帯がもぬけの殻《から》となっていたからであった。

一七〇七年、カンダハールのガルザイ族の首領ミール・ワイスがペルシア人に対して反乱を起こし、宗主を殺して独立を宣言し、アフガニスタンの自主の礎を築くのである。

ガルザイ族は、ミール・ワイスの没（一七一五年）後、後継をめぐる争いがあったものの、一七三〇年まではペルシアをも支配下に置く強大な部族となった。しかし、ナーディル・シャーの登場によって次第に力を失い、かわってドゥラニ族がアフガニスタンの主族となるに至る。アフマッド・シャーがドゥラニ族の首領となったとき、勢力の交替は決定的となった。しかしその後もガルザイ族は機をみては主導権を奪い返そうとし、離・合の策でドゥラニ族と遠近の関係をもちつづけるのである。王族であるサドザイ族を含んだポーパルザイ族と、バラクザイ族を擁するドゥラニ族が、アフガニスタンの近代史を担う主族であったが、ガルザイ族はそれに次いでアフガニスタンの転変の歴史を彩る雄族であった。

2 アフガニスタンのはじまり

パシュトゥン人の王国

『アヴェスター』の聖典をフランス語に訳して世界に名を馳せたオリエント学者ジャム・ダルムステテールは、パシュトゥン人の文化の研究でも知られた人であったが、彼はアフガン人（パシュトゥン人と同意）の歴史を評して「無秩序《アナルキ》な歴史以外のなにものでもない」と言った。外側からみれば、民族抗争に明け暮れる「好戦的」な人びとが刻む歴史が、混沌としているようにみえたのであろう。長い間、アジア高所地帯の荒涼とした山岳地に閉じこめられ、襲撃と略奪によって辛うじて生命を維持してきた人びとが、「好戦的」とみられても無理からぬところであろう。孤立を逆用され、部族間の抗争によって支配されてきた彼らが、「無秩序」とみえても不思議はない。そして彼らもまた、絶え間ない抗争のうちで部族を超える構想をもてずにきたといえる。

サドザイ朝アフマッド・シャー・ドゥラニ――アフガン人の最初の王

トルコ系アフシャール族の王ナーディル・シャーが一七四七年、ペルシア人によって暗殺されたとき、思わぬ好機がパシュトゥン族にめぐってきた。ナーディル・シャーの信任を得てアフガン軍の指揮官となっていたアブダーリー（ドゥラニ）族の若者アフマッド・ハーンは、ナーディルの重用に応えて、ナーデ

アフマッド・シャー・ドゥラニ王。

イル暗殺の報に接するや、友軍のウズベク族を伴ってペルシア軍営を攻めたが、軍勢の小ささから不利を悟り、一転してカンダハールを掌中に収めた。

　アレクサンドロス（イスラーム時代にはイスカンダルと呼ばれた）の名の響きをとどめたカンダハールこそ、アブダーリー族ゆかりの都であった。アフマッド・ハーンはカンダハールに向かってメシャドを離れる前に、ナーディルがインドより奪い去った有名なダイヤモンド、コー・イ・ヌルを手中にしていたという。王権の象徴として尊重されたのであろう。

　一七四七年一〇月、アフマッド・ハーンはカンダハールでアフガン人の王として即位し、アブダーリー族の名をドゥラニの呼称に変えたと伝えられている。サドザイ朝がここに始まる。アフマッド・ハーンがアブダーリー族のポパルザイ氏族のサドザイの家系に属していたからである。ドゥラニとは真珠という意味で、天より授かる露の結晶のことであった。アブダーリー族の男たちは右耳に小さな真珠をつけたという。人びとは王位についたアフマッドを「真珠の中の真珠」（ドゥーレ・ドゥッラーン）と呼び、彼もまたアフマッド・シャー・ドゥラニと名のった。齢わずか二三歳のときであった。即位の儀式は質素なもので、ムッラー（宗教指導者）が麦の穂でつくった花冠をこの若い戦士の頭上にのせただけであったという。この麦の穂の花冠がアフガニスタン国旗の意匠となった。

　一七四九年春、アフマッド・シャーは二万五〇〇〇人の軍を率いてヘラートに向かい、攻城一五日で征服した。次いでメシャドとニシャプールを攻め、一七五〇年の春にはついにホラーサーンの首邑ニシャプールを落とし、カンダハールのパシュトゥン王国の西限の地とした。翌五一年の夏には東に軍をめぐらし、インドを攻めてパンジャブとカシミールをムガール朝から割譲させた。

その後、バローチ族との不和と和解、シク教徒（一六世紀の初め、イスラーム教の影響の下でヒンドゥー教から派生した宗派。開祖はババ・ナナク）との度重なる戦い、カンダハールやヘラートの不穏と休息のない治政に翻弄されながらも、アフガン民族国家創設の悲願を実現させた功績は大きい。

アフガン族の統一とその王国の確立の礎は、アフマッドによって築かれたのである。アフガン人はそれゆえ彼をアフマッド・シャー・バーバーと呼んで慕った。一七七三年、サドザイ家の英主アフマッドは、スレイマン山中のトバ・マハルブの離宮で世を去った。

墓碑銘には「アフマッド・シャー・ドゥラニは偉大なる王なり、獅子と牝鹿とが彼の公正を恐れて静かに同棲し、敵の耳は赫々《かくかく》たる彼の戦勝の報にて聾《ろう》したり」とある。アフガニスタンを初めて独立国家へと導いた王にまことにふさわしい刻文である。

ティムール・シャーと平和政策

アフマッド・シャーは生前、八人の子のうち第二子のティムール（在位一七七三〜九三年）を後継に選び、後嗣《こうし》に指名するとともに、ヘラートとニシャプールの統治を委ねた。しかし、アフマッド王が没したとき、首相のシャー・ワリ・ハーンは、娘婿で王の長子スレイマンをカンダハールで王座につけた。故王の側近の多くは宰相の独断に反対してカンダハールの王庭を去り、ヘラートへと集まった。

ティムールの近臣たちは、雄弁と外交手腕に長けた首相に接見すればティムールが言いくるめられると怖れ、接見する前に叛臣として首相シャー・ワリ・ハーンを処断することを求めた。ティムールが父王の墓廟でおこなわれる葬礼に出席するためヘラートより軍を率いて出発したことを耳にしたシャー・ワリ・ハーンは、対抗する軍を募ることができず、服従するほかはないと判断した。二人の息子と二人の甥のみ

ティムールにより首都に定められた18世紀のカブール。

を伴ってファラの東方バクワに近いティムールの陣所を訪れた彼は、たちまち捕えられ、接見も拒まれ斬首に処せられた。ティムールはそのままカンダハールに兵を進め、一七七三年、ドゥラニ族の頭領たちの合意を得て即位した。

ティムール・シャーは王冠を手にしたが、カンダハールの人びとやスレイマンを支援したドゥラニ族の幾人かの頭領たちは、ティムールに背を向けた。不安定な土壌の上に確固とした政治を築くことは難しいと考えたティムールは、首都をカンダハールからカブールへと移すことを決意し、一七七六年、遷都を断行した。そして一年のうち八ヶ月はカブールで、四ヶ月は冬宮としたペシャワルで政務をおこなった。それとともに、ドゥラニ族が世襲的に独占してきた官位を新しい官職をつくることによって相対化し、実権をドゥラニ族の独占から徐々に奪い取る方策をとった。また、部族の頭領たちが行政の地位につくことをできうるかぎり避けようとした。ティムールは、特定の部族による支配では、国の繁栄の基礎はできないと考えたのである。

財政もまた、彼の内政充実の方針に従って立て直された。それはなによりも彼の平和政策によるものであった。内政の矛盾を、つねに戦争による領土拡大という軍略によって乗り越えようとしてきたこれまでの政策とは、大きく異なるものであった。しかし、平和策の代償も小さくはなかった。シンドにおけるシク教徒との抗争では勝敗相半ばしたが、最終的にはシンドを失い、ヒンドゥー・クシュ北方の西トルキスタンではブハラ王シャー・モラッドの侵攻に備えねばならなかった。間もなく、この軋轢《あつれき》の中で、バルフとアクチャが半ば独立するという事態を招いた。西方ではホラーサーンで、東方ではカシミールで反乱が起きた。

ティムール暗殺の企ても身内から起きた。アブドゥル・ハッリク・ハーンは、ティムールが冬宮にいるときを狙って殺害し、アフマッド・シャーの第六子シッカンダルを王位につけようと謀ったが、こと破れた。主謀者のひとりだったマフムンド族の首領アルサラー・ハーンは辛うじて逃れたが、ティムールは聖典『コーラン』を使った詭計《きけい》でアルサラー・ハーンを誘い出し、咽喉を切って殺害した。『コーラン』の一ページに「罪を許す」という誓言を記してアルサラー・ハーンの投降を促し、ペシャワルに姿を現わしたところを捕縛したのである。ティムールは望みを果たしたが、『コーラン』を悪用したことで汚名を残すこととなった。山中に身を隠したアルサラー・ハーンを探し出すことは、それほどまでに難儀であったことを示す逸話でもある。

一七九三年、アルサラー・ハーン殺害の一三ヶ月後、ティムール・シャーは、在位二七年、四七歳で病を得て、カブールに死去した。霊廟は現在カブール河畔に建てられているが、王の死後、政争で混乱を極めたため完成は遅れ、一八一六〜一七年にやっと完成をみた。八角形の霊廟はデリーの初期ムガール朝の様式を模したものである。遺された子は男子二三人、女子一三人であったという。しかしティムール・シャーが後嗣を指名していなかったことが、その後すさまじい争いを生むことになった。

ザマーン・ミルザと兄弟との後継争い

ティムール・シャーの長子フマユン・ミルザは、王死去のときカンダハールの総督であり、母を同じくする弟マフムードはヘラートの総督であり、いずれもそれぞれの所領にいた。第四子アッバースは父の名代としてペシャワルにいた。

王の葬儀が終わると族長たちの会議によって、故王の遺志という名目のもとにユスフザイ族の女性の子であった第五子ザマーン・ミルザが後嗣《こうし》に指名された。一七九三年、第五子ザマーンが二三歳のときであった。バラクザイの族長パヤンダー・ハーンの支持を受けての即位であった。

この即位に反対したのは、母を異にする兄弟たちであった。ところがザマーンは、カブールにいた兄弟たちをことごとくバラ・ヒッサールの城塞に幽閉して承認を強制したという。

カブールにおける主権を確立したザマーンは、異母兄弟でカンダハールを支配する長子フマユンを討つべく軍を南下させた。フマユンは異母弟マフムードの援軍を待たず、ザマーンの軍をカラート・イ・ギルザイに迎え撃って敗れ、バローチスタンに逃れた。ザマーンはついでヘラートのマフムードを征するために兵をさらに西へと転じたが、周辺所領の動静に不安を感じ、偽りの和議をしてカブールへと戻った。

兄弟の王権をめぐる諍《いさか》いは、パンジャブ、カシミール、シンドの国外領土の反乱をも引き起こした。ザマーンがペシャワルよりボラン峠を経てシンドへ軍を進めれば、ヘラートのマフムードがカンダハール奪回の兵を進めるという具合であった。それは自国内の民族間の抗争を深めることともなった。それでもカブールを本拠としたザマーンの進退は、首都カブールの政治的機能の重要性を高めたともいえよう。マフムードの統治するヘラートは、カブールからは半独立的な都市となった。一方、主を失ったカンダハールはカブールとヘラートの双方から争奪の対象となり、混迷する不安定な都市となってしまった。

ザマーンは義兄でもあったマフムードをついにペルシアへと追いやり、いくばくかの平和を取り戻した。しかし族長たちを軽視した内政に不満が昂じ、ザマーン抹殺の陰謀がめぐらされることになった。陰謀は露見して多くの族長たちが殺害された。その中の一人に、ザマーンを支持して即位させた功臣バラクザイ族のパヤンダー・ハーンがいた。しかし、パヤンダー・ハーンの長子ファテ・ハーンは、ヘルマンド川を渡り、ギリシクの山稜を越え、ホラーサーンに逃れて亡命中のマフムードに逢った。

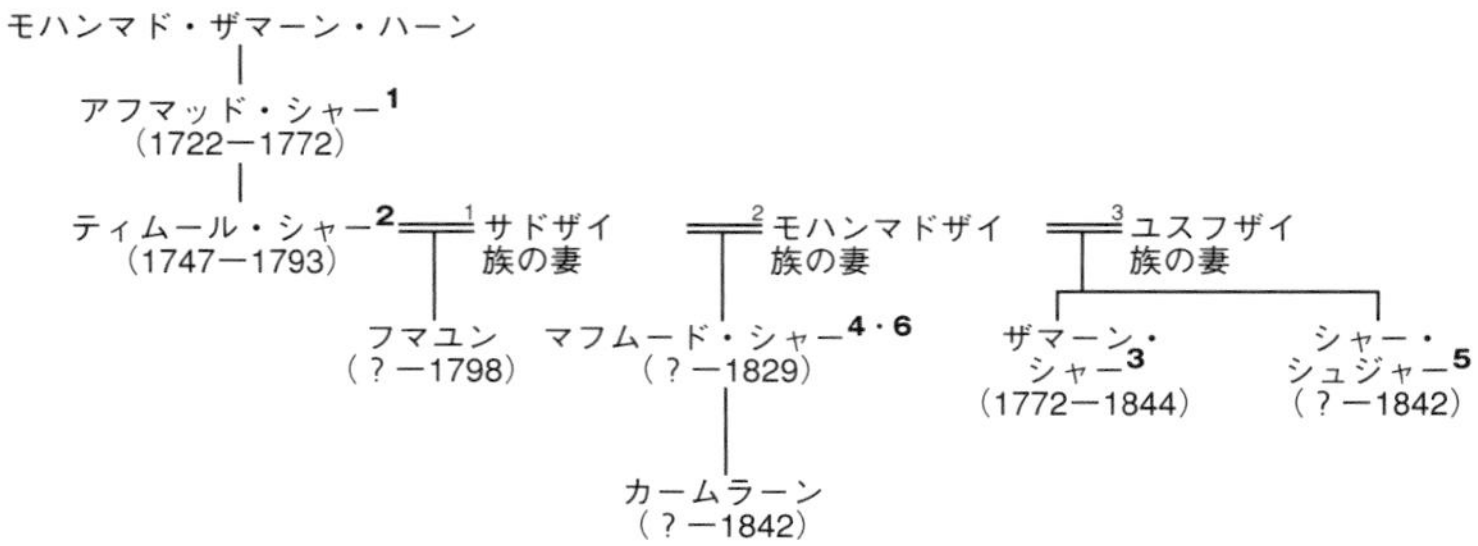

サドザイ朝の系図

マフムードはファテ・ハーンの要請に応じてファラで兵を集め、バラクザイ族とドゥラニ族の参加によってカンダハールの奪取をめざし、攻囲四三日の後に立てこもる族長たちとの開城の交渉に成功して、これを落とした。部族の族長たちとのやりとりによって城塞を明け渡す方法は、昔も今も変わらぬアフガン人の伝統的な軍略であった。やがて追いつめられたザマーンはペシャワルに逃れる途中、ジャグダラクの近くの山城に迎え入れられたが、抑留された後にカブールに移送された。そして眼をえぐられ盲目にされてから、バラ・ヒッサールに投獄された。ザマーン・シャーの治政は一七九九年で終わりを告げた。

マフムードの即位

マフムードはカブールで王位につくと、バラクザイ族のファテ・ハーン、アリザイ族のアクラム・ハーン、アリキウザイ族のアブドゥッラー・ハーンらを重用し、子カムラン・ミルザをペシャワルに派遣して、同時にペシャワルで即位を宣言した異母弟のシュジャー・アル・ムルクの捕縛を命じた。

シュジャーも軍を集め、ギルザイ族の支援を得てファテ・ハーン率いる軍と戦ったが敗走、ペシャワルはマフムードの手中に落ちた。しかしギルザイ族の相次ぐ反乱もあり、マフムードには安《あん》寧《ねい》な時はなかった。ともに政務を担ったファテ・ハーンとアクラム・ハーンが相争い、袂を分かった。ファテ・ハーンはカンダハールを拠点に権勢を振るい、ペシャワル、コハット、バンヌ、ダマンもその勢力下に収めた。アクラム・ハーンはカブールを拠点とし、シュジャー・アル・ムルクはクエッタで依然として力を保持していた。

やがて、アフマッド・シャーの宰相シャー・ワリ・ハーンの子であるシィール・ムハンマッド・ハーンがギルザイ討伐のため獄中より起用されると、ファテ・ハーンとシィール・ムハンマッド・ハーンとの新たな対立が始まった。やがてマフムード王もシィール・ムハンマッド・ハーンの深謀に気づき、両者は決定的な対立を迫られることになる。するとシィール・ムハンマッド・ハーンは、今度はシュジャー・アル・ムルクを擁立し、カブールを攻めてマフムードを捕らえ、バラ・ヒッサールの獄舎に投じた。投ずる者と投ぜられる者が、バラ・ヒッサールで絶え間のない交替劇を演ずる無政府的《アナーキー》な時代であった。

シャー・シュジャーと争乱の日々

一八〇三年、シュジャー・アル・ムルクは王位につき、シャーとなった。彼が王として最初になした仕事は、獄中のザマーン・ハーンを幽閉から解き放ったことであった。次の仕事は、マフムードの子でヘラートを所領とするカムラン・ミルザとファテ・ハーンの連合軍を攻めることであった。シャー・シュジャーはこの戦いに勝利すると、カシミールとシンドの遠征をもくろんだが、カンダハールでふたたび反乱が起きたという報に接して、軍をめぐらしカンダハールを攻め落とした。その後も王がカンダハールを離れるとたちまちまた反乱が生じ、カンダハールは王にとっては争乱の種であった。

シャー・シュジャーは絶えず反乱に悩まされながらも、彼の目はつねにペシャワルの東方へと向けられていた。マフムードのバラ・ヒッサールからの脱出、宰相シィール・ムハンマッド・ハーンの背信、そして甥のカイザー・ミルザの擁立と即位という混乱した事態も、シャー・シュジャーは強運にも切り抜けることができた。

一八〇八年、カンダハールでバラクザイ族の支援によって再起を果たしたマフムード軍を打ち破った直後、シャー・シュジャーはインドのイギリス政府から使節団の接見を求める報せを聞いた。接見の場所にはペシャワルが選ばれた。国内の混乱が収まらないこの時期に、東インド会社の権益を守り、拡大しようとするイギリスが、ペシャワルへ来るというのである。シャー・シュジャーはその意図をいぶかりながらも、接見の申し出を受け入れた。

イギリスの干渉のはじまり

一八〇七年、フランスのナポレオンはガルダン将軍を中心とする使節団をテヘランへ派遣した。ナポレオンはトラファルガーの海戦で海軍力を失っていたので、陸路でペルシアを経てインドへ遠征し、英領インドを征服しようと考えていた。それはまた、エジプト遠征とともにアレクサンドロス大王が戦いつつ歩んだ道を巡り直すという夢を、現実のものとすることでもあった。

シャー・シュジャー。

ロシアの南下と英領の西への拡大という二つの圧力のもとで苦しんでいたカジャール朝ペルシア（一七九四〜一九二五年）と誼《よしみ》を結ぶことの政治的な重要性を、ナポレオンは見抜いていた。フランスとトルコとペルシアの三国が同盟を結べば、インドへの道はおのずから開かれるというのがナポレオンの想定であった。

「遠征には二万の兵を送ることになるだろう。その場合、どれだけのペルシアの援軍がわが軍に加わってくれるだろうか。上陸の地点、採るべきルート、遠征に必要な食糧や水、陸路の行進に最適な季節などを知る必要がある」。ナポレオンがガルダン将軍に当てた指示は、具体的であった。

一方、イギリスはナポレオンの動きを察知し、そのためには、なによりも英領インドと接するアフガニスタンをイギリス側に引きつけておかねばならないとして、使節団をシャー・シュジャーに送ることを決定した。団長に選ばれたのは、スコットランドの旧貴族マウント・スチュアート・エルフィンストンであった。使節団の目的は、フランスとアフガニスタンとの同盟を阻止することにあった。シャー・シュジャーの方は、パンジャブ割譲の要求ではないかと怖れたが、やがて、そうではなくロシアとフランスの策動に対する警戒を求めるものであるとの情報を得て、会見を受け入れることになったのである。

使節団は、当時シク教徒のランジート・シングが支配していたパンジャブを通り、一八〇九年二月二五日、アフガニスタンの支配下にあったペシャワルに到着し、六月一四日までとどまってシャー・シュジャーと防衛条約締結の交渉をおこなった。ロシアとフランスに、アフガニスタンはいかなる政治的足場も提供しないとする旨を主条項としたこの交渉は順調に運び、署名に至った。アフガニスタンとイギリスの曲折に満ちた関係が、ここに始まったのである。

「王は、年齢およそ三〇歳ぐらいで美丈夫であり、顔はオリーブ色をなし、豊かな黒ひげを蓄えていた」と、エルフィンストンは記している。エルフィンストンはペシャワル滞在中にパシュトゥン人から多くの情報を集め、みずからの観察を付してイギリス政府に報告した。のちの一八一五年に、エルフィンストンはそれらを『カブール王国記』にまとめて公刊した。パシュトゥン人に関するもっとも早い民族学的、歴史的ドキュメントである。

この条約は、しかし、実を結ぶものとはならなかった。批准《ひじゅん》される前に、シャー・シュジャーがマフムードとファテ・ハーンの軍にガンダマクの近くで敗れ、カブールの主権を失ったからである。シャー・シユジャーはその後も復権を狙って戦いを仕掛けたが、ついに勝利を手にすることができなかった。そして、カシミール、ラホールと流離の生活を強いられ、最後にはルディアナにとどまることになった。その地には、異母兄で眼を失ったザマーン・シャーもいたという。イギリスが掌中の王族を利用しようとするのは、これから十数年のちのことであった。

マフムード復位とファテ・ハーンの施政

復位したマフムードにかわって実際に施政をおこなったのは、ファテ・ハーンであった。ファテ・ハーンは、シンドとバローチスタンにおける主権を回復し、カシミールを奪回した。さらにランジート・シングと戦い、王国の存在を外に向かって示し、内では唯一治外にあったヘラートを併合してペルシアの干渉を排した。

しかし、サドザイ王家の内紛とマフムードの子カムランの嫉妬もあって、ファテ・ハーンは謀られ、捕らえられて眼をえぐられた。ファテ・ハーンの虐殺（一八一八年）のあとには反乱が相次いで起き、マフムードとカムランもヘラートへ退かざるをえなくなった。彼らもまた互いに主権を争い、カムランはついにマフムードをも殺害するに至った。一八二九年のことであった。カムランはヘラートでなお力を振るい、一八四二年、殺害されるまで西アフガニスタンで影響力を保持していた。

ファテ・ハーン兄弟たちが属するモハンマドザイ族は、ドゥラニ・バラクザイの小族であったが、サドザイ族と同様にアフガンの名族として尊敬されてきた。サドザイ族が神聖君主の機能を担い、モハンマドザイ族は戦士の機能を担う、ということがアフガン人たちの暗黙の了解であったという。だからこそ、カブールも、ガズニーも、カンダハールも、ペシャワルもすでに掌中にしていたバラクザイ族の兄弟たちは、だれもマフムード追放後に王位につかなかったのであろう。マフムードが王位を失ったとき、シャー・シユジャーの復位が計られたが、野心を見抜かれて廃された。バラクザイ族はなおもティムール・シャーの第一四子アユブ・ミルザに王位を求めたが、陰謀に加担して追放された。王国の不安定は国境域にまでおよび、ランジート・シングの勢力拡大を助長することになった。バラクザイの兄弟間の主権争いもそれを助けた。その混乱にシャー・シュジャーも乗じ、アフガニスタンはまさに王朝過渡期の混乱の中にあった。シャー・シュジャーはドスト・モハンマドの支配するカンダハール奪回をめざすものであった。彼の側にスコットランド人キャンベルが加わり指揮したことは、すでにイギリスとシャー・シュジャーの関係を示す一つの表れであった。

ペシャワルはすでにランジート・シングに奪われていたが、カンダハールではドスト・モハンマドが勝利を収めた。ドスト・モハンマドは王位につくことを決意し、一八三五年、サドザイ家にかわって新しくバラクザイ王朝をうちたて、ドゥラニ王朝に幕を下ろさせた。称号もドゥラニのシャーを廃して、アミール・ウル・モンメシーン（信者たちの指導者）という名号を採用した。この名号は一九二六年までつづいた。

バラクザイ朝——ドスト・モハンマド

ドスト・モハンマドの母はペルシア系のキジルバシ族（シーア派）の出身であり、母方の部族が大きな力を有していたアフガン王国では、きわめて不利な条件を背負っていた。部族的な有力な後ろ楯をもっていなかった彼は、戦いの場で父ファテ・ハーンに認めてもらうほかはなかった。シャー・マフムードとカムランを攻めたヘラートでの傍若無人の振る舞いは、彼の荒ぶりの過度の表現であった。しかし、ドスト・モハンマドは、いまは王位にあって困難な内政と外交に立ち向かわなければならなかった。

カンダハールにいた王の兄弟たちは、王の権力の増大を喜ばず、対抗の手立てをペルシアやロシアに求めていた。また一方で、シク教徒はカシミールを奪って併合し、インダス右岸のアフガン領にも侵攻して、一八三四年にはペシャワルも占領した。さらには北方のバルフはブハラ・ハーン国の支配のもとにあり、ヘラートも独立してワジール・ヤール・モハンマドがシャー・カムランの名を利用して権勢を振るっていた。

ドスト・モハンマドは、ペシャワルを占領したランジート・シングのシク族との抗争の仲介を、当時のインド総督オークランドに求めた。ドスト・モハンマドはこの頃、イギリス人チャールズ・マッソンを王庭に迎え入れていた。彼こそアフガニスタンで正式に受け入れられた最初のイギリス人であった。オークランドへの要請にはマッソンが関与していたことをうかがわせる。

オークランドは、英領インドとアフガニスタンとの間の緩衝地帯としてパンジャブの安定を考えたのであろう、ペシャワルの返還を含んだアミール（ドスト・モハンマド）の要求は受け入れられないと回答した。「イギリス政府は慣例として、独立国家間の問題に干渉するつもりはない。かわりに通商問題を商議すべき使節をアミールの政府のもとに近く送るであろう」。

一八三七年八月、ボンベイ歩兵隊に所属していたアレキサンダー・バーンズを長とする英国使節団が、

ドスト・モハンマド王。

英国使節団長アレキサンダー・バーンズ。

カブールにやってきた。使節団は三人の将校と一人の医師によって構成されていた。うち海軍のウッド中尉と医師のパーシヴァル・ロードはクンドゥズに赴き、工兵隊のリーチ中尉はカンダハールに赴き、アフガニスタンの南北の情況を調査した。一人カブールに残ったバーンズがアフガン王庭でアミールに謁見《えっけん》して、アミールとオークランド、つまりアフガニスタンとイギリスの相互の見解の真意を橋渡しする役割を果たすことになった。アミールのペシャワル返還の要求は、バーンズの努力にもかかわらず、ペシャワルの放棄を主張する総督オークランドを動かすことはできず、バーンズもまた万策尽き途方に暮れた。そのとき、ロシア使節イヴァン・ウィトケヴィッチがカブールに姿を現わした。彼はアミールの兄弟たちの要請に応じてカンダハールを訪れたが、アフガニスタンの政治の中枢はカブールにあることを悟り、商議を口実にアミールとの接触をはかろうとしたのであった。

アミールはバーンズとの信義を守り、ウィトケヴィッチの引見を引きのばしていたが、一八三八年二月、オークランドの最終的な拒絶の回答を得ると、ロシア使節との協議に入った。それでもアミールは、落胆して帰るバーンズに「アフガンの悲境を救い、アフガン人に勇気と力とを与えられよ」と願うオークランド宛ての書簡を託したという。

ウィトケヴィッチはペシャワル返還の交渉をランジート・シングとすることを約束した。それとともに、カンダハールでも約したペルシアとの同盟も果たすべく、すでに一八二八年の対ペルシア戦争の勝利で政治的影響力をもつに至ったペルシアに同盟条約を迫り、それを実現させた。ペルシアはこの条約に基づいてヘラートに進駐し、マイマナまで軍を進めた。

イギリスのシャー・シュジャー擁立

イギリスはこうした動きにロシアの画策をみて、ロシアのインド侵攻の道を封ずるにはアフガニスタンに親英政府を樹立するほかはないと考え、シャー・シュジャーの復位を念頭に置いてアフガニスタン侵攻の準備を始めた。

ロシアのペルシア側からの攻撃は、すでに一八三〇年初頭のヘラート攻囲によって予想されていたが、一八三八年、ふたたびロシア軍司令官ボロウスキーの率いるペルシア・ロシア連合軍によってヘラート攻撃がおこなわれた。このときヘラートにあってアフガニスタン軍を支援したのが、ボンベイ砲兵隊将校エルドゥレッド・ポッティンガーであった。このヘラートの攻防戦が、アフガニスタンを中心とする中央アジアの覇権をめぐるロシアとイギリスの「大勝負《グレート・ゲーム》」の引き金となった。

ヘラートの攻防は、ロシアの敗北に終わった。にもかかわらず、オークランドは「バラクザイ族は分裂を重ね、人望もなく、イギリス政府の有力な同盟者にはなりえない」として、サドザイ族のシャー・シュジャーの復位と、ランジート・シングのパンジャブ領有を認めるという二つの戦略をかかげてアフガニスタン派兵を決断したのである。第一次英ア戦争の始まりである。アフガニスタンに傀儡《かいらい》政権を打ち立てて、英領インドの権益を拡大しつつ、他国の干渉を封じこめるというこの政策は、民族自決に基づく国家の独立の維持を踏みにじる大国の自国中心的なふるまいの典型的な例である。

ボンベイ砲兵隊将校エルドゥレッド・ポッティンガー。

第一次英ア戦争

バーンズは、ドスト・モハンマドが有能な王であり、イギリスについて高い見識を有していることを説き、イギリス政府が他国に払う配慮の半分でも彼に払えば、彼はロシアとペルシアに頼ることはないだろう、と最後の具申《ぐしん》を民政部のマクナーテンに対しておこなった。しかし時すでに遅く、イギリス軍はサトラジ河畔のフィロズプールに集結し、ランジート・シングのパンジャブ通過の拒否にあいながらも、インダス河に沿って南下し、サッカルからシカルプールを経てボラン峠へと軍を発進させた。その途中、バーンズはカラートへ派遣され、カラートの首長メフラブ・ハーンの協力を要請した。メフラブ・ハーンは食糧の支給、運搬、護衛には万全を期すが、シャー・シュジャーへの協力はできないと返答した。

イギリス軍とシャー・シュジャーはボラン峠からクエッタに入り、ついでホジャク峠とチャマンを経て、ついにカンダハールに至った。イギリス軍の到着を知ったヘラートのシャー・カムランとヤール・モハンマドは、歓迎の意を表した。マクナーテンはさっそく使節団をヘラートに送り、銃と金をもたらし、ペルシアへの西辺の固めを督励したのであった。

イギリス軍がなんの抵抗にも遭わずカンダハールを占領し、シャー・シュジャーが領主となったという報せが、ドスト・モハンマドのもとに届いた。彼は事態の推移に驚きはしなかったが、近隣の首領たちが買収されてイギリス軍へ寝返ったという報告には、動揺を隠せなかった。しかし、バラクザイ族の総力を挙げてイギリス軍と戦うことを決し、まず息子のアクバル・ハーンを派遣して、ペシャワルに集結しつつあったシク軍の侵攻に備えて東方の諸道の要衝を守らせた。ついでハイデル・ハーンにはガズニーの守りを固めさせ、アフザル・ハーンの率いる一軍をガズニー周辺に駐屯させた。

一八三九年七月、ガズニー城塞のカブール門が四人のイギリス工兵によって爆破され、事態は一変してガズニーは陥落した。イギリス軍は一気にカブールに攻め入り、シャー・シュジャーはバラ・ヒッサールにふたたび居を構えることになった。

ドスト・モハンマドは軍や部族の長に檄《げき》を飛ばしたが敗勢を立て直すことはできず、ヒンドゥー・クシュの山中深いバーミヤンへと逃れた。追手にバラクザイ族の背反者ハージー・ハーン・カッカルが遣わされたが、おそらく彼は意図的に同族の首領ドスト・モハンマドを逃がしたのであろう、バーミヤンまで追ったがそこで踵《きびす》を返した。ドスト・モハンマドはバーミヤンからバルフに逃れ、ペルシアに庇護を求めるつもりであったが、ブハラのナスルッラ・ハーンから隠れ家を提供するという申し出を受けいれて、アム・ダリアを北へと渡った。一方、シャー・シュジャーは三〇年ぶりにサドザイ朝の王位に返り咲いた。

シャー・シュジャー復位

ドスト・モハンマドがガズニー陥落の報せをカブールで聞いたとき、ハイバルの隘路を守っていたアクバル・ハーンは、シク軍を前に、シャー・シュジャーの子ティムール・ミルザの軍を背にして戦わねばならなかった。しかし、ランジート・シングの急死によって小康を得たものの、イギリス軍将校ウェイドの指揮する軍の前進を阻止することができず、アリー・マスジットの砦を去り、彼もまた父と異母兄アフザルとともにブハラに逃れた。

シャー・シュジャーは復位したものの実権はなく、権力のすべてはイギリス軍のマクナーテンの手に握られていた。シャー・シュジャーを隠れ蓑としたイギリスの支配は、たちまちその正体を見抜かれ、さまざまな抵抗に見舞われることになる。それらは多かれ少なかれ、囚われの身同然であったドスト・モハンマドのブハラ脱出と北方における活動の再開と結びついていた。だが彼の復権の戦いは成功せず、一八四〇年、ついにカブール城下でマクナーテンに降伏を申し出、妻とともにカルカッタに移された。

しかし一子モハンマド・アクバル・ハーンのみは屈せず、イギリス軍の幕営を襲ったり、通信施設を破壊したり、執拗なゲリラ戦をおこなった。シャー・シュジャーも「虚位」を嘆き、隷属を憂う言葉を吐いて、暗にイギリスの撤退を求めた。族長たちの中にも抑圧への不平がようやく高まり、カブール蜂起の策が密かに練られた。中核となったのは、バラクザイの支族アチャクザイ族のアブドゥッラー・ハーンであった。その標的はカブール副総督の任にあったバーンズにしぼられた。

一八四一年一一月、アブドゥッラー・ハーンらはバーンズ邸内に討ち入り、バーンズら二三人を殺害した。アクバル・ハーンのカブール到着によって反乱者たちの士気はいよいよ上がった。彼はカブールに孤立していたマクナーテンと会見し、イギリス軍の三日以内の撤退を求めた。そして同時に、父ドスト・モハンマドの帰還も強く求めた。しかし、どちらの要求も実現する気配がないまま、マクナーテンは撤兵をめぐる条約の調印の場所と定められた橋畔で、アクバル・ハーンにみずから贈った短銃で射殺されるに至った。

一八四二年一月、イギリス軍のカブール撤退経路は、ホルド・カブールの隘路を通りジャララバードへと達する道が選ばれたが、この隘路で起こった惨劇は歴史に長く名をとどめることになった。「カブールを出発した五〇〇〇の軍隊と、それに数倍する非戦闘員のことごとくは、この地で殺され」、ジャララバードにたどり着いたのはたった三人のインド兵と一人の医師ブリドンのみだったというのが、イギリス側の記録であった。しかし、事実は違っていて、これはアフガン人の「残酷」を誇張し侵攻の失敗を隠すための表現であった。多くの婦女や将兵も捕虜として丁重に取り扱われたことは、バーミヤンに捕囚として送られたセイル夫人やヴィンセント・エアの『捕虜記』などからもうかがい知ることができる。

イギリスの保護を失った裸の王シャー・シュジャーは、同年の四月、バラ・ヒッサールを出たところで射殺された。

第一次英ア戦争の終結

インド総督のオークランドによるアフガニスタン政策の失態は、イギリス議会の厳しい論難を浴び、彼はついに本国へ召還された。新しく総督に就任したノースブルックは、ポロック将軍のもとに「報復軍」を組織して、ただちにハイバル峠を通ってカブールへ派兵した。シャー・シュジャーが殺害されてから五

1841年11月バーンズ邸での殺害。

ドスト・モハンマドの息子アクバル・ハーン。

アフガニスタン兵（左上）と第１次英ア戦争の頃のガズニー城塞（左下）。

ヶ月後、一八四二年九月のことであった。カンダハールで辛うじて孤塁を守っていたウィリアム・ノットの軍も合流し、イギリス軍はバーミヤンで捕らわれていた捕虜を救出するとともに、カブールのバラ・ヒッサールを破壊しただけでなく、麓《ふもと》にある古く名高いバザールを徹底的にぶち壊し、焼き払った。その数日後、ポロックの軍隊は、一兵も残さずカブールを引き揚げ、第一次英ア戦争はここに終りを告げた。

シャー・シュジャー亡きあと、息子のファテ・ジャンが王を名のったが、退位を迫られ彼の兄弟の一人シャープールに王位をゆずって、ポロックの軍とともにカブールを去った。

ドスト・モハンマドの復位

ポロック将軍はドスト・モハンマドの帰国を承認し、ドスト・モハンマドはふたたびカブールに戻って、復位した。彼の最初の仕事が、荒れ果てたカブールの再建にあったことはいうまでもない。王国全体の復興は、その次の課題であった。ドスト・モハンマドは内政の権利を得たが、外交ではイギリスに主導権を握られる結果を招いた。彼の国政権は、アフガニスタンへの外国の侵入がある場合、イギリスの軍事支援を受けるという条件と引き換えであった。イギリスは狙い通り、アフガニスタンを保護国として、ロシアとの間の緩衝国にしたのである。

ドスト・モハンマドのイギリスに対する譲歩は、つねに戦いの先頭に立ってきた息子アクバル・ハーンと民衆の不満をつのらせた。父との確執とイギリスのパンジャブ進駐への抵抗の日々を送ったアクバル・ハーンは、おそらくイギリスのさしがねがあったのであろう、二人のインド人医師より催淫薬だと偽って渡された毒薬によって暗殺されたという。

一八四九年、シク教徒の国パンジャブはイギリスによって英領インドに併合され、ペシャワル奪回の希望も打ち砕かれた。ドスト・モハンマドは、東インド会社のアフガニスタンの領土尊重と不干渉、アフガニスタンの東インド会社の領土への不可侵をうたったペシャワル条約（一八五五年）に調印すると、カンダハールとヘラート、およびヒンドゥー・クシュとアム・ダリアの間の領土確保のため、政治と軍事の両面から力を注ぎつづけた。

ペルシア軍によるヘラート占領に対応して攻城一〇ヶ月、イギリス政府によるペルシアへの宣戦布告という支援もあり、一八六三年についに彼は最終的にヘラートを解放し、ヘラートに対するペルシアの主権放棄の約束を取りつけた。ヘラートへ入城して九日目、ドスト・モハンマドは、内憂外患の長く苦い人生の曲折を経て、ようやく悲願のアフガニスタンの統一を果たして死去した。この老アミールは七一歳になっていた。

カンダハールの歴史

カンダハールがカブールとヘラートとともにアフガニスタンの政治支配の軍事拠点として三極をなすのは近世になってのことであるが、その歴史は古く波瀾に富むものであった。石器時代（紀元前四〇〇〇〜前二〇〇〇年頃）からすでにカンダハール地域には住民がいて、西インドや東イランやユーラシア草原地域と交易していた。それは、ムンディガクとデー・モラシ・グンダイの遺跡の発掘によって確認されている。またアケメネス朝ペルシア（紀元前五五九〜前三三〇年）の時代のカンダハール地方は、ハラウワティという名のアケメネス朝の一邦《ダフユ》（サトラピー）であったことが、ダレイオス一世のペルセポリス碑文によって明らかとなった。ヘロドトスが『歴史』に記録しているダレイオスの二〇の徴税区の中の第一五区がカンダハールを含めた地域であったと考えられている。

紀元前三三〇年、アレクサンドロス大王はカスピの門の近くでダレイオス三世の死を確かめたあと、アレイアア（ヘラート）、フラダ（ファラ）を経て、アラコタイ人の地に至った。アラコタイ人の地はヘレニズムの時代にはアラコシアと呼ばれ、広くアフガニスタンの南東域を指す名称であった。前一世紀のカラックスのイシドルス（『パルティア駅亭』）によれば、この地方の首邑《しゅゆう》はアレクサンドロポリス、すなわちアラコシアのアレクサンドリアであったという。この町が現在のカンダハールではなく、いま「シャル・イ・コナ」（古き町）と呼ばれている古カンダハールであるのはいうまでもない。一七三八年、ここはナーディル・シャーによって占領され、彼が新都を築いたときに放棄された町である。

前四世紀ごろには、この地域は「葡萄汁からできた酒」、つまりワインの産地として有名であったことが、マウリヤ朝の創始者チャンドラ・グプタ（在位紀元前三一七〜前二九三年頃）の名宰相カウテイリヤの『実利論《アルタ・シャーストラ》』（第二巻二五）によってわかる。前三〇五年にセレウコス一世がチャンドラ・グプタにアラコシアを割譲したのちの情報であろう。ギリシア人によるアラコシア支配は前三三〇年からわずか二五年のことであったが、この地にヘレニズムの刻印を押したのであった。やがてチャンドラ・グプタの孫アショーカ王が支配権を受け継ぐと、この地に法勅碑文を刻ませた。一九五八年、カンダハールの古市にある丘陵の岩壁に刻まれたギリシア語とアラム語の二ヶ国語碑文が発見された。小磨崖法勅と呼ばれる、いわゆるカンダハール第一法勅である。一九六三年にはギリシア語碑文（第二カンダハール法勅）が、同じ年にアラム語碑文（第三カンダハール法勅）が発見された。マウリヤ朝の支配下になっても、カンダハールではなおギリシア語と、ペルシアの公用語アラム語が、行政言語として通用していたのであろう。おそらく仏教もアショーカ王の時代（在位紀元前二六八〜前二三二年）にこの地に導入されたと考えられる。古市に残存する仏寺と仏塔は後四世紀のもので、最初期のものは確認されていないが、信仰はかなり早くよりおこなわれていたと思われる。

カンダハールという名称もまた謎めいている。アレクサンドロスの訛音イスカンダルに由来するという説もあるが、ガンダーラと結びつける説もある。アラブの歴史家たちの中に事実、ガンダーラをカンダハール、あるいはクンダハールと間違って用いているものがある。おそらくこの名称は、ガンダーラから西方のアラコシアへと移住した人びとによって、この地にもたらされたのであろう。釈迦が生前に使っていたという不思議な鉢は、最初、マガダ国の華氏城《パータリプトラ》にあったが、小月氏の王によって馬鳴（アシュバゴーシャ）とともにガンダーラに持ち出されたという。そして数百年後にこの鉢はペルシアに流伝したというのである。これもガンダーラからの移民とともに移ってきたものと思われる。後年、イスラーム寺院で発見された黒色の大きな鉢は、この逸話とかかわるものであったかもしれない。玄奘が伝えるこの不思議な仏鉢流転の話と、名称の流布の話とは重なっているように思える。

古きカンダハール、すなわちアラコシアは、当然のことながら今日のカンダハールとは位置も異なっていた。その地理的位置については、古代ギリシアの博物学者プリニウスの『自然誌』（二三～七九年）がもっとも詳しい情報を残してくれている。

「インドにもっとも近い民族を後にすると山岳地帯にたどり着く。カピセネ地区には以前、カピサという名の町があったが、キュロスによって破壊された。次にアラコシア、そこには同名の川と要塞市《オピドゥム》がある。ここは、サミラミスによって建設された都市で、ある歴史家たちはこれをクフィスと呼ぶ。さらにエリュマンドゥス川というアラコシア人の町パラベステのそばを流れる川に到る。歴史家たちは、アラコシイ族の次に、南側にはアラコタエ族の一派とその隣にデクセンドルシ族が、北側にはパロパミサダエ族がいるという。そしてヒンドゥー・クシュ山脈のふもとには後にテトラゴニスと呼ばれたカルタナの町があった。ここは、バクトリアの反対側にある。もっと先にはアリアニ族の地域、そこの町は建設者の名をとってアレクサンドリアと呼ばれる」

プリニウスはかなり正確に、当時のアフガニスタンに存在した「四つの太守領」の位置関係を記している。カピサがカブールの北方のベグラム・カピサ（玄奘のカーピシー国）のことであるのはいうまでもない。プリニウスはカピサを「アレクサンドリア市」とも呼び、ホルトスパナより八〇キロのところにあり、「カフカス山脈のすぐ麓にある」とも述べている。ホルトスパナをカブールと考えれば、ほぼ合っている。「パロパミサダエの麓なるアレクサンドリア」はカピサであったと考えられるから、カフカス山脈＝パロパミサダエの「すぐ麓にある」という記事もうなずける。

アラコシアの位置についても彼は、「アレイアのアレクサンドリア」（ヘラート）からドランギアネの市プロプタシアまでは約三二〇キロ、そこからアラコシアの町までは約九〇〇キロ、さらにそこからホルトスパナまでは約二八〇キロと、隣接する都市との距離を記している。

古カンダハールの位置が、アフガニスタン全体の中でほぼ正確に認識されていたことが、これらの記録によってもよくわかる。この古市は現在のカンダハールの西南西五キロのところにあり、今日ではゾール・シャル（古市）と呼ばれている。ペルシアのナーディル・シャー・アフシャールの攻撃を受けて一七三八年に破壊されるまでは、ここがカンダハールの中心であった。古市を調査したフスマンの報告によると、壁に囲まれたもっとも古い市址はヘレニズム時代にまで遡るという。クシャン朝時代には仏教の町となり、やがてイスラームの時代を迎えたことが、調査によって明らかになった。

フスマンの古市の地図は、その推移を示している（次ページの地図参照）。四世紀ごろのものと思われる仏塔も仏寺の存在も明らかになったが、注目されるのは、スルタン・ワイス・バーバーの聖廟で発見された巨大な深緑色の蛇紋石の碗《わん》である。口径約二・一メートルのこの巨碗こそ、先にも触れたあの伝説の仏鉢ではなかったかと考えられる。この鉢の底には蓮華とおぼしき花紋も刻まれており、仏教時代のものと考えられるからである。イスラーム時代に転用されて伝わったものだろう。もしそうだとすれば、仏教とイスラームの接合と変容を示す具体例としてもきわめて重要な文化財といえる。一九二五年、カブール博物館に移されて誰もが目にすることができたが、いまはどうなっているのだろうか。

紀元前三世紀のアショーカ王の碑文から、イスラーム侵入の直前、クシャン・ササン時代（バクトリアの太守として赴任したササン王家の者が建てた独立小国家の王朝）が終る七世紀末に至るまで、カンダハールは豊かな仏教時代を経験したらしい。ガズニーやバーミヤンの仏教遺跡との関係もこれからさらに深く追究されなければならない課題である。

さて、ウマイヤ朝（六六一〜七五〇年）の初期になると、アラブ軍はシースタン地方を征服した後、カンダハール地域に侵入し、ボストを占領してイスラーム軍の橋頭堡を築いた（六六一年）。『アヴェ

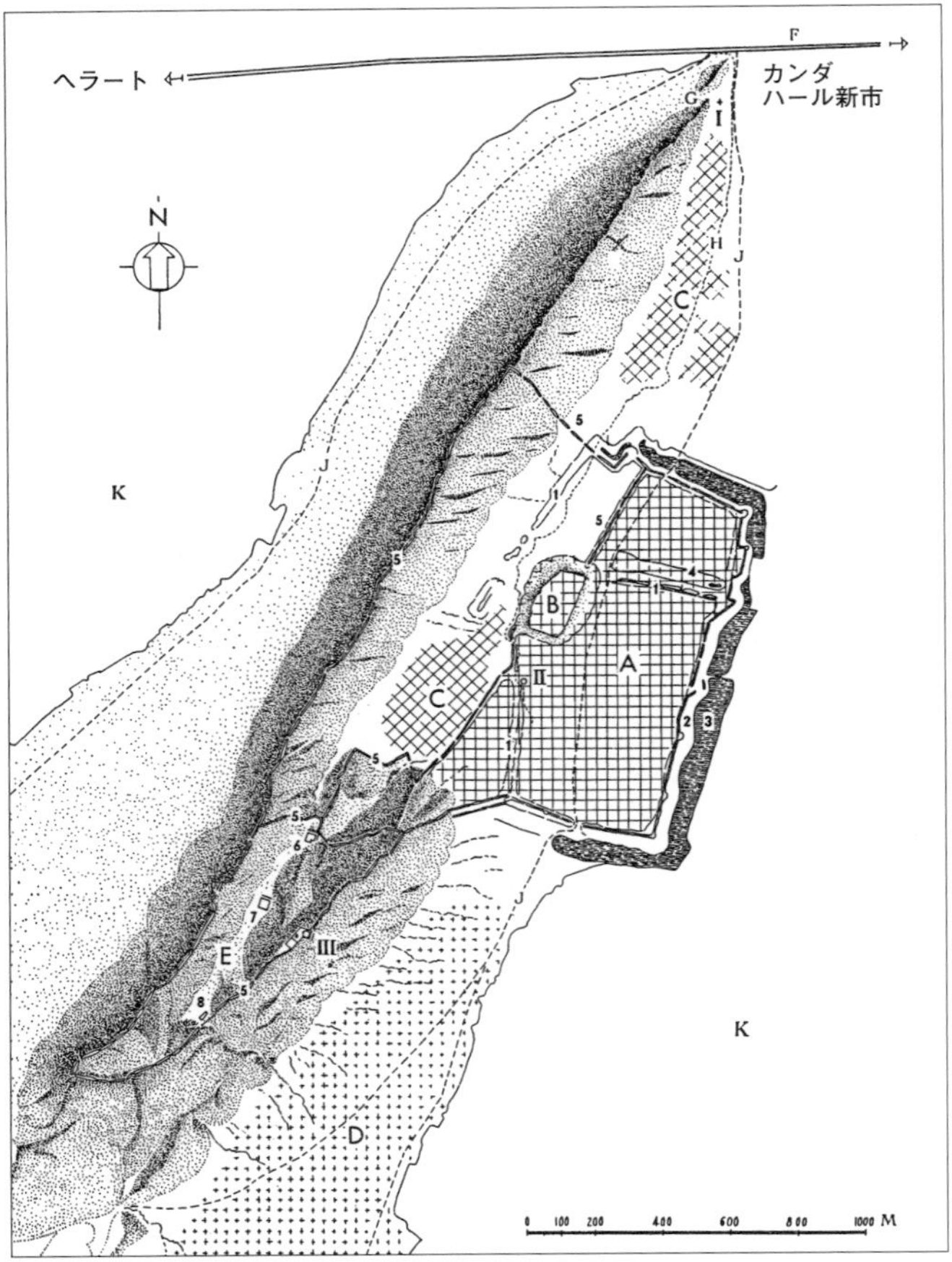

カンダハール古市の見取り図

A　壁に囲まれた古市
B　城塞
C　外市
D　イスラーム墓地
E　イスラーム残趾
F　カンダハールからハラートへの道
G　城郭外域
H　用水路
J　土路
K　耕地

I　アショーカ王二ヶ国語碑文のあった所
II　ジアラト（聖祀）
III　僧院と仏塔地
1　古城残趾
2　古い斜堤
3　古濠
4　窪地
5　イスラーム時代の城壁
6, 7, 8　イスラーム時代の貯水施設スター』の中でも名を挙げられているこの古い町を、アラブ人たちは「カンダハール・アル・ルッフハジ」と呼んでいる。「アル・ルッフハジ」という呼称は、おそらく「アラコシア」の訛音だろう。このボストより東のカンダハール中心部への攻撃は、容易ではなかったようである。古市の洞窟で発見されたアラブ人の多くの頭骸骨が、彼らの攻撃の不成功を裏づけている。

西方からやって来たイスラーム教徒たちの目には、カンダハールはシンド（インダス）地方の一部と映ったらしい。平和の都《マディーナトゥ・サラーム》とも呼ばれた新都バグダードを建設した名君であるアッバース朝第二代カリフのアル・マンスール（七五四～七七五年）の治政のとき、シンドの太守がムルタン、カシミール、カンダハールに遠征をおこなった。おそらくこのカンダハールも、シンド河畔のガンダーラのことであっただろうと言われている。しかし、時代が下るとともにカンダハールの位置は、次第に正確にアフガニスタン南部のアル・ルッフハジ、つまりアラコシアを指すようになる。

八六五年、サッファール朝の創設者で初めアッバース朝の太守であったヤークーブ・イブン・ライスが、カンダハールを占領してその統治下に置いた。その後、カンダハールはガズニー朝、グール朝の支配を受けた。ガズニー朝下では、この地方の中心であったラシュカリー・バーザールとカライ・ビスト（ボスト）がグール人によって破壊されると、再びこの地域の中心市としてカンダハールの名が挙げられるようになる。

カンダハールはついでチンギス・ハーンの征服（一二二二年）、ティムールの支配（一三八九年）をこうむるが、ティムール朝の第七代のスルタン、アブー・サイードが没する（一四六八年）と、王朝は分裂した。そしてカンダハールは独立した地域となり、やがてシャー・ベグが権力を握り、バローチスタン東北部（シービー、マストゥング、クエッタ）をも併合し、カンダハールをその首府にするに至る。しかし、バーブルがカブールで覇権を握るとカンダハールもその支配下に入り、このときから

19世紀のカンダハール。

カンダハールは、追われたシャー・ベグを助けるウズベク族シェイバーニー朝、やがてペルシアのサファヴィー朝とムガール朝との激しい争奪の舞台となった。

バーブルの死後、長子フマユンがアグラのムガール朝の帝位を継ぎ、第二子カムラン・ミールザーがカブール、ガズニー、カンダハールを治めることになった。しかし、ウズベクとの長い争いの末、ホラーサーン地方のティムール朝の支配権を奪いとったサファヴィー朝のシャー・ターマースプは、ヘラートを手中に収める（一五二七～二八年）とカンダハールをも併合しようとする。カムランはサファヴィー朝を討ち、カンダハールを支配する（一五三四～三六年）。カムランとフマユンとの兄弟の争いで、カンダハールはペルシアの支援を受けたフマユンの手に一時は落ちるが（一五四五年）、すぐその後、フマユンはペルシアから離れ、カンダハールをみずからの支配下に置く。

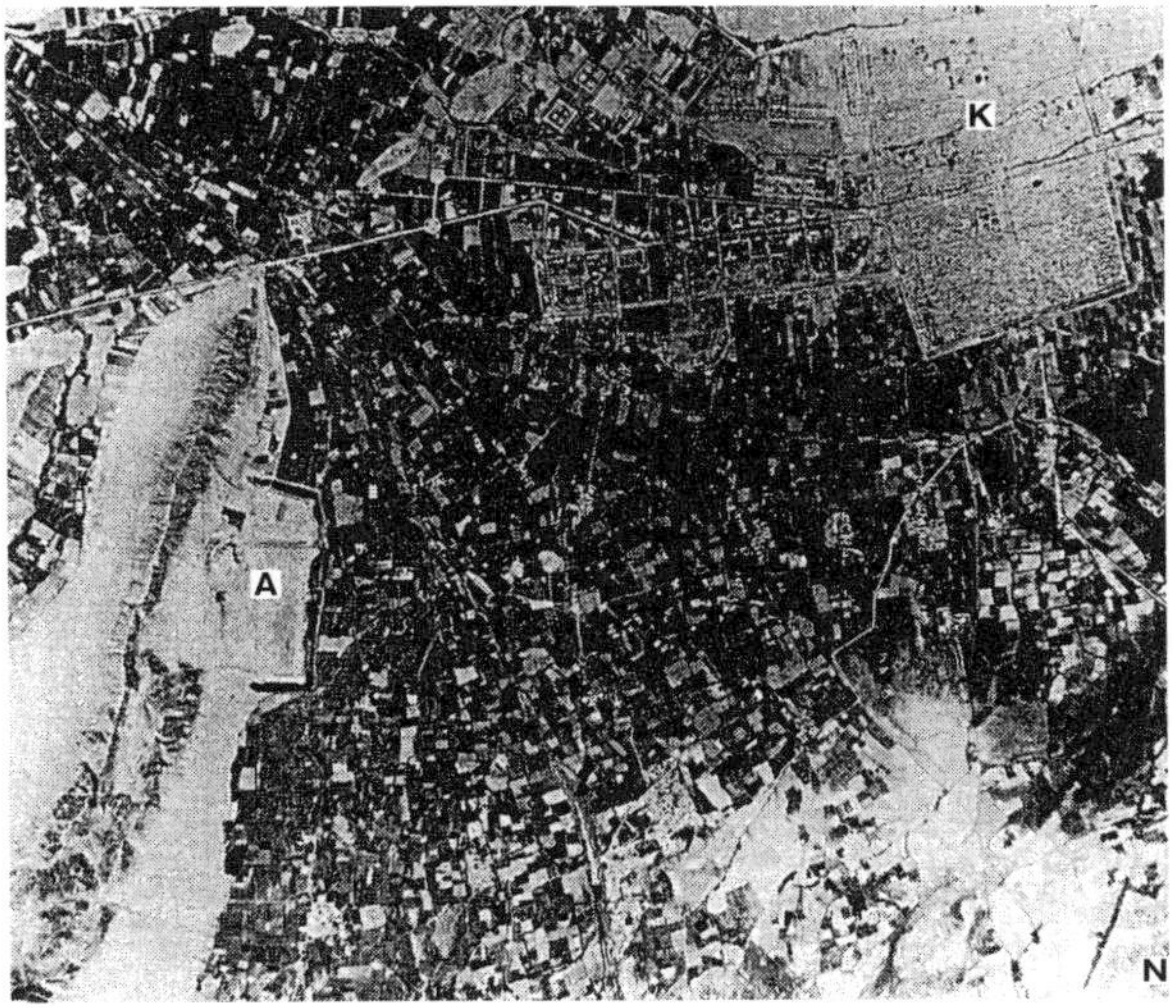

上空から見たカンダハール。A—古市の址。K—現在のカンダハール。N—ナージラバードの址。

カンダハールの三つの市。

一五五八年、ターマースプはムガール朝のアクバル帝からカンダハールを奪い返すが、アクバル帝は一五九四〜九五年、再びこれを奪回する。するとペルシア人も負けじと一六二一年、ジャハーンギールより奪い返すといった具合であった。こうした争奪戦の後、一六四八年、カンダハールの支配権がサファヴィー朝のシャー・アッバース帝（二世）の手に移ると、カンダハールはそれから一七〇九年までサファヴィー朝の支配下にとどまることになる。サファヴィー朝下のカンダハール地方は今日よりずっと東方の地域、マストゥング、シービー、カーカリーなどを含む地域を指していた。一六六五年頃、フランスの商人ジャン・バプティスト・タヴェルニエ（一六〇五〜八九年）がイスファハンからインドのアグラに向かう途上、アフガニスタンに入り、カンダハールを通ってカブールを訪れている。ここで彼は「アウガンと呼ばれる人びとの不思議な事実」（『インドへの旅』）について記している。「彼らはカンダハールからカブール、バルーチの山岳地帯にかけて住む力強い人びとであり、夜になると大盗賊になる」というのだ。

カンダハールにおけるサファヴィー朝のペルシア人支配は終りを告げた。それは、この地域のもともとの住民であったアブダーリー族の多くがシャー・アッバース一世によってヘラート地方へ移住させられた後に住みついたギルザイ（ガルザイ）族が、カンダハールを拠点に独立をなしとげたときであった。ムガール朝よりもサファヴィー朝をずっと支援してきたギルザイ族は、首領にガルザイ族のホタク氏族の指導者ミール・ワイスを迎えたとき、ついにアフガン人支配の都市国家としてカンダハールの独立を宣したのである。

ミール・ワイスの墓廟は、ヘラートに向かう道沿い、ダ・シャヒダヌ・チョークから一〇キロの所に今も残されている。しかし、派手嫌いのアフガン人らしい質素なブルーの霊廟があるだけである。

ギルザイ族によるカンダハールの統治は、ミール・ワイスの没後、その兄弟ミール・アブドゥッラー、ミール・ワイスの二人の息子、ミール・マフムード、ミール・フサインと受け継がれる。しかし一七三七年、ヘラートのアブダーリー族の支援も得たナーディル・シャー・アフシャールの一〇万の軍の前についに堅塁《けんるい》ギルザイ砦を破られ、徹底的な破壊と略奪をこうむった。古市カンダハールは、こうして棄て去られることになった。ナーディル・シャーは代わりに、古市の東南に新しい軍事都市ナーディラバードを建設したのである。ナーディル・シャーが鋳造発行するコインにはナーディラバードとカンダハールの二つの名が打刻されることになった。しかし新市の生命は短く、ナーディル・シャーが死没した一七四七年には放棄されてしまった。

現在のカンダハールは、暗殺されたナーディル・シャーの後を継いで支配権を握ったアブダーリー族のアフマッド・シャーによって、かつての古市の東に創設された町である。彼は古市と同じように新市も壁で囲ませ、その中に故郷に立ち戻ったアブダーリー族の首府をつくった。そしてこの新市は、アフマッド・シャーヒーと名づけられた。アフマッド・シャーはみずからのコインを発行し、それに「アシュラフ・アル・ビラード」（町々の中でもっとも高貴なるもの）という形容辞を刻ませたという。

カンダハールは、アフガニスタン立国のもっとも由緒ある地であり、最初の首都であり、歴史に深々と包みこまれた町であり、それゆえに多くの血を流した戦いの場となった都市である。そしてなによりも、アフガン人の苦悩と苦闘に染められた忘れ難い地なのである。

カンダハールが昔日の輝かしい光芒を取り戻すためには、カンダハールが戦場ではなく、さまざまな文化を媒介する地軸であり、諸民族の平和と均衡の支点であるという自覚が人びとの一人一人のうちに生まれることが必要だろう。

現在のカンダハールの町の人口はおよそ一二万人、この地域全体では七二万四〇〇〇人、市の周辺は果物や野菜を豊かに産する肥沃な農業地である。カーレーズや開発された灌漑施設が機能していれば、アフガニスタンでもっとも恵まれた地だろう。カブールやガズニーから避寒のためにやってくる人びとも多かったカンダハールに、映画『カンダハール』に描かれたような極貧の状態が生まれているとすれば、それはなぜであろうか。モフマン・マフマルバフはかならずしも正鵠を射ていない。カンダハールのファナティスムをその深層にまで立ち入って明かさなければ、アフガニスタンに平和への真の意志を育て上げることはできないだろう。

一九三〇年代、日本がアフガニスタンの農業振興のために幾人かの農業技師を送り、もっとも力を入れたのがカンダハールであったことも記憶されるべきことである。

3 アフガニスタン統一国家への道

シィール・アリーと王位争い

ドスト・モハンマドは生前、後継に息子のゴーラム・ハイデル・ハーンを定めていたが、一八五八年に死去したため、第二夫人の子シィール・アリーを後嗣《こうし》に選定していた。兄アクバル・ハーンやゴーラム・ハイデルにはその豪勇においては及ばなかったが、沈着な治政には適材であるという父の判断からであった。父の死去にともない、シィール・アリーはただちに即位の旨をインド政府に報告したが、インド政府は第一夫人の二人の兄モハンマド・アフザルとモハンマド・アザムに不平があるとの報せもあり、承認を引きのばす方策をとった。

インド総督がエルギン卿からウィリアム・デニスンに替わると、彼はようやく承認を通報した。翌年の一八六四年、二人の兄が反乱を起したとき、インド政府は不干渉を口実に、「兄弟のうち、みずから王位を固めた者あれば、誰であれアフガニスタンの王として承認するであろう」と告げた。内戦によるアフガニスタンの弱体化を狙った利己的な政策を、インド政府は選んだのである。

インド政府の狙い通り、兄弟間の王位をめぐる紛争は激化し、何度も一進一退を繰り返した。初めヒンドゥー・クシュの北方での攻防ではシィール・アリーが優勢であったが、やがて長子を戦場で失って敗走し、王位をモハンマド・アフザルに奪われた。しかしモハンマド・アフザルは翌一八六七年に死去する。

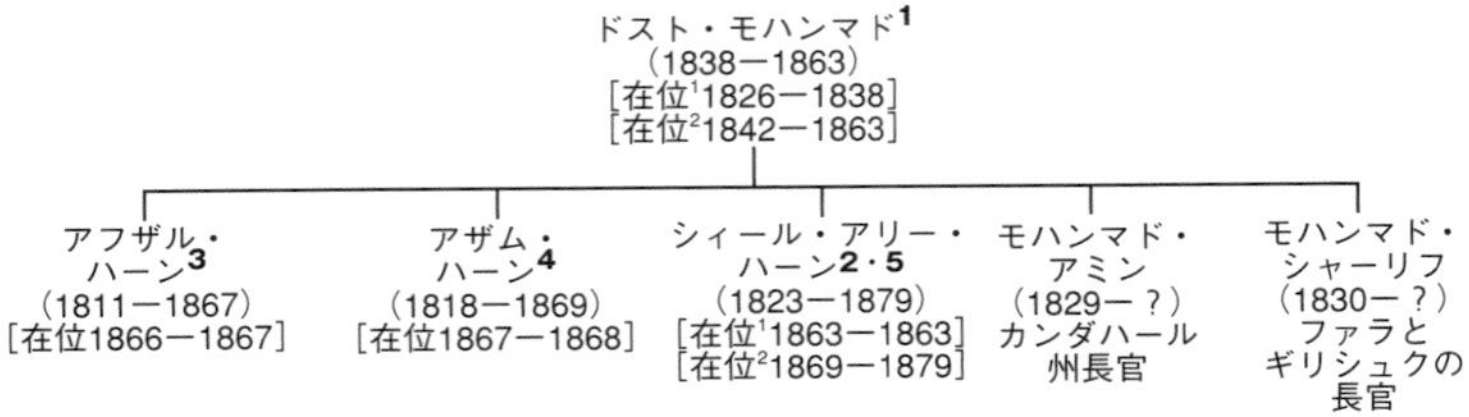

ドスト・モハンマドと後継者

王位はモハンマド・アザムに継がれ、インド政府の承認も得る。しかしシィール・アリーが軍事力を回復し、ヒンドゥー・クシュ北方地域からヘラートとカンダハールを経て、ふたたび北上してカブールを攻め落とし、王位に返り咲く。一八六八年のことである。それより在位一〇年、彼は内政に力を尽くし、制度の改革を進め、近代アフガニスタンへの発展の重要な第一歩をしるした。

近代化政策

中央集権的な行政制度をつくり出すために、内閣のような機関を行政の中心に設け、一三人の協議会を付設し、また地方の行政機構を王族で独占することを廃止したり、たとえ改革が表面的なものであったにせよ、それまでとは違った治政がおこなわれた。

ペシャワルを経由してカブールと世界とを結ぶ郵便の制度化、首都における学校の開設、最初の新聞（『シャムス・アル・ナハール』）の発行、カブールとヘラートにおける軍需工場の起業など、シィール・アリーの行政は積極的であった。しかし、アフガニスタンを取り巻く情勢は、ロシアとイギリスの綱引きによってつねに不安定であった。

ロシアの南下とイギリスの抗争

シィール・アリーが即位ののち、王位をめぐる血族との争いに巻きこまれ

前門の獅子（イギリス）と後門の熊（ロシア）に挟まれたアフガニスタン。「パンチ」誌より。

た一八六四年冬、ロシアとイギリスは、ロシア南辺の国境をどこにすべきかで熾烈《しれつ》な駆け引きをしていた。イギリスは、中央アジアの三つのハーン国であるブハラ、ホーカンド、ヒヴァをロシア南下の防御線とすべく画策し、アフガニスタンを英領インドの安定的な外廓地域として確保したいと考えていた。ロシアは南下して、「良好な社会組織を有する国に達し、国境の精確な地理的境界を定めたい」と願っていた。イギリスはこの境界を三ハーン国の北辺と考えたが、ロシアはこの三ハーン国を併合して南辺にしようと目論んでいた。

一八六八年、ロシアのカウフマン将軍がサマルカンドに迫ると、アミールの抵抗も虚しくサマルカンドは陥落し、ブハラはロシアの保護領となった。

一八七三年にはヒヴァも攻められ保護領となり、一八七五年にはついにホーカンドも落ちて、ロシアの三ハーン国支配の野望は達成された。

一八七三年にヒヴァがロシアによって征服さ

れたとき、シィール・アリーはインド総督ローレンスに会見を求め、イギリスとの友好関係の強化とロシア南下に対応する支援を要請した。運悪くロンドンにおける政権交替もあって、イギリスの回答は漠然としていて満足のいくものではなかった。

シィール・アリー。

第二次英ア戦争

シィール・アリーは、ロシアとイギリスの中央アジアの角逐《かくちく》の中で、ようやく新しく改革の道を歩み始めたアフガニスタンが独立を失うことをもっとも恐れた。イギリスは、より直接的にアフガニスタンの政策を制御できるように、カブールに外交団を常駐することをシィール・アリーに求めたが、彼はその危険を察知して拒否しつづけた。ところがシィール・アリーはその一方で、一八七五年、ロシア使節には認証を与え、イギリス使節にはハイバル峠に入ることすら認めなかった。

一八七八年、イギリス政府は、すでにロシア大使を迎え入れているアフガニスタンが、「イギリス大使がカブールに入るのを拒否するとすれば、敵対の意あるものとみなし、アフガニスタンを敵として取り扱う」という事実上の最後通牒を送った。シィール・アリーはもはや退くことはできず、開戦を受けて立つほかはなかった。

イギリス軍は、ボラン峠、パイワール峠、そしてハイバル峠の三つの峠を越えてアフガニスタンに侵攻した。ジェララバードとカンダハールが無抵抗のうちに落ちると、シィール・アリーは一子モハンマド・ヤクーブを摂政としてカブールに残し、みずからは北方のバクトリアに逃れ、そこでロシアの支援を期待した。しかしロシアは、ヒンデンブルクが主導するベルリン国際会議で対トルコ戦争の結末を不利に討議され、ヨーロッパで孤立して容易に動ける状態にはなかった。無援のシィール・アリーは失意のうちに一八七九年二月、マザリシャリフで死去した。

結局、イギリス軍は勝利したものの、各地で諸民族の反抗が相ついだため、後継者と有利な条約を結んで早期に撤退することが望ましいと判断するに至った。王位についたモハンマド・ヤクーブは、イギリスによる即位の承認と引きかえに屈辱的なガンダマク条約（一八七九年六月）に調印させられた。それはアフガニスタンの領土の保全を確約し、王に対して年金を支払うことを約束する一方、外交への干渉をイギリスに許し、アフガニスタン国境上の戦略的な要地ピシン、シビ、クラム渓谷、ハイバル峠とミチニ峠にまたがるアフリーディー族の地域を割譲し、なおかつイギリス使節のカブール常駐を認める、というものであった。国境の変更は、イギリスの永続的な干渉を可能とする「科学的国境」の確立をめざすものであった。

ガンダマク条約締結の三ヶ月後の一八七九年九月、イギリスの最初の使節としてルイ・カヴァニャリがカブールに派遣された。しかし彼はカブール到着後四七日目に、アフガン兵の反乱によって幕僚《ばくりょう》と護衛兵とともに殺害されてしまった。イギリス軍はすぐにフレデリック・ロバーツ将軍を長とする遠征軍を派遣し、カブールを占領し、王ヤクーブに退位を求め、インドへ連れ去った。イギリス軍はカブールで軍政をしいたが、部族の蜂起があちこちであり、軍を引き揚げればたちまちアフガニスタン全土が無政府状態になる恐れがあるとして、新しい後継を求めて駐留した。

後継の候補に二人の人物がいた。一人はモハンマド・アフザルの息子アブドゥール・ラフマンであった。彼は父アフザルと叔父シィール・アリーとの戦いに加わり、アフザルを助けたが敗れ、アム・ダリアを北へ渡りサマルカンドで一〇年の亡命生活を余儀なくされていた。しかしヤクーブ退位の報を聞くと、一八八〇年二月、ふたたびアム・ダリアを渡り、アフガニスタン北部の兵を集めてバクトリアからカブール帰還の機をうかがっていた。

もう一人の候補は、シィール・アリーの息子モハンマド・アッユーブ・ハーンであった。彼はヘラートにあって兵力を蓄えていた。

インド総督リットンは、種々の情報から、アブドゥール・ラフマンがロシアでの長い亡命生活でロシアの支持を得ているという事実を把握していたが、あえて彼の即位を促すよう指示した。それは、強力な緩衝国を生みだすには、強い指導力をもつこの人物こそふさわしいと判断したからであったという。

アブドゥール・ラフマンの即位と第二次英ア戦争の終結

一八八〇年七月、ロバーツ将軍はアブドゥール・ラフマンの即位宣言を正式に認め、その旨をリットン卿に報告した。このときイギリスがガンダマク条約の履行を条件としたことは、いうまでもない。

即位宣言の五日後、ヘラートのアッユーブ・ハーンは軍をカンダハールに向けて進め、マイワンドでイギリス軍を破り、カンダハールを攻囲した。しかし一ヶ月後、カブールから南下してきたロバーツ将軍のイギリス軍に敗れてヘラートへ退いた。イギリス軍はこれを機に、カンダハールに一駐留部隊を残すだけで、アフガニスタンから完全に撤退することを決めた。

アブドゥール・ラフマンの統一国家への道

一八八一年四月、カンダハール駐留軍も撤兵すると、ヘラートのアッユーブ・ハーンはふたたび軍を動かし、カンダハールを占領した。アブドゥール・ラフマンは王の面目に懸けて反撃に出て、アッユーブ・ハーンの軍を敗北に追いこみ、ヘラートも制して彼をペルシアへと逃亡させた。国内における大きな対抗勢力を打ち砕《くだ》いた王は、それでも数々の反乱に見舞われたが、一つまた一つと制圧して、着々と王国の統一と中央集権の再強化をめざして政策を進めていった。

一八八四年には独立していたマイマナの再統合、一八八七年にはガルザイ族の暴動の鎮圧、一八九二年にはハイバル峠の西部を支配していたシンワーリー族の征服、一八九一年から九三年にかけてはシーア派の拠点ハザラジャードの制圧、一八九六年にはカフィール族のスンニー・イスラーム教への改宗を求めたカフィリスタンの征服など、つぎつぎに軍事征服をなしとげた。カフィリスタン（異教徒の国）は改宗ののち、ヌーリスタン（光の国）と改名され、新しいアフガニスタン再建の象徴となった。カフィール族の人びとが孤立した山中で、幾世紀にもわたって自分たちの習慣を守りつづけ自立しつづけてきたことは、アフガニスタンの進むべき道を示しているようにもみえたからである。

国家統一の過程の仕上げは、それまで最大の難題であった部族の和合と国王への権限の集中であった。カフィリスタンの征服ののち、全部族の代表がカブールに集められ、王への忠誠を誓わされた。国王は、ただちに軍制の変革にとりかかった。アフガニスタンの軍隊はそれまで部族の提供する民兵からなり、族長がその主要な位置を占め、土地を所管するというものであったが、国王はこれとは別に常備の正規の国軍を創設し、国王を中心とする中央集権的な政治支配をうちたてようとした。王族の結集と協力、敵対的な部族の首長の追放と逮捕、綱紀の粛正、集団責任制の適用など、苛烈な施策によって独裁的な王制を推し進め、アフガニスタンはここにようやく統一国家として安定への道を歩み始めたのである。

アブドゥール・ラフマン。

アブドゥール・ラフマンは、ガンダマク条約の利点を逆用し、イギリスから武器と資金の援助を引き出した。そし

てそれを統一の発条《ばね》としたが、それと引き換えに求められた鉄道の敷設や電信の整備、産業施設プロジェクトの申し出などは、どれも「平和侵略」の企てと喝破《かつぱ》して拒否した。

アフガニスタンの独立は、自然の厳しさによって守られてきたともいえよう。アブドゥール・ラフマンに与えられた「鉄の王《アミール》」という異名は、内と外、双方向に示されたその断固たる政治姿勢に由来するものであった。

彼の政策は巧妙でもあった。とりわけヒンドゥー・クシュ北方では、ロシアの民族分離独立の煽動もあって、民族の和合がなかなか進まなかった。そこで彼は、パシュトゥン人の北部植民という思い切った方策をとった。北部アフガニスタンのパシュトゥン化というこの方策は、部族地域の不可侵を信じてきた土着の人びとに決定的な衝撃を与えただけではなく、移住を求められたガルザイ族にも激しい痛みを求めるものであった。

アブドゥール・ラフマンのこうした改革の姿勢は、政治の領域だけでなく、社会や経済の領域にも大きな影響を与えないではいなかった。「ラビラト婚（夫が死亡したとき、残された妻はその兄弟と再婚しなければならない婚姻制度）と奴隷の廃絶（一八九五年）という布告がどれだけ直接的効果があったかは判じがたいが、こうした政策が知的風土の変革に力をかしたことは疑いない」。

アブドゥール・ラフマンは、既存の権威に安住するムスリム（イスラーム教徒）に対しても厳しかった。彼は、イスラーム教とその宗教制度こそアフガニスタンの健全性と力の根源であると考えていた。「王国の維持と国家の力と繁栄にとっては、宗教もまたきわめて重要な原動力である。信仰なき国家はたちまち退廃して、衰亡するであろう」。彼にとっては、イスラーム教と国家としてのアフガニスタンは一本の固い絆《きずな》で結ばれたもので、この結合は君主制のもとでのみ維持されるものであった。

彼は、改革につねに旧守的な姿勢をとった宗教指導者（ムッラー）たちを、改革への抵抗勢力として捉

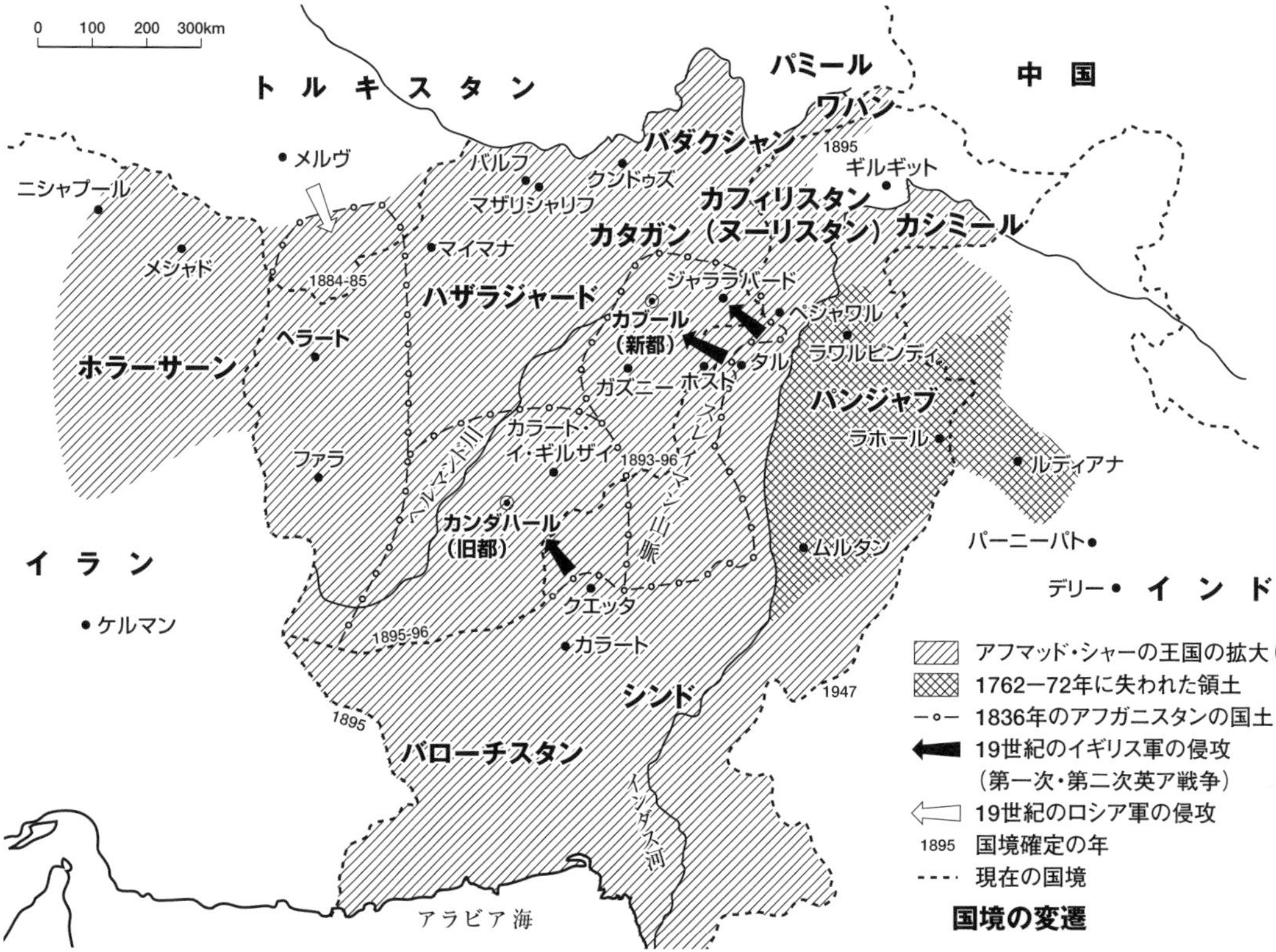

アフマッド・シャーの王国の拡大（1762年）
1762—72年に失われた領土
1836年のアフガニスタンの国土
19世紀のイギリス軍の侵攻（第一次・第二次英ア戦争）
19世紀のロシア軍の侵攻
1895 国境確定の年
現在の国境

国境の変遷

え、彼らに世俗的な現実と向き合うよう求めた。「アフガニスタンにおけるイスラーム信仰の擁護者であり、アッラーの慈悲と意志によって王国を統治する者として」彼は、ムッラーたちが宗教的権威をかさに着て、勝手に「聖戦《ジハード》」を命ずることを禁止したのである。イスラーム共同体《ウンマー》の指導者は、どこまでも「イスラームの真の精神」を体現する王《アミール》でなければならなかったのである。アブドゥール・ラフマンに与えられたもう一つの称号は、「国と宗教の光」(ジア・アルメッラ・ワルディーン)というものであった。

デュランド合意書と国境の確定

アブドゥール・ラフマンは一九〇一年一〇月、バギ・バーラーの新しい夏宮で世を去ったが、一つだけ心残りがあった。それは、ロシアの圧力とイギリスの非妥協のはざまにあって、心ならずもインド政府と争わねばならなくなり、その結果、戦争の再発と経済封鎖の脅しによってデュランド合意書に署名せざるをえなくなったという出来事であった。

この協定によって彼は、イギリスからの補助金の増額をかちえたものの、部族地域への介入の権利を失うとともに、彼に忠誠をもって仕えてきた部族の分断を受け入れさせられたのである。アフガニスタンの史家たちは今日、デュランド・ラインの名で知られている国境画定線はイギリスの脅しによる押しつけであったと主張し、一方、イギリス側は交渉による決着であったと主張して見解を異にしている。あるいは、自分の前に広げられた国境線の引かれた地図をみても、彼は地図についての知識に疎く、国境線がもつ意味が十分理解できていなかったという説もある。また、もともと不明確な地図をもとに署名させられたとか、彼は協定書には署名したが国境線の引かれた公式地図には署名しなかったなどと、さまざまな意見が出されている。

しかし、デュランド・ラインが今日のパキスタンとアフガニスタンとの国境になっているように、英領インドとの国境がこの署名によって確定したことは疑いない。一八九四年から九六年にかけてのことである。これによってアフガニスタンは、インダス河畔へと進出してゆく主要なルートがことごとく封じられ、パシュトゥン人の重要な地域を二分されてしまったのである。しかしながら、ロシアとの国境画定（一八八四〜八六年）、北東のヤギスタンにおける国境画定（一八九五年）、ついで東方におけるこのインドとの国境画定によって、アフガニスタンは歴史上初めて国境を定められた国家として誕生したのである。

アミール・アブドゥール・ラフマンの霊廟は現在、カブールの中心にあるザルネガル公園の中にある。この霊廟は彼が公務を離れて憩《いこ》うための小さな私宮として建てられたものであった。霊廟に付設されているモスクは、息子のハビブッラーの建造による。

イスラームのかたち

『コーラン』と預言者ムハンマドの教えを総括したものがスンナ（確定された慣行）で、それを信仰の基礎とする人びとがスンニー派と呼ばれた。しかし神の命令であるイスラーム法の解釈をめぐって法学者たち（ウラマー）に意見の相違があり、四つの法学派（マズハブ）に分かれた。ハナフィー、シャーフィイー、マーリキー、ハンバリーの四法学派がスンニー派では正統法学派として公認されている。

アフガニスタンの八五パーセントの人が信仰しているのはデュプレーの一覧表からも判るようにハナフィー派スンニーである。ハナフィー派はアッバース朝の初期にアブー・ハニーファ（六九九～七六七年）によって創始された学派でもっとも理論的でありながら裁量に柔軟であったとされている。

シーア派はムハンマドの最初の妻ハディージャとの間に生まれた娘ファーティマの婿、ムハンマドの従兄弟であったアリー（イブン・アビー・ターリブ）とその息子たちの系統こそ預言者の後継者としての権威が受け継がれていると主張する人びとの運動を指す呼称であった。ウマイヤ家のムアウィアに敗れて刺客の刃に倒れ、カリフ（アッラーの御使いの代理人）の地位は、ウマイヤ家世襲のものとなった。しかし、アリーの熱烈な支持者たちはアリーの子孫のみをイマーム（導師）と考えた。シーア派はその意味では反体制的な思想集団であったといえよう。

アリーの子孫のうち誰がイマームであり、そもそもイマームとはどういうものか、その本質をめぐって意見の対立が起こり、いくつかの分派が生じた。そのうち最大の分派がイマーム派で、イランのサファヴィー朝が公認したためイランの大多数の人びとがこの派に属した。アフガニスタン西部のファルシワン、キジルバシュ、ハザラの諸族はこの流れを汲むものである。

イスマーイール派もイマームの継承者をどの系列の人にするかに従って生じた分派である。この分派はさらにセイマーム派、ドゥルーズ派、ムスタアリー派、ニザーリー派などに分かれた。アササーン（暗殺者教団）として名を馳せたのはニザーリー派である。イスマーイールという呼称は、第七代イマーム、そして最後のイマームとこの派の人びとによって考えられたジャアファル・アッ・サーディク（七六五年没）の息子モハンマド・ビン・イスマーイールの名に由来する。

アフガニスタンでは、アブドゥール・ラフマンの支配以来、シーア派の人たちへの民族差別が長く続くことになる。軍隊、警察などの公職にシーア派の人びとはたずさわることができなかった。キジルバシュはその孤立を権力を握る民族に利用され、苦難の道を歩み、ハザラの人たちは徹底した差別にあらがい、屈し、時代の流れの中で揺れた。ハザラ人の社会的地位が現代アフガニスタンの開明の尺度であった。

4 近代化への歩み

アブドゥール・ラフマンの息子ハビブッラー

父の没後、すぐさま長子のハビブッラーが即位した。すでに後継の指名は一八九五年になされていたが、王族間の争いもなく後継者の即位が認容されたのは、前例のないことであった。彼は父とほとんど異なることのない政策をとった。まず内政の充実をはかり、ついで部族間の関係改善に努めた。外交ではイギリスとの関係強化をめざし、アフガニスタンが外敵の侵入を受けたときはイギリスの支援を得るという約定をとりつけた。

彼はまた、父が創設したスパイ制度を廃し、国の内外に追放されていた者たちを特赦して建国への協力を求めた。そしてまた外国で異文化に触れた知識人の帰国を促して、守旧的なカブールを知的活動の中心へと変えることを願った。

マフムード・タルジーと「若きアフガン」

帰国した知識人の中に、王族とは縁戚の関係にあったタルジー家の人びとがいた。当時その家長であったマフムード・タルジーは、二〇年もダマスカスにいた東方世界主義《レヴァント・コスモポリタニズム》の信奉者であったが、また熱烈な民族主義者でもあり、近代主義の支持者でもあった。彼の図抜けた輝かしい個性は多くの人びとを惹《ひ》きつ

ハビブッラー王。

け、いつしか彼の周囲には立憲主義者の集団が形づくられるようになった。この集団は、「若きアフガン」と呼ばれ、反イギリスと親トルコを旗じるしにかかげていた。彼らは少年に対する公教育の場をつくり、オスマン・トルコ帝国から教師や軍事顧問を招き、イギリスの一方的な影響からアフガニスタンを切り離すよう試みた。一九一一年、この集団はタルジーに指導を仰ぎながら、カブールで初めてペルシア語の新聞『セラージ・ウル・アクバール』を発刊した。この新聞は、二〇世紀初頭のアジアにおける近代イスラームの出現の大いなる契機ともなった。

アフガニスタンの若い知識人たちに圧倒的な影響を与えたマフムード・タルジーは、一八六五年に父ゴラーム・モハンマドの子としてガズニーに生まれた。父はモハンマドザイ家とつながるタルジー家の出であり、母はサドザイ族の出であった。書家《カリグラファー》であり詩人であった父ゴラーム・モハンマドは、ドスト・モハンマドとその子シィール・アリーの二代の王《アミール》に仕えたが、アブドゥール・ラフマン王のときに追放されて、一八八二年、家族ともどもアフガニスタンを離れた。一家はインド、そしてイラク、トルコと流れて、最後にダマスカスに落ち着いた。

一八九六年、マフムードは父の奨《すす》めによりイスタンブールに赴き、ジャマル・ウディン・ウル・アフガーニと出会って教えを受けた。ジャマル・ウディン・ウル・アフガーニはすでに、イスラーム世界とヨーロッパで赫々《かくかく》たる名声につつまれていた。マフムードは彼の最晩年に出会うことができたのだ。教えを受けて七ヶ月、イスタンブールでの熱気にあふれた日々、父の死に続いて師もまた世を去った。そして父を追放したアブドゥール・ラフマン王も死去し、王位は皇太子ハビブッラーによって継がれた。マフムードにとっては決定的な転機であった。

タルジーの改革

「ハビブッラーの治政の二年目、アフガニスタンを去って二〇年後」、マフムード・タルジーは祖国へ帰った。彼が目の当りにしたオスマン・トルコ帝国の発展を、新生アフガニスタンの国興《おこ》しとつなげることができたらと燃えていた。マフムードがカブールでした最初の仕事は、「翻訳所」の設立と兵学校で歴史と地理を教えることであった。その間、王に従って国の各地を旅し、アフガニスタンのあらゆる地方の実情を知った。彼は周辺に若者を集め、祖国の情況を語り、大衆に正確な国内の情報を与え、その蒙《もう》を啓《ひら》く知識人の結集をめざして『セラージ・ウル・アクバール』（ニュースの灯）という新聞を発刊した。この名称は三ヶ月のち『セラージ・ウル・アクバーレ・アフガーニャ』（アフガン・ニュースの灯）と改名され、一九一八年まで続刊されて、アフガニスタンの知的風土を形成する大きな推進力となった。

マフムード・タルジー。

印刷がアフガニスタンでおこなわれるようになったのは、一八五〇年以降のことである。それまでは、印刷はすべてインドでおこなわれていた。アフガニスタンの最初の新聞は、シィール・アリーの治下、カブールで発刊されたペルシア語の新聞『シャムス・アルナハール』（朝日）である。その形式と組み立ては、インドのウルドゥ語の新聞の模倣であった。

マフムード・タルジーはイギリス的インド・モデルからの脱却をはかり、スタイルにおいても技術においても新しい出版のあり方を模索しつづけた。あらゆる領域の情報を集め、それにコメントをつけることのできる人材、ウルドゥ語や英語に通じているだけでなく、トルコ語やフランス語を解することのできる人材を集めてペルシア語への翻訳の充実を期した。また、『セラーイ・ウル・アクバール』は最初は石版刷りであったが、その特徴を活かすべく秀れたカリグラファーの参加を求め、イラストのために亜鉛凸版工のチームをつくった。また、その職人養成のための学校も開設した。彼はその頃すでにカラー印刷の必要を感じ、ヨーロッパに協力者ファズリを派遣したりした。アフガニスタン・ジャーナリズムは、マフムードのこの果敢な試みの過程で育て上げられたのである。

マフムード・タルジーたちの活動は、アフガニスタン文学にも大きな影響を与えた。アブドゥール・ガーニー・モスタグニー、アブドゥーラ・カニー、アブドゥール・ハック・ビータープといった主としてインド様式のガザル（抒情詩）を歌ってきた詩人たちも、新しいアフガニスタンの胎動を讃える詩を書いた。

一方、アフガニスタンの国軍は、インドから帰ってきたモハンマドザイのモサーヘバーン家の人びとの影響を強く受け、イギリス式の技術革新の方向を歩み始めていた。アフガニスタンはいまやヨーロッパ的な経済的・軍事的近代化と、ヨーロッパをイスラーム文化のフィルターを通して取り込みながら独自の近代化をめざす方向とに、引き裂かれようとしていた。

ハビブッラーの暗殺

アフガニスタンとイギリスとの間に新しい亀裂が走ろうとしていたとき、ハビブッラー王は、ゴルフ、車、写真に夢中になり、曖昧な態度をとりつづけた。一九一四年に第一次世界大戦が始まり、ドイツ・トルコ合同使節団がカブールに来て、英領インドに対する聖戦《ジハード》にアフガニスタンが立ちあがることを迫ったとき、ハビブッラーは中立を守ることを選択した。マフムードが強い影響力をもつ「若きアフガン」——ハビブッラーの弟ナスルッラー、ナーディル・ハーン将軍、マフムードの娘ソラヤと結婚していたアマヌッラー王子らも、共感していた——は、反英の民族主義者たちとも組み、王への不信をつのらせていた。

第一次世界大戦が終わった翌一九一九年、ハビブッラーは冬宮のあるジャララバード近郊で狩りをしているときに暗殺された。すぐさま王位の継承はジャララバードにおいてナスルッラーによって宣言され、モサーヘバーン家によって支持の表明がなされた。しかしわずか数日後、カブールにおいて第三子アマヌッラーが即位を宣するに至った。ハビブッラーは後継をイナヤトゥッラー・ハーンと定めていたが、彼はジャララバードの王とカブールの王との間に立って、ついにみずから王を宣することはなかった。アマヌッラーは軍の支持も得て権力基盤を固めると、父王暗殺の陰謀に手を貸したとナスルッラーを非難して捕らえ、監禁した。

アマヌッラーの即位と第三次英ア戦争

アマヌッラー王は、「若きアフガン」の掲げた理念を実行に移し始めた。それは外交主権をイギリスから取り戻すことであった。世界情勢の変化も見逃すわけにはいかない。一九一七年、ロシア革命によって帝政《ツァー》ロシアは崩壊した。タルジーたちは、日露戦争によって極東の小国である日本が勝利したこととその後の近代化の歩みに熱い視線を注いでいた。そして、ついに大国の圧力をつねにアフガニスタンに押しつけつづけてきたロシア帝国が転覆したのである。

アマヌッラー王。

第三次英ア戦争の勃発の原因はいまだに明らかにされていないが、アフガニスタンにおけるナショナリズムの高まりの中で、アフガニスタン側から積極的に挑んだ対英独立戦争であったことは疑いない。アマヌッラーの発した宣言は、アフガニスタンの「全面解放」であった。彼の呼びかけは人びとを結集させ、伝統主義者の心を惹き、自民族中心主義者たちを近代化路線へと引きずり込んでいった。

一九一九年五月三日、アフガニスタン軍はトルハムからハイバル峠へと侵入した。ナーディル・ハーンの率いる一軍は英領深く攻め入ってタールを占領したが、ハイバル峠の戦いでは大した戦果を挙げることはできず、そのうえ、ジャララバードとカブールは初めて空爆に見舞われた。航空機による攻撃は、アフガニスタンが経験する初めての近代戦であった。軍がとまどったのはいうまでもない。さらに国境域で期待していたパシュトゥン族の支援も思うほど得られず、戦線が膠着するなか、五月二八日、アフガニスタン側から休戦の申し出があった。

イギリス側も執拗なアフガニスタンの抵抗に手を焼き、また第一次大戦後の厭戦気運も加わり、この申し出を受け入れ、六月三日、戦火はやんだのである。八月八日、ラワルピンディでの条約調印によってアフガニスタンはついに完全な独立をかちえた。しかし、代償もまた支払った。デュランド・ラインを国境とすることを再確認させられ、この国境線によって二分されたパシュトゥン族統一の悲願を放棄することになったからである。パシュトゥン族地域の分割統治は、その後のこの地域の統治にさまざまな影を落とすことになる。

第三次英ア戦争が始まる一ヶ月前、アフガニスタンは北方の安全を期すべく、ソヴィエト・ロシアと「永遠に自由な友好関係」の樹立をめざす外交交渉をしていた。アフガニスタンの外交を担ったのは、外務大臣マフムード・タルジーであった。彼はまず自分の名で「ロシア共和国の偉大な大統領」レーニンに宛ててアマヌッラー・ハーンの即位を知らせ、ついでアマヌッラーからの私的な覚書の形で「アフガニスタンが平等と自由と人間性という理念に基づく独立国家である」ことを明記した書簡を送った。

五月二七日、すでに第三次英ア戦争が始まっていたとき、レーニンから返信があった。それは、王の即位への祝辞とともに、アフガニスタンの人びとの自由のための英雄的な戦いを讃え、外交関係の樹立を受け入れる旨のものであった。レーニンたちは、英ア戦争がイスラーム世界全体になんらかの形で波及することを期待していた。アマヌッラーやタルジーが掲げた汎《はん》イスラーム主義の旗印が反帝国主義の戦いに広がっていくことを、レーニンは願った。「アフガニスタンこそ、世界でただ一つのイスラーム独立国である。アフガニスタン人民には、奴隷化された全イスラームの人びとの運命を統一し、彼らを自由と独立の道へと導く、偉大にして英雄的な課題が与えられている」(一一月二七日付書簡)。

ソヴィエト・ロシアとアフガニスタンとの条約は、英ア戦争の翌年の一九二〇年に調印されたが、ソヴィエトはその年にブハラの王制を廃止し、ウズベク共和国の編成に着手した。ソヴィエトは明らかにアム・ダリア南北の社会主義化を展望していたのだ。一九一九年末、ベルリンで開催された東方共産主義中央委員会の会議に出席したアフガニスタン代表は、一〇月革命の解放思想をアフガニスタンの人びとに浸透させる使命を負わされた。一九二〇年には、条約調印とともにヘラートではボルシェヴィキの煽動家たちがひそかに活動を開始していたし、マザリシャリフは情宣活動の拠点とみなされていた。

アマヌッラーはソヴィエトが支援するアフガニスタンにおける革命運動に危惧を感じ、外交を多方位に開くことで均衡をはかろうとした。ムハンマド・ワリ・ハーンを長とする使節団を、ベルギー、フランス、イギリス、バルト海沿岸諸国、ポーランド、イタリア、アメリカへ派遣した。そして、一九二一年から二二年の間に、アフガニスタンはフランス、イタリア、ドイツの三国と外交関係を結んだ。また、トルコとの条約の締結(一九二一年三月一日)は、とりわけアマヌッラーにとっては重要な意味をもっていた。その第一条はアフガニスタンを「言葉のもっとも現実的かつ完璧な意味での独立」をなしとげた国と定め、第二条は、「オリエントのすべての国が絶対的自由と独立を求める権利」を認めるものであったからである。第一条はイスラーム世界の政治的再建をめざす汎イスラーム主義の具体的な第一歩をしるすものとして、アマヌッラーは誇らかであった。

ペルシアとの間に結ばれた「友好中立条約」（一九二一年六月二二日）もまた重要であった。二国間の関税と郵便に関して初めて合意がなされただけではなく、シーア派の主権国とのコミュニケーションの保障は、国内に抱える少数とはいえつねに難問であった異宗派少数民族の問題に一つの新しい光を投げかけるものであったからである。

近代化政策と教育

アフガニスタンの近代化政策でもっとも大きな位置を占めたものの一つは、教育であった。教育制度の改革はハビブッラー王の時代から始まっていたが、アマヌッラーは、それをアフガニスタンを近代国家へ移行させるもっとも重要な過程の一つとして明確に位置づけなおした。

一九二二年、最初の中学校アマニエ（アマヌッラーの名にちなんだこの中学校は、のちリセ・イスティクラル〈独立〉と改名された）が、フランスの学制をモデルに創設された。授業はフランス語でおこなわれた。この学校の開設は、フランスとの間で結ばれた文化協定締結の過程で引き出された成果であった。アマヌッラーは高等教育の新しい制度を構想し実現する課題を、アフガニスタンにおけるフランスの考古学的調査権の承認と引き換えにフランスに課したのである。

一九二三年には、ドイツの学制をモデルにしたアマニ（のちナジャト〈解放〉に改名された）、一九二七年には第三の中学校ガジー（勝利）が誕生した。さらに専修的な職業学校や外国語（英語、フランス語、ドイツ語、トルコ語、ロシア語など）専門学校がつくられた。一九二八年には、中学校卒業生を受け入れるカレッジも生まれた。

新しい教育制度の目的は、当然のことながら、改革と近代化を成功裡に促進する知的母体の育成と王制に有能な行政集団を送り出すことにあった。アマヌッラーとタルジーは、新しい教育がイスラームの教えと対立するものであってはならないことを絶えず表明し、新教育はアフガニスタンにおけるイスラームの神聖な精神のメッセージをけっして脅かすものではないと言明しつづけた。しかし都市、とりわけカブールを中心として繰り広げられる改革の波は、かならずしも地方へと波及していかなかった。改革はアフガニスタンの深部で深い亀裂が走るのを防ぐことができなかった。イスラーム社会における高等教育、とりわけ大学（ダル・ウル・ウルム）は、つねにイスラーム神学と近代科学の両立をどのようにはかるのか、という問題でヨーロッパと対立した。カブール大学の創設（一九三二年の医学部の設置により始まる）は先に延ばされた。

女子教育は王妃ソラヤとタルジー夫人の主導で展開され、エッスマト校が開設された。ソラヤ妃は開校式で「アフガニスタン女性の教育こそ女性の社会的ステータスを改善させ、コミュニティーにおける女性が果たす役割を向上させるだろう」と語りかけた。アマヌッラー自身も「新生アフガニスタンの未来の在り様を決する鍵は、女性の解放にある」と確信していた。しかし女子教育のための学校をさらに増設するという彼の計画は、実現するに至らなかった。

チャドリを脱ぐ女性がカブールに姿を現わすようになったのもこの頃である。アタテュルク（ケマル・パシャ）によって進められたトルコの近代化によってトルコ女性がヴェールを脱いだ行為に倣《なら》ったものであった。幼児婚、複婚《ポリガミ》の禁止、女子結婚年齢（一八歳以上）の引き上げなど、女性の地位向上にかかわるこれらの措置は守旧的な人びとの激しい反発を招いた。

一九二四年、ローヤ・ジルガ（地方の部族の代表者による大集会）によってアフガニスタン史上最初の憲法が承認された。それは改革の総括的な法的枠組をなすものであった。

そしてアマヌッラーは一九二六年、改革の一つの象徴として王に対して与えられる尊称アミールを棄て、シャーと改称した。

急激な改革への反動

一九二七年末、アマヌッラーは王妃をともなってヨーロッパ歴訪の旅に出た。この旅は翌年七月まで、半年を超える大旅行となった。帰国するや彼は、改革を加速させるべく大集会を催し、ソラヤ王妃は公式の席で初めてヴェールを脱いで人びとを驚かせた。治政九年、発した法令が七〇以上という、あまりにも急激な改革はあちこちに摩擦と蹉跌《さてつ》を生じ、ついに反乱を起こさせることになった。最初は小さなシンワリ族の反乱——イギリスの特殊部隊が後押ししたと考えられている——であったが、改革によって権限を縮小させられたムッラー（宗教指導者）たちは、これを反改革のキャンペーンの機会に利用し支援した。ルーガニ族やモフマン族もこれに加わり、アマヌッラーの反撃も功を奏さず、次第に情勢は不穏になっていった。

バッチャ・イエ・サカーオの乱

こうした情況につけこむかのように、カラカーン（コーダマン）出身のタジク人ハビブッラー率いる一軍がカブールに攻撃をしかけた。いわゆるバッチャ・イエ・サカーオ（水運び男）の乱である。一九二四年から二五年にかけて、マンガル族の反乱がパクティアに起こった。これは、アマヌッラーが英ア国境地域の部族の往来を危険視して身分証明証とパスポートの携帯を義務づけたため、デュランド・ラインの越境と自由往来を規制するものだと反発して生じた乱である。ハビブッラーはこのマンガル族の反乱に一兵卒として加わり、のちペシャワルに逃亡していた。彼は、アマヌッラーをイスラームの敵と煽ってカンダハールへと追いやった。

一九二九年一月、アマヌッラーは兄イナヤトゥッラー・ハーンに王位を譲り、カブールを去った。しかしイナヤトゥッラー・ハーンも反乱軍を抑えることができず、ペシャワルへと去った。カブールに入城したバッチャ・イエ・サカーオはみずから王位につき、ハビブッラー・カーデメ・ディーネ・ラスーラッラー（神の友、預言者の宗教の下僕）と称した。彼はカブール博物館を掠奪したといわれている。

アマヌッラーはカンダハールにあって、パシュトゥン族を結集して反攻を試みようとしたが、ドゥッラーニー族と古くより対立関係にあったギルザイ族に攻められ、パシュトゥン族結集の望みも絶たれ、家族とともにボンベイへと逃れた。やがて彼はイタリアへと旅立ち、一九六〇年までローマで人知れず余生を送ったのである。

アマヌッラーによるアフガニスタン近代化の壮大な夢がはかなく潰え去ったのはなぜだろうか。

イスラーム近代化のモデルとしたトルコは、幾世紀にもわたってヨーロッパ諸国と接触があって、近代の取り込みに政治家たちがすでに多くの経験を有していた。また、トルコ共和国の創始者で近代化の祖ケマル・アタテュルクに忠誠的な脱部族的な強力な国軍の支持もあって、中央集権的な行政機能がよく働いていた。しかし、アフガニスタンでは統制のとれた政治組織がすべて形成の途上にあったばかりか、多民族のそれぞれの自律的存在と硬直した宗教体制が決定的な足かせとなった。「若きアフガン」の理念は芽を吹いたが、褐色の大地に根を張ることができなかった。そしてバッチャ・イエ・サカーオの乱は、その若芽をも軍靴で踏みつぶしてしまった。

バッチャ・イエ・サカーオ。

ナーディル・ハーンと近代国家への道

バッチャ・イエ・サカーオが即位したとき、ハビブッラー王暗殺の企てに加わった疑いで投獄されてフランスに追いやられていたナーディル・ハーンは、アマヌッラーとの不仲に目をつけられ、アフガニスタンへの帰国

ナーディル・ハーン。

をバッチャ・イエ・サカーオから促された。ナーディルはまた、アマヌッラーからも協力を求められた。彼はどちらの招聘《しょうへい》も拒否した。彼はまずインドに行き、さらにペシャワルからパクティアに入り、ホストにアフガン諸部族を結集して対バッチャとの戦いを挑むことを決めた。さらに、バッチャの即位は、ロー・ジルガの正式な承認を得ていないから無効であると主張した。そして週刊誌『イスラフ』を使って、バッチャの暴政と軍隊強化を狙って重税を課そうとしているという報道を流させた。そこにワジリ族とマスード族が加わり、カブールに進軍してバッチャを追い落とした。

一九二九年一〇月、ナーディル・ハーンは即位し、バッチャとその一党は一一月に処刑された。

ナーディル・ハーンの第一の仕事は、国内の政治的安定を取り戻すことであり、第二の仕事はアフガニスタン社会の社会的、経済的な再構築であった。

アフガニスタンの国家としての自立は、安全と繁栄と科学の三つを礎石として初めて確保できるというのが、ナーディル・ハーンの信条であった。商業、農業、工業の発展はアフガニスタンの人びとに物質的な力を与えるが、教育と軍の革新がなければ精神的な力が強くならない、これらの発展と革新はどこまでもイスラームの法精神を基礎としてなしとげられなければならないと、ナーディル・ハーンは繰り返し説いた。アマヌッラーの改革が、イスラーム法を世俗化し逸脱しがちであったのを、もう一度イスラームの原点へ引き戻し、そのうえに「近代化」を据えなおそうとしたのである。

イスラーム世界の指導理念であるイスラームに固有の伝統的諸学を修得した人びと、ウラマーによる法廷をカブールに設立し、イスラーム法の解釈や運用に当たらせたのも、そのためだった。アフガニスタンで最初の『コーラン』の印刷が命ぜられたのも、このときであった。「民族と政府の成功と退廃の分かれ目は、神の法を遵守するか否かにある」。ナーディル・ハーンがアマヌッラーの改革の挫折に当てた尺度であった。ハナフィー学派のシャリーア（法）の遵守が求められ、チャドリが復活したのはいうまでもない。バッチャによって閉じられた女学校の再開は、そのまま延期された。七歳から一四歳までの初等教育の場でのヨーロッパ諸言語の教育も禁止された。初等教育は、母語によって基礎を形成することが善意と伝統に基づく社会の建設に必要と考えられたからである。

ナーディル・ハーンの施策は、アマヌッラーの改革を押し戻しているようにみえるが、古くからの未解決の問題を多く抱えながら、しかも改革の挫折のあとの無政府状態を引き受けながらのことであれば、迂回しながら不可避な近代化の道を探るほかはなかったのである。それは、イスラーム世界の近代化が逢着する共通の課題でもあった。

カブール大学の創設、博物館の再興、カンダハール、ヘラート、マザリシャリフなどに建設した地方博物館、公共図書館の開設は、ナーディル時代の仕事であった。国内オリンピック委員会の創設もこの時代であり、一九三六年のベルリン・オリンピックにアフガニスタンの代表は初めて参加した。アマヌッラー時代に構想された銀行の創業もこの時代であった。一九三一年、シルカティ・アシャミ・アフガンという名の合弁会社として出発し、翌年、名をバンキ・ミリと改め国立アフガン銀行となった。

ナーディル・ハーンの外交は基本的には中立外交であったが、ソヴィエト・ロシアとイギリス、それから国内におけるイスラーム民族主義と近代主義との対立をどのような均衡ある関係におくのか、それが難問であった。モスクワに使節団を送る一方で、彼はまたロンドンへも使節団を送りこみ、一九二一年の英ア条約と一九二三年の貿易協定を確認するとともに、インド領に隣接するアフガニスタンの東部地域にはいかなるソヴィエトの政府機関の設置も認めないことに暗黙の了解を与えた。

アブドゥール・ガッファル・ハーン。

イギリスは当時、アフガニスタン国内で生じつつあった「赤シャツ党」（フダイ・フィドゥマトガラン＝神の下僕）と称するパシュトゥンの民族主義的改革派の台頭に注目していた。この集団は一九二一年に創設された「アフガン改革協会」に端を発する。やがて「アフガン青年同盟」と改称され、パシュトゥン族の村々に広がっていった。創立者はペシャワル地区のモハンマドザイ族の出身でアブドゥール・ガッファル・ハーンという人物であった。この運動は、北西辺境地域のパシュトゥンのネットワークをつくり、啓蒙運動によって閉鎖的な部族社会を宗教的にも社会的にも改革することを目的として始められたものであった。この運動の深層には、対立抗争を繰り返すパシュトゥン族の統一と、分断された祖地を統一的な自立地域へと転換したいとする悲願が胎動していた。

注目すべきことは、この集団の中枢となっていたのは古くから戦闘的であることで名高かった部族の出身者であったにもかかわらず、変革は非暴力で達成するべきものとしていたことである。これは明らかにインドにおけるガンジーの非暴力主義を意識したものであり、アブドゥール・ガッファル・ハーンは事実、イスラームとヒンドゥーの結合さえ構想していたのである。異なった宗教と結び合い、共通の紐帯を築かなければ、イスラームの力をも強めることができないというのが彼の考えであった。

フダイ・フィドゥマトガランの運動は、非暴力を掲げながら次第に反英の戦いを激化させていった。イギリスは、この運動と会議派の運動とが連繫することを恐れていた。反英の気運の高まりはソヴィエトにとっては、アフガニスタンを帝国主義から切り離す好機と映ったにちがいない。しかし、一九三一年の末にはソヴィエトは支援の姿勢を変え、彼らを「神の下僕《しもべ》」ならぬ「帝国主義の下僕」と攻撃し、パシュトゥン農民の裏切り者と痛罵《つうば》を浴びせかけた。イギリスは騒乱者として逮捕を繰り返し、圧力をかけつづけた。アマヌッラーの失脚にはイギリスの関与があると疑っていたアブドゥール・ガッファル・ハーンは、イギリスがアマヌッラーの改革を阻止したと激しく非難していたので、頼りとしていたナーディル・ハーンの支持も受けることができなかった。ナーディル・ハーンは、赤シャツ党には王制をも揺るがしかねない社会主義的傾向もあると感じてもいたから、なおさらであった。「赤シャツ党」は、アマヌッラーの支持者たちの共感を誘いながら、アフガニスタンの現代への展望に問題を投げかけつつ力を失っていった。

ナーディル・ハーンは、自国の発展にはヨーロッパ諸国のほかに、アメリカと日本の支援が必要と考えていた。それはアマヌッラーの意向にも添うものであったが、外交関係が正式に樹立されるのはナーディルが政権を担った時からであった。一九三〇年一一月九日、ロンドンでアフガニスタン・日本修好条約が締結され、公使交換は一九三三年一〇月に実現をみた。

「ゆっくりと急ぐ」を信条に、ナーディルはアフガニスタンを確実に近代化への道に乗せたといえる。しかし、カブール、カンダハール、ガズニーを中心とした都市地域に限定された改革の道筋は弱く、資源の開発、土地と農業の改良は遅れ、民族融和の道もなお遠かった。

グーラム・ナビの処刑と王の暗殺

一九三二年、ナーディルは、前駐ソ公使グーラム・ナビが南部の暴動を煽動しようとしたと面前に引きだし、反逆罪を言い渡して即刻処刑を命じた。グーラム・ナビはアマヌッラーの熱烈な支持者であったので、この処刑は報復の私刑《リンチ》だった。みずからアフガニスタンの法制の確立をめざして公布した一九三一年の憲法第一一条と第一九条に記された逮捕と処罰は、イスラーム法と国法に照らしてのみ執行され、いかなる者も法で定められた以外の方法で罰せられてはならないことを規定していたので、この処刑は条項違反であった。ナーディルは英明な君主であったが、独裁の毒にいつしか精神が蝕まれていたのであろう。

民主主義はアフガニスタンにとって将来の課題となった。

グーラム・ナビの属した一族であるチャルキス家と、ナーディルの属したモサーへバーン家とが真っ向から対立することになった。パシュトゥンには「パシュトゥンワリ」（パシュトゥン族の掟）と呼ばれる伝統的な掟があった。「ナナワティ」という保護、「バダル」という復讐、「メルマスティア」という客人歓待、の三つの行為の掟である。「ナナワティ」とは、生命の危険にさらされた者が庇護を求めたとき保護し、また傷つけた者との和解を求める話し合いで弱者の側に立って仲介することによって怨恨の根を絶つ義務のことである。「バダル」は、一族の者が傷害をこうむったり殺害された場合には、同等の血の代償が払われなければならないとするものである。

イスラーム教のキサース（同態復讐刑）の規定では、「なんぴとも不当に殺害されたならば、その相続者には賠償を求める権利が与えられる」とする一方、「殺害に関しては法《のり》を越えてはならぬ」（『コーラン』第一七章）と復讐の権利を認めつつ、法による保護という枠をはめている。しかしパシュトゥンの「バダル」は、「目には目を」の言葉通り、かぎりない報復の応酬をもたらす危険性があった。一人の殺人が全部族を巻きこむことさえあったのである。「メルマスティア」は、訪問者に家やモスクを隠れ家として提供する義務のことである。パシュトゥンの誇りは、自分にも与えることのできないものを見知らぬ人や客人に提供することにあったという。この義務に違反した者は当人だけではなく、部族全体の恥とみなされた。パシュトゥンワリもまた、イスラーム法の普及と部族を越える近代的な行政の中で弱められていったが、明らかに不当な殺傷が生じたとき、パシュトゥンワリは母斑のように消えることなく蘇るのである。

グーラム・ナビ処刑の翌年、ナーディルの弟ムハンマド・アジズ（在ドイツ・アフガン公使）が暗殺され、その年の一一月、ナーディル自身も暗殺されてしまった。暗殺者ムハンマド・ハリクは、グーラム・ナビの息子であったと伝えられている。

ヘラートの歴史

アフガニスタン西端、ハリ・ルード川の流域にあるヘラートは、カンダハールとともにアフガニスタン有数の古都の一つである。ダレイオス一世のペルセポリス碑文にみえるハライワがヘラートの記録に残された最古の名である。ズランカ（ドランギアナ）とバークトリ（バクトリア）が隣接する国《ダフユ》であったこともこの碑文によってわかる。ハライワはギリシア人によってアーリア、アレイアと表記された。紀元前三三〇年、アレクサンドロス大王はこの町を占領して、ここにアレクサンドリア・アレイアを建設した。この古都の名はそれ以来ずっとローマの地誌・歴史書に記録されつづけた。ストラボン（前一世紀）、カラックスのイシドルス（前一世紀）、プリニウス（一世紀）、プトレマイオス（二世紀）、アリアノス（一～二世紀）らがこのアレイアの名をその著作に書きとめている。

ササン朝ペルシアのシャープール一世のナクシュ・エ・ルスタームの碑文の中にもヘラートの名がみえる。中世ペルシア語ではハレーウ（のちハレー）と呼ばれたのである。その時代ヘラートはエフタルに一時占領されたこともあったが、重要な軍事的要衝であった。

六五二年、ホラーサーンがイスラーム・アラブに征服されたときも、なおヘラートは難を免れたといわれているが、時を経ずしてアラブの支配を受けたと考えられる。正統カリフ時代の末期の混乱期にヘラートになにが起こったのかはわからないが、六六一年、ウマイヤ朝の成立とともに新しくアラブの支配を受けたことは確実である。

七〇二年、ヤジード・イブヌ・ル・ムハッラブは対立するムダル系のアラブの反乱者たちを鎮圧し、彼らをヘラートから追放した。ヘラートではこの後も異なった宗派、異なったアラブ部族間の争いが起こった。この混乱に乗じ、ホラーサーンに居を構えていたアブ・ル・アッバースは公然と反ウマイヤの旗をかかげて勝利をえた。

アッバース朝（七五〇～一二五八年）の下にあって、ヘラートは地中海と中国およびインドをつなぐ交易の中継地としてその名を知られていた。この町は織物で有名であっただけではなく、多くの秀れた知性の集まる文化の町としても知られていた。

1928年頃のヘラートのミナレット。

アル・イスタフリー（『国々の道路』の著者）やイブン・ハウカル（『交通路と国々の書』の著者）によると、この町には四つの門と中に堅固な城塞があり、広く大きな郊外があったという。特にヘラートは一二世紀、グール朝のもとで繁栄したという。大モスクがグール朝第五代の王ギヤース・ウッディン・ムハンマドによって一二〇一年に建立された。こんにちのマスジド・イ・ジャミ（金曜モスク）である。ヘラートではガズニー朝と初期グール朝の治下、異端のカラーミッヤ派が強く、ギヤース・ウッディンは初めこれを支持したが、のちにスンニー派のシャーフィイー派に転じた。

一二二一年、ヘラートもモンゴル軍の嵐の中に捲き込まれ徹底的な破壊を蒙った。破壊は二度に及び、一二二二年から一二三六年まではほとんど廃墟と化していたが、以前の住民が少しずつ戻り始め、一二四四年、シャムス・アル・ディン・クルトによって再建された。彼はホラーサーンのモンゴルの太守によってヘラートの統治を委ねられた地方の王侯であった。彼は一二五五年、イル・ハーン朝（イランを支配したモンゴル王朝）の祖フラグ（旭烈兀）によってヘラート統治を認められると、そこに新しいクルト朝を創設した。しかし、一二八〇年、「稀有の気性と深み」をもった指導者（イブン・ハ

ヘラート

1 城塞
2 金曜モスク
3 四本のミナレット（ゴーハル・シャド霊廟などの複合施設）
4 ジャミの墓
5 風車小屋
6 ワジール・ヤール・モハンマドの墓
7 サーファルの玉座
8 浴場（ハマム）
9 南城壁

ルドゥーン）ティムールがヘラートを制すると、クルト朝はその数年後姿を消すが、ヘラートの栄光の日々はここから始まるのである。ティムールの子シャー・ルフ（一四〇九〜四七年）の妻ガーハル・シャードがパトロンとなり今日のムッサラ（礼拝所）地区に美しい建造物をいくつもつくった。ヘラート生まれの神秘詩人ホワジャ・アブダッラー・アンサリの墓廟が再建されたのもこのときであった。とりわけ、スルタン・ホサイン・バーイカラの治政のとき（一四六九〜一五〇六年）、宰相であり同時に詩人でもあったミール・アリー・シィール・ナワーイーがヘラート文化のパトロンとして大きな力を発揮した。

一五〇七年、ヘラートはウズベク人の攻撃によりひととき占領されるが、激しい戦いののち、一五一〇年、シャー・イスマイルによって奪回される。シャー・イスマイルの没後、ヘラートはふたたびウズベク人によって奪われ、一五二八年、サファヴィー朝のシャー・タフマースプが占領するまでウズベク人の支配を受けた。ウズベク人とサファヴィー朝との間でヘラートをめぐって幾度も攻防があったが、一七一六年、アフガ

ン人のアブダーリー族の反乱が起きるまではヘラートはほぼサファヴィー朝の支配下にあったといえよう。アブダーリー族に奪われたヘラートに対し、サファヴィー朝も支配権の回復をめざして攻撃を試みるがことごとく失敗に終わる。アブダーリー族によるヘラート支配は一七二九年、ナーディル・シャーの登場までつづいた。しかし、ナーディル・シャーが暗殺されるとたちまちヘラートはアフガン人の手に落ちた。

一八三七年、ペルシア軍はヘラートを攻囲するが陥落させることはできなかった。一八五六年、ペルシア軍はついにヘラート征服に成功するが、翌年、イギリスの圧力でパリで結ばれた英・ペルシア平和条約に基づいてヘラートからの撤兵を余儀なくされたのである。このときからヘラートはアフガニスタンに包括され、その州都の一つとなったのである。

標高九二〇メートル、カブールやカンダハールに較べれば高いとはいえないが、たえず西風の吹く美しい古都には、内戦前まではパシュトゥン人、ペルシア人、ウズベク人、トゥルコマン人、バローチ人、ハザラ人などさまざまな民族が混在して住み、そのバザールはもっとも中央アジアらしい面影を残して活況を呈していた。人口およそ一〇万人、「神の栄光」に飾られたまばゆいばかりの古都であった。ヘラートはアジアのフィレンツェであった。

5 模索の時代

ザーヒルと首相ムハンマド・ハーシム・ハーン

ナーディル暗殺の報せを受け取ったナーディルの弟で陸軍大臣であったシャー・マフムードは、時をおけばモサーヘバーン家の王権がアマヌッラー家へ渡る危険もあると察知して、その日のうちにナーディルの唯一人の息子ザーヒルの即位を強行した。ザーヒルはこのとき一九歳であった。

彼は前年、父の指示により防衛大臣代理に任ぜられ、ついで教育大臣代理にも任ぜられた。それは「国の政治と行政」の実務を体験させようとするものであった。父の不慮の死は、ザーヒルが政治と行政に習熟するには早過ぎた。名目は王でも、政治の実権は父方の三人の叔父シャー・マフムード・ハーン、シャー・ワリ・ハーン、ムハンマド・ハーシム・ハーンの三人に握られていた。

ナーディルが王位にあったとき、すでに首相の地位にあったナーディルの異母弟ムハンマド・ハーシム・ハーンは、そのまま新しい若いザーヒル王の首相としてとどまり、政治を事実上動かしていた。彼はナーディルの漸進的な政策を継承し、アフガニスタンの民族派と改革派の均衡をとりながら、国内の改革と近代化の推進に努めた。

民族派は、アフガニスタンの不統一に基づく「遅れ」は、イスラームの法と精神を遵守しなかったことに起因すると主張した。また民族派のある者たちは、「遅れ」は歴史的要因、すなわち一三〜一四世紀のモンゴル軍の侵入という外側から押しつけられた要素に起因すると言い張った。「チンギス・ハーンの襲来があるまでは、アフガニスタンはイスラーム世界の輝ける星であった。文化の水準においても、文明の段階においても、イスラーム世界ではアフガニスタンに匹敵する国はなかった」というのである。モンゴル軍のもたらした荒廃のあと六〇〇年の間に、アフガン人の高邁《こうまい》で道徳的な気質が歪められてしまったというのが、民族派の言い分であった。

改革派の人びとは、アフガニスタンの国家の再生、精神と文化のルネッサンスは、その近代化の進展にかかっているとした。つまり、科学とテクノロジーの教育と学習の絶えざる努力がなければ、アフガニスタンは真の独立に至ることはできないと主張したのである。進歩と発展はヨーロッパだけのものではない、アジアの日本の例に倣《なら》ってアフガニスタンは人力を結集し、天然資源を活用して工業化をなしとげなければならない、と人びとに説いた。近代化とイスラームは矛盾しない、知識を学び身につける能力こそ神の与え給うたものではないか、アフガニスタンの近代化が成功するか失敗に終わるか、新しい文明と伝統の調和的発展こそ鍵となる。改革なくして独立なし、独立なくして国はない。改革と独立は、家と灯、肉体と魂、植物と水の関係のように不可分である、そう彼らは主張した。

こうした伝統派と改革派の双方の主張を調和的に取捨することが、ザーヒル王とハーシム・ハーン宰相の施策となった。例えばハーシム・ハーンは、教育について次のような考え方を表明している。近代化の確固たる基礎を王国に与えるのは、学校制度を国中に確立することであり、そのために「今年度（一九三七年）には、われわれは軍事予算のほぼ半額に等しい金額を公教育の整備に当てる。国の独立を将来見守らなければならない人たちを育て上げるためである。アマヌッラーが試みた超西洋的な都市を築くのではなく、アフガン人の考え方そのものを変えなければならないのだ。これまで、われわれは近代化の外形だけを見つづけてきた」。

教育は、近代化の基礎であると同時に、民族の統一に役立つものでなければならなかった。しかし、この民族統一はパシュトゥン人に大きな比重をおいたものでなければならなかった。一九三六年のパシュトー語を公用語とする宣言は、その一つの表れであった。これまで公用語とされてきたペルシア語とパシュトー語の並用という宣言は、物議をかもした。パシュトー純粋言語論、ペルシア語優秀論などがとび交った。ペルシア＝パシュトゥン同祖論は、その対立を埋めようとするものであった。

この同祖論は、共通の祖をアーリア人とするもので、当時のナチス・ドイツの人種論とどこかで響き合っていた。そしてドイツもまた、ソヴィエト・ロシアと英領インドの間に立ちはだかる山岳国アフガニスタンの戦略的な重要性を強く認識していた。一九三七年、ルフトハンザ航空はベルリンとカブールを結ぶ航空路を開き、アフガニスタンとの政治・経済の両面からの結びつきの強化を図った。ティラナ、アテネ、ロードス、ダマスカス、バグダッド、テヘラン、カブールとつないだ路線は、そのままナチス・ドイツの中近東への進出の方向を示すものであった。日本がわずかに農工業の分野で技術協力者をアフガニスタンに派遣していたにすぎなかったとき、ドイツは通商条約を結び、長期信用取り引きで織機や水力発電のプラントを売りこんだ。こうしたナチス・ドイツとアフガニスタンの関係強化にイギリスとソ連は危惧を表

ザーヒル王。

ムハンマド・ハーシム・ハーン。

明した。「カブールで会うのはドイツのセールスマン、郊外に出ればハイウェーにかかる新しい橋もドイツの鋼鉄製、カブール空港に舞い下りる商業航空はドイツのルフトハンザのみ」。どこを向いてもドイツという、アフガニスタンで働いていたアメリカの地質学者アーネスト・フォックスの言葉がよく当時の情況を伝えている。

しかし、ドイツに依存する経済政策は、独ソ不可侵条約とそれにつづく第二次世界大戦の開戦によって一気に危ういものとなった。ハーシム・ハーンは、財政の危機からアフガニスタンの継続的な近代化を救出することを願いつつ、国の独立の維持をはかるという困難な舵取りを迫られた。その方策は一つしかなかった。それは、アフガニスタンの外交政策を伝統的なガイドラインに立ち戻らせることであった。

一九三九年九月、アフガニスタンは「中立」を宣言した。しかし枢軸国（ドイツ、イタリア、日本）と連合国の狭間にあって、アフガニスタンの立場は微妙であった。ドイツはアマヌッラーの遺児たちを利用してクーデターさえ計画したが、実現には至らなかった。

一九四一年一〇月、イギリスとソ連の強い要請によって、ハーシム・ハーンはアフガニスタン在住のドイツ人とイタリア人の国外退去を実施した。そしてアフガニスタンの近代化政策の主要なものは、中断か先送りを余儀なくされた。ハーシム・ハーンは首相として一七年間、困難な時期をくぐりぬけたが、四六年に病を得て退いた。その間、彼が残した外交上の注目すべき業績の一つは、ナーディル王が死んだ翌年の一九三四年九月、アフガニスタンを国際連盟に加入させたことである。いま一つは、一九三七年七月、トルコ、イラク、イランと、イスラーム四国相互不可侵条約をサーダバードで結んだことだろう。それは、四国が互いの不干渉・不可侵と共通問題の国際的討議を約するものであった。そして同時に、それは大国の干渉を排する地域協定としても有効であった。

王制から共和制へ――シャー・マフムード

第二次世界大戦のあと、ハーシム・ハーンの首相の地位は、弟のシャー・マフムードによって継がれた。戦後の民主化要求は、さまざまな領域でわき上がった。連合国軍の勝利は、厳正中立を維持して独立を確保しつづけたアフガニスタンの政治の壁をも、揺さぶらずにはおかなかった。アジアもまた揺れていた。一九四七年八月一五日、パキスタンがインドから分離独立し、住民の帰属をめぐって新しい紛争が始まっていた。アフガニスタンでは一九四九年の選挙の際に、民主化の声は一気に高まり、言論・報道の自由を求める運動は功を奏し、大幅な規制緩和をかちとることに成功した。報道の規制が緩められると、政治批判と王家に対する非難も公然と表明された。

シャー・マフムードは時代の要請もあり、ハーシム・ハーンより緩やかな解放政策をとったが、育ちつつあった都市を中心とした新しい中産階級知識層の急進的な改革要求に次第に対応することができなくなっていった。一九五二年、彼は体制反対派の逮捕に踏み切った。これ以上の解放の要求は、君主制そのものの土台を揺るがしかねないと判断したからであった。彼はナーディル・シャーの同時代人として、その漸進的な政策を堅持することはできたが、新しい世代が求めるものを理解することはできなかった。一九五三年九月、シャー・マフムードは健康上の理由で首相の座を下りた。ナーディル王とその兄弟たちによる治政は、終わりを告げたのである。

ムハンマド・ダーウド・ハーン

次に首相に選ばれたのは、ザーヒル王の従兄ムハンマド・ダーウド・ハーンであった。彼は、一九三三年にアフガニスタン公使としてベルリンに滞在中に暗殺されたムハンマド・アジズ（ナーディル王の異母兄）の子である。一九〇九年にカブールに生まれ、アマニッヤ・カレッジとパリで教育を受けた。そのの

ムハンマド・ダーウド・ハーン。

ち軍に入り、前首相のもとで防衛大臣と内務大臣を務めて、激しさを増しつつあった東西冷戦という新しく難しい情況の中で、改革の意向を受けながらアフガニスタンの近代化の課題に取り組まねばならなかった。

組閣を終えると、ダーウドはパキスタンの独立を見逃さなかった。一九五五年一二月、ソ連のニキタ・フルシチョフとニコライ・ブルガーニンがカブールを訪れた。彼らはアメリカに支援される若いパキスタンを、インドとアフガニスタンで挟みこみ、孤立させ、無力化する計画を練っていた。彼らはパシュトゥニスタン（パシュトゥン人の住む地域のことだが、やがてこの地域の独立構想へと拡大していった）問題でアフガニスタンへの支持を約束し、ダーウドのめざした軍隊の近代化にも資金と武器供給の二面から協力すると申し出た。彼らは、デュランド・ラインによって東西に分断されているパシュトゥン人の帰属問題は、依然として解決をみていないとするダウドの主張を支持し、アメリカによるパキスタンへの大規模な軍事支援はそれを既成事実化しようとするもので、「アフガニスタンの安全と平和に重大な危険をもたらす」との抗議を発した。

アメリカは、ソ連を封じ込める相互安全保障条約をパキスタン、イラン、イラク、トルコと結び、アフガニスタンを孤立させ、またもや東西冷戦の「緩衝国」としての役割を押しつけようとしたのである。ソ連は国連で、パキスタンの加盟を唯一認めなかったアフガニスタンの孤立につけ込む策に出た。ソ連の軍事顧問団がアフガニスタンに入り、また多くのアフガン人が軍事教練のためにソ連に派遣されるようになるのは、この時点以降である。そしてこの翌年から、アフガニスタンで第一次五ヶ年計画が始まる。

一九五七年、中国の周恩来首相が初めてアフガニスタンを訪問する。アフガニスタンと中国の外交関係が確立するのは、それより二年前、一九五五年のことであり、日中国交正常化（一九七二年九月）に先立つこと実に一七年も前のことであった。ソ連と中国、チェコスロヴァキアなど社会主義諸国との連繋の強化は、国内におけるパシュトゥニスタン問題の突き上げをやわらげる効果もあった。またパシュトゥニスタン問題は、土地税をめぐる南部の紛争の矛先を国外へと転ずる契機に利用された。

一九六〇年、フルシチョフはふたたびカブールを訪れ、パシュトゥニスタン問題でアフガニスタンを支持することを確約し、それに対してパキスタンはソ連がパシュトゥニスタン問題への干渉を目論んでいると激しく非難した。

パキスタンとの相互非難が激しさを増すにつれて、アフガニスタンはソ連との結びつきを強くしていった。パキスタンとの国境は、まず遊牧民の自由な往来の禁止、ついで物資の運搬の禁止という形で閉じられていった。パシュトゥニスタン問題の解決の緒《いとぐち》すら見つけだすことができないまま、アフガニスタンは経済的にも追いつめられ、このままでは全面的にソ連に頼らざるをえなくなり、遠からず意に反して社会主義圏にのみこまれていくほかはなかった。ダーウドに残された選択肢はただ一つであった。

ザーヒル王と憲法発布

一九六三年三月、ダーウドは突然、辞職を発表した。親権政治によって長い間、影のような存在だったザーヒル王もすでに四九歳、初めて政治の表舞台に姿を現わす機会であった。ザーヒル・シャーは次期首相にムハンマド・ユスフを任命した。ユスフはダーウド内閣のときの鉱工業大臣であったが、王族出身ではない首相としては最初の人だった。そしてこの人選は、ザーヒル王みずから決めたものだった。王族の政治関与を阻むためには旧憲法の改正が必要であり、憲法改正委員会が即刻設置され、その手続きが始められた。

ユスフ首相は、憲法改正は民主主義の導入と経済の改善、活性化を主たる目的とすると言明した。原案がまとめられると、およそ一年の討議を経て、一九六四年九月、改正案がローヤ・ジルガ（国民大会議）に提出され、一〇日後に承認された。一〇月一日、ザーヒル王が新しい憲法に署名を終えて新憲法が発布された。ザーヒル王は一年間の暫定政府の設置を命じ、ムハンマド・ユスフ首相のもとで総選挙をおこなうよう指示した。

新憲法の発布によって、アフガニスタンは立憲君主国として新しい時代のスタートを切った。統治権は国家に属し、王はその人格的象徴とし、国会が国民の意志を体現した新憲法は、長く曲折したアフガニスタンの歴史にとって、明るい平和な未来を約束するものと人びとに歓迎された。

ザーヒル・シャーはまた、パキスタンとの関係修復にも努め、さらにはソ連偏重の関係をアメリカと均衡のとれた方向へと修正した。ソ連とアメリカは、カブールの北方と南方でハイウェーの建設をめぐって競い合った。ソ連はアナスタス・ミコヤン副首相をカブールに送り、ブリフムリ―マザリシャリフ―シバルガン・ハイウェーの建設を約束し、すでに建設中であったサラング峠越えのカブール―ドッシ・ハイウエーも完成をみた。アメリカはヘラート―イスラーム・カラ・ハイウェーの建設を約束し、ヘルマンド川流域の治水灌漑事業の資金援助を承諾した。

一九六五年一月、アフガニスタン人民民主党の結成は、新たに起こりつつあった底流の一つの表れであった。この年の一〇月、首都カブールの大学生を中心とした大規模なデモが起き、三人が死亡した。ユスフ首相が健康上の理由で辞職すると、ムハンマド・ハシム・マイサンドゥルが代わりに首相に就任し、内閣も改造された。この事件を契機に若者たちは、それぞれに理想を抱いて分裂し始めた。ある者はイスラーム原理主義へ立ち返ることを叫び、ある者は社会主義を標榜し、ある者はパシュトゥン民族主義の旗を押し立てた。都市と地方、エリートと農民、貧富の格差は拡大し、立憲君主の新体制に対する期待が失望

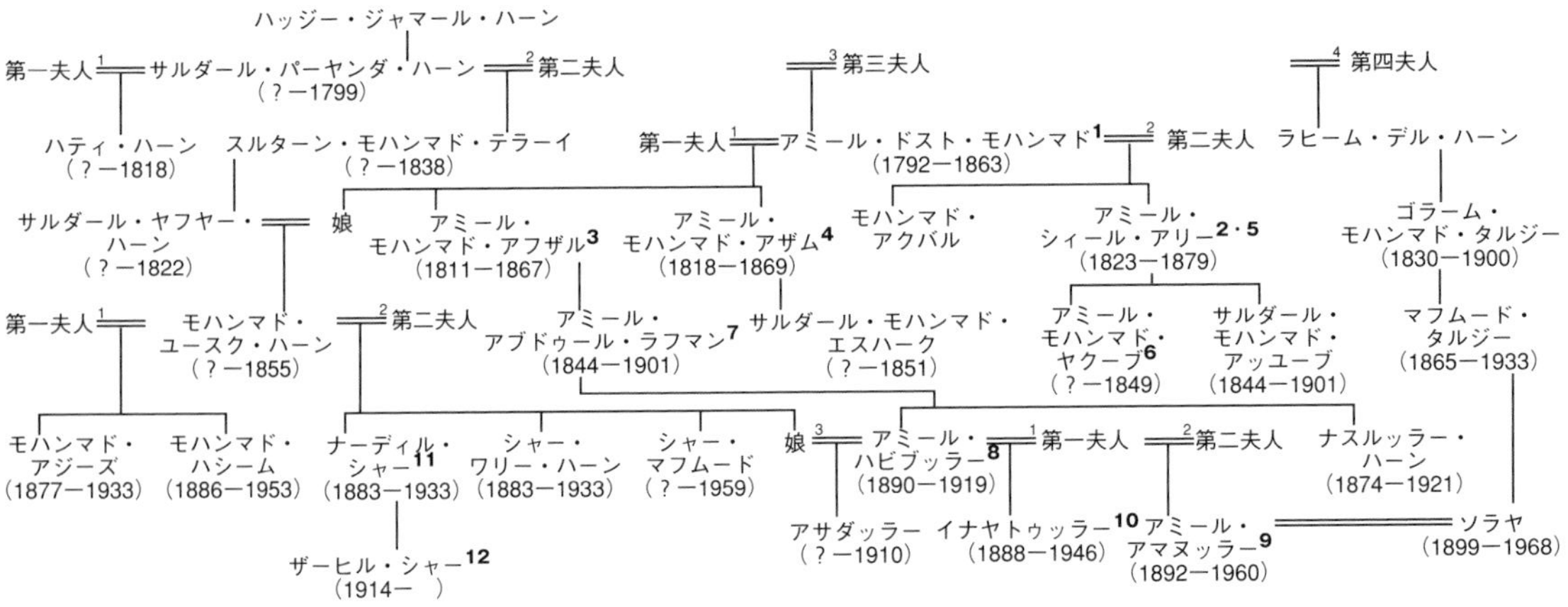
ハッジー・ジャマール・ハーン
第一夫人
サルダール・パーヤンダ・ハーン
（？―1799）
第二夫人
ハティ・ハーン
（？―1818）
スルターン・モハンマド・テラーイ
（？―1838）
サルダール・ヤフヤー・ハーン
（？―1822）
第三夫人
第一夫人
アミール・ドスト・モハンマド1
（1792―1863）
第二夫人
第四夫人
ラヒーム・デル・ハーン
娘
アミール・モハンマド・アフザル3
（1811―1867）
アミール・モハンマド・アザム4
（1818―1869）
モハンマド・アクバル
アミール・シィール・アリー2・5
（1823―1879）
ゴラーム・モハンマド・タルジー
（1830―1900）
第一夫人
モハンマド・ユースク・ハーン
（？―1855）
第二夫人
アミール・アブドゥール・ラフマン7
（1844―1901）
サルダール・モハンマド・エスハーク
（？―1851）
アミール・モハンマド・ヤクーブ6
（？―1849）
サルダール・モハンマド・アッユーブ
（1844―1901）
マフムード・タルジー
（1865―1933）
モハンマド・アジーズ
（1877―1933）
モハンマド・ハシーム
（1886―1953）
ナーディル・シャー11
（1883―1933）
シャー・ワリー・ハーン
（1883―1933）
シャー・マフムード
（？―1959）
娘
アミール・ハビブッラー8
（1890―1919）
第一夫人
第二夫人
ナスルッラー・ハーン
（1874―1921）
ザーヒル・シャー12
（1914―　）
アサダッラー
（？―1910）
イナヤトゥッラー10
（1888―1946）
アミール・アマヌッラー9
（1892―1960）
ソラヤ
（1899―1968）

バラクザイ（モハマッドザイ）朝の系図

へと変わっていった。一九六七年以降、急増する外国人観光客が、さらにその富と習慣の差をきわだたせた。

一九七二年、飢饉が追いうちをかけた。ムハンマド・ムサ・シャフィク首相は深刻な事態に全力を挙げて対応したが、国内の緊張は高まりつづけた。翌年七月、ザーヒル・シャーが、目の病いのためにナポリに近いイスキアに温泉治療に出かけたその間隙を突いて、従兄のダーウドが権力を掌握、王位を廃して共和国を宣言し、みずから大統領となった。ダーウドは、軍と共産党のパルチャム派の支持を受けて権力の座に就いた。ザーヒル・シャーは最近に至るまでローマになおとどまったまま帰国することができなかった。タリバン退去ののち、カルザイ暫定政権の懇請を受け、みずからも祖国の復興に寄与したいと、二〇〇二年五月、二九年ぶりにアフガニスタンに帰った。

クーデターと悲劇の幕開け

一九七三年七月一六日の夜から一七日の夜明けにかけて、幾台もの戦車が宮殿をとり囲んだ。ザーヒル王の娘婿でカブール軍の司令官であったアブドゥール・ワリーは逮捕され、夜が明けると首相ムサ・シャフィクも逮捕され、人びとはようやくクーデターが起きたことを知った。民衆は街頭へ駆け出し、戦車に花を投げた。

ダーウドはアフガニスタン共和国の成立を告げ、新しい閣僚の人事に入って、クーデターで功があった共産党パルチャム派からの閣僚も加えた。空軍のタジク人司令官アブドゥール・カディルもその一人であった。ダーウド自身は、大統領と首相を兼任した。ザーヒル王の対パキスタン融和政策は捨てられ、ソ連の支持を背景にふたたび強硬策に転じ、パシュトゥニスタン問題が正面に押し出された。バローチスタンにおける独立運動にも策動して、一気に危機は高まった。

国内的には、イスラーム回帰運動の指導者たちによる政権批判の活動を抑圧した。クーデターの翌年、二七〇人におよぶイスラーム指導者がカブールで逮捕された。グルブド・ディン・ヘクマティヤルとウルハヌッディーン・ラバニはパキスタンへ逃れ、「ムスリム同胞団」の指導者グラム・ムハンマド・ニアジは投獄された。ヘクマティヤルとラバニは一年後、パキスタンのペシャワルを拠点にして反ダーウドの激しい戦いを開始した。

一九七五年、サウジアラビアのファイサル国王の葬儀に出席したダーウドは、サウジアラビアをはじめアラブ連合の国々から、あまりにもソ連寄りのアフガニスタンの政策が危険であることを示唆され、親ソ連政策の変更の支持をとりつけて帰国した。一九七七年一月の憲法改正の提案は、その決意の表れであった。ローヤ・ジルガ（国民大会議）がカブールで招集され、一五日間にわたって憲法原案が討議された。数ヶ条の書き替えののち、一三七条からなる共和国憲法が採択された。ついで二月、ムハンマド・ダーウドが、アフガニスタン共和国の初代大統領に選ばれた。任期は六年であった。

この新憲法の立法の過程で、人民民主党はローヤ・ジルガから排除され、大きな影響を及ぼすことができず、大統領との新たな抗争の火種を残した。しかし、その主張は大企業や銀行、鉱山資源の国有化などの条項に反映された。男女平等の権利、スンニー派とシーア派の差別の廃止、一八歳以上のすべての人びとの投票権の保障など、確実に民主化の道も歩み出してはいた。しかし、議会の招集と解散を決する権利は、依然として大統領に委ねられていて、独裁の危険は拭い去られていなかった。

サウル（四月）革命

大統領と人民民主党との軋轢《あつれき》は次第に強まり、ダーウドがモスクワ訪問の折、ブレジネフと激しい口論を交わすまでに至った。パキスタンに亡命したイスラーム教の指導者たちの攻撃と、人民民主党との不和によって、ダーウドは次第に孤立を深めていった。

一九七八年四月、アフガニスタン共産党の創立に関わり、人民民主党のパルチャム派の指導者のひとりであったミール・ムハンマド・アクバル・ハイバルが、カブールで何者かによって暗殺された。その葬儀を機に、ダーウド大統領への大規模な抗議デモが人民民主党の党首ヌール・ムハンマド・タラキーによって組織されて起きた。ダーウドは人民民主党の反政府的な煽動を重く見て、タラキーやカルマルら幹部七名を逮捕させた。その直後、党の呼びかけに呼応して軍が蜂起し、いわゆる「サウル革命」（サウルの月の七日目、つまり四月二七日）が起こったのである。この革命で中心的な役割を果たしたのは、一九七三年にダーウドに協力して宮殿を包囲したパルチャム派の将軍アブドゥール・カディルであった。ダーウドは協力者に裏切られ、旧アルグ宮（「人民の家」）で命を絶たれた。

権力を手中にした人民民主党は、ただちに軍事革命委員会を設置して新しい政府の形成に着手した。ダーウド大統領とともに家族の多くが殺害され、また防衛大臣グーラム・ハイダル・ラスリ、内務大臣アブドゥール・カディル・ヌーリスタニ、副大統領サイド・フブドゥリッラーがともに死亡したことをカブール放送が報じたその翌日、ヌール・ムハンマド・タラキーが革命委員会によってアフガニスタン民主共和国の初代大統領兼首相に指名された。赤旗が黒・赤・緑の国旗にとって代わった。タラキー大統領はその年の暮れにモスクワを訪問し、ソ連と「友好親善二〇年条約」を結んだ。それが新しい悲劇の幕開けになることを、アフガニスタンの人びとは知っていただろうか。

新しい政府は、イスラーム教に忠実であると表明し、公式声明はかならずバスマラ（「バスミッ・ラーヒッ・ラフマーニッ・ラヒーミ」つまり、慈悲深く慈愛あまねき神の御名において）の朗唱で始まり、金曜礼拝（サラート・ル・ジュマー）への閣僚の参加を求めた。いくつもの革命布告が出された。高利貸の禁止もその一つである。「汝ら信徒の者、二倍をまた二倍にした利息を喰らうなどしてはならない」（『コーラン』第三章)。投資は許され、一定の利益の配分に与《あずか》ることはできたが、資金を回すだけで安穏に利益をむさぼることは許されなかった。富が搾取に通じてはならないのである。イスラーム社会主義の一つの例である。農業改革、男女平等、婚姻契約金(マフル)の減額、結婚適齢の規定(男一八歳、女一六歳以上)の遵守、追放された王族のアフガニスタン市民権の剝奪、文盲をなくすための聖戦《ジハード》宣言など、理想を掲げる布告が次々と発令され、メディアによるキャンペーンもなされた。しかし、主として農民層を対象とする急進的な改革政策は図式的であり、かえって土地所有者たちの反発を招いた。

相次ぐ社会主義的な布告、イスラーム指導者の弾圧、ソ連軍の増強……人びとは政府の施策に疑いを深めていった。

一〇月一九日、首都に赤旗がひるがえってからわずか三ヶ月後、政府に反対するゲリラ集団と政府軍がパキスタン国境で衝突し、戦いの火ぶたが切られた。一九七九年は不安と騒乱のうちに明けた。二月には、カブール・ホテルでアメリカ大使アドルフ・ダッブスが人質となり殺害されるという事件が起きた。アメリカの干渉が懸念されたが、カーター米大統領は動かなかった。三月、ヘラートでも反乱が起き、イスラーム指導者はアフガニスタン全土に聖戦を呼びかけた。

ヌール・ムハンマド・タラキー大統領。

バブラク・カルマル。

ジハードとは「神の道のために努力する」という宗教的な意味の語であって、つねに戦争という概念に結びつけられて使われてきたわけではない。しかし、「神の道のための聖なる努力」という言葉は、含意の幅が広く、文脈を変えれば、精神の側へも行為の側へもことよせて解釈することができた。イスラーム教徒の間にもジハードはあったし、異教徒に対する戦いにもジハードという言葉が使われた。歴史的条件によって、ジハードは宗教的な枠組みを越えてその概念の奥ゆきを変えたのである。一九七九年三月、アフガニスタンで発せられたジハードの宣言は、イスラームの精神の結集と死をかけた肉体の参戦の呼びかけであった。二月にはホメイニ師によるイラン革命が成功し、ここに大きな影を落としていることを忘れてはならないだろう。

ソ連軍の侵攻

内戦が拡大の兆しをみせた三月、内閣改造がおこなわれ、外務大臣ハフィーズッラー・アミンが兼務で首相に指名された。六月にはカブールでハザラ人による反政府デモが起き、それに対して徹底的な弾圧がおこなわれた。パキスタンのクエッタに亡命していたハザラの青年たちは、半年ほど前に「アフガニスタン・イスラーム戦士同盟」を結成し、ハザラジャードを中心とする各地でゲリラ活動を推進していた。

七月、アミンが革命評議会議長に就任し、党の実権を手中に収めて身内で周辺を固めると、派閥の抗争は激しさを加速させていった。八月には正規軍と反乱軍とがカブールのバラ・ヒッサール要塞で激突し、首都はほとんど戒厳令下にあった。九月一六日、タラキー大統領は「健康悪化と神経衰弱」を理由に、事実上、職位を剝奪され、アミンが大統領職をも兼任することになった。彼は強権によって恐怖政治をおこない、混乱を拡大させた。一〇月、彼はかつての国防相アブドゥール・カディルに死刑を宣告し、企画相スルタン・アリー・ケシュトマンド（ハザラ族出身の最初の大臣）に一五年の投獄を命じた。翌一〇月九日、カブール放送は「前大統領タラキーの死」を報じたが、タラキーはすでに九月に殺害されていたと思われる。

ヌール・ムハンマド・タラキー（一九一七～七九年）は、アフガニスタンの事実上の共産党である「アフガニスタン人民民主党」の創設に尽くした四人衆の一人であった。残りの三人は、バブラク・カルマル、ターヘル・バダクシ、ミール・ムハンマド・アクバル・ハイバルであった。人民民主党には二つの集団があった。一つは機関紙『人民《ハルク》』を中心にプロレタリア革命を主張する集団であり、一つは機関紙『旗《パルチャム》』に結集し、民主革命を主張する集団である。タラキーは『人民』派の中心人物であった。彼はガズニー地方のタラキー族の半遊牧民の出身であったと伝えられている。これに対し『旗』派を率いたのはカルマル（一九二九〜）で、彼はカブール大学法学部出身のエリートであった。父はザーヒル国王時代の将軍であり、パクティア州の長官を務めたというギルザイ・パシュトゥンの名門の出であった。彼は共産主義者の洗礼を受けたのち、カルマル（労働の友）という名に改名した。

党内派閥の抗争は、権力への距離に比例して激化する。権力はつねに暴力装置を備えているものだ。アミンはタラキーと同じハルク派に属していたが、タラキーを排して権力の座についた。彼もまたギルザイ族の出身で、カブールの西方パグマンに生まれた。もともとは熱烈なパシュトゥン民族主義者であったが、ダーウド大統領の時代、人民民主党に傾倒してハルク派に加わった。やはりアミンの排他的で暴力的な政治が、パルチャム派との対立を深刻化させたことは否めない。

すでに多くの軍事顧問をカブールに駐在させていたソ連は、カブールにおける党内対立の力学を分析し、危機感をつのらせていた。アメリカは一二月二一日、ソ連軍がアフガニスタン北方の国境域に展開し、空挺部隊の一部がすでにカブール北方のベグラム空軍基地に到着していることを察知していた。

一九七九年一二月二七日、ソ連軍は「友好善隣条約」を口実に、すでに自分たちの手で「友好支援」の名の下に建設したハイウェーと一九六四年に完成させたサラング・トンネルを通って、カブールへと侵攻した。

カブールではこのソ連軍の加勢によって、ついにアミン政権が押し潰された。ハフィーズッラー・アミン革命評議会議長は殺害され、代わってパルチャム派のカルマルが大統領の座についた。カルマルは翌日、ソ連の進軍はアフガニスタンに対する「政治的、道徳的、経済的かつ軍事的な緊急援助」の合意に基づくものである、という声明を発した。

繰り返される政治的言語の空しさを、これほど痛切に教えるものはない。「友好の援助」がアフガニスタンに悲しみの山を築き、国土のすさまじい荒廃をもたらす決定的な契機となったことを、戦争の世紀であった二〇世紀の歴史の終焉とともに忘れ去られることのないように、刻んでおきたい。

このときより二三年間、アフガニスタンで戦火がやむことはなかった。

ジャームのミナレット（尖塔）

アフガニスタンに現存するもっとも美しく壮大なミナレットが、西の都ヘラートよりおよそ三〇〇キロ、ハリ川を遡ったところの孤絶した山中にある。それ自体が驚きである。幾多の戦禍をくぐり抜けて八〇〇年もの間残りえたのも険峻な自然のおかげといえる。

このみごとな記念物がここに存在することを教えたのは、ヘラートの行政官アブドゥッラー・マリクヤールであった。おそらく村人か旅人から報告があったのであろう。一九四三年のことである。それから一四年後、アフガニスタン歴史学会のアフマド・アリ・コーザドとフランス考古学隊のアンドレ・マリクが初めて踏査をおこない、実見してこの記念物の重要性を広く世に知らしめたのである。そしていま再びジャームのミナレットは、アフガニスタン文化復興の一翼をになって、保存さるべき世界遺産に登録するよう求められ、二〇〇二年七月二九日その認定書が東京でアフガニスタンの代表に手渡された。

ミナレットの高さは六五メートルあり、この塔の建設に触発されて生まれたデリーのクトゥブ・ミナールは、明らかにジャームの尖塔を意識して高さ七二メートルと七メートルほど高くつくられている。クトゥブ・ミナールは一二〇〇年ごろの建設というからジャームの塔より数十年ほど後のことである。

ジャームの尖塔は、ガズニー朝の衰退に乗じてアフガニスタン西南グール地方の王が建てた王朝の数少ない記念物で唯一残されているものであり、中世イスラーム建築の貴重な歴史的物証の一つである。グール朝の幻の都フィローズ・コーの旧跡の上に建てられたという説もあるが、建造の目的とと

世界遺産に登録されたジャームのミナレット。

もにいまだ解明されていない謎である。
　塔は直径約一四・三四メートルの八角形の土台の上に立っている。塔身は四層からなり、上に行くに従い細くなっていく。第一層は八角形の塔身で三六・六メートルあり焼き入れ煉瓦の積み重ねでつくられている。焼き入れ煉瓦の美しい幾何学文と花文で飾られた塔身の内部には、螺旋《らせん》階段がつくられている。それは、アフガニスタンの文化復興の象徴として、世界遺産に登録された第一号である。現在、イタリアがこの尖塔の保存修復を申し出ている。

チャードリ

顔と体を蔽う女性の外衣の名称としてイランとアフガニスタンで使用されているが、その語源は明らかではない。インドのチャットラ（日傘）と関係づける説もあるがさだかではない。

プルータルコスは、ペルシア王アルタクセルクセスの妃スタテイラは、車駕に下幕を垂らさないで乗り、民衆の女たちが近づいて挨拶することができたため、王妃は民衆に愛慕されたという話を伝えている（『対比列伝』）。この話は王家の女性たちは通常下幕を垂らした車駕に乗り、その姿を見ることはできなかったという事実を示している。ゾロアスター教の祭官たちが口衣（口を蔽いかくす衣）をつけたり、調理にたずさわる宮廷の召使いたちが同じような口衣をつけている姿は彫刻などを通して知ることができるが、面衣については知られていない。こんにちヤズドに残るゾロアスター教徒の女性たちはチャードリをつけているが、蔽っているのは頭と首であって顔ではない。

イスラーム時代になっても初期のころにはなおこうした慣習がつづいていた。聖典『コーラン』の規定もあいまいで、「胸には蔽いをかぶせるよう」とか、「自分の夫、親、舅、自分の子供以外には自分の身の飾りを見せたりしないよう」とか、「人前に出る時には必ず長衣で頭から足まですっぽり体を包みこんでゆくよう」と記しているだけである。

やがてより厳格な基準が求められるようになり、例外的であった顔と手も蔽うようにと『コーラン』の規定が拡大解釈され、面衣が生まれた。初めのころは、チャードリは面衣と胸から足もとまでを蔽う長衣と二つに分離されていたようである。現在でもイランで着用されるチャードリは一枚の長方形の布で、頭から足もとまで蔽う型のものである。アフガニスタンでは頭からすっぽりと全身を包みかくす型のものとイラン型とが併用されている。色彩も外出用は一般に暗色であり、お祈りには比較的明るい色が使われている。

近代化が進み、ヨーロッパとの接触によってチャードリ着用の宗教的規範もゆらぎ始め、イラン(レザー・シャーによる着用禁止令)でもアフガニスタンでも若い人たちがチャードリを次第につけなくなっていった。

しかしその反動もまた起こり、一九六〇年代と七〇年代のイスラーム復興運動の中で、チャードリは女性の尊厳の保持と謙譲の美徳の象徴として称揚され、積極的な着用がすすめられた。チャードリもまた歴史の流れの中でイスラーム社会の文化の徴標として形や意味を変えてきたのである。

第2部

現代

はじめに――対立二〇年

一九七〇年以降のアフガニスタン情勢を理解するには、ほぼ一〇年毎の大きな流れを、キーワードで考えるとよい。すなわち、七〇年代とは、相次ぐクーデターと親ソ連政権樹立の「冷戦」時代であり、八〇年代は対ソ連戦争という「代理戦争」とこれを戦う「ムジャヒディン」の時代、そして九〇年代は「内戦とタリバン」の時代なのである。そしてそのいずれもが覇権争いに明け暮れた時代であった。七〇年代は米ソの覇権争いと、社会主義政権内部での権力闘争、八〇年代は代理戦争、九〇年代はムジャヒディンやタリバンによる覇権争いである。

一九七三年にクーデターで王政が終焉を告げ、一九七八年の四月（サウル）革命により社会主義政権が樹立されると、急激な社会主義政策に対する反政府運動が活発化した。政府はこれを弾圧したが、政府内部でも権力闘争が激化した。こうして一九七九年一二月にソ連軍の侵攻を招くと、西側諸国は一斉にアフガニスタンの反政府組織への支援体制を固め、ここに「代理戦争」と呼ばれる対ソ連戦争が始まった。アメリカを中心とする西側諸国による反政府勢力への支援は、冷戦構造下での政治目的で実施されたものだったが、当の反政府勢力は、神の存在を否定する共産主義勢力の打倒と駆逐を訴える宗教的目標を掲げ、イスラームの聖戦《ジハード》を展開した。このため、戦士達は「ムジャヒディン」と呼ばれた。戦争は混迷状態のままゲリラ戦へと突入し、一九八八年のジュネーブ協定に基づいて、ソ連軍の撤退が決定された。

一九八九年二月のソ連軍完全撤退で平和が訪れると思われたが、首都カブールにはソ連の傀儡《かいらい》と呼ばれたナジブラ政権が居座ったため、ムジャヒディン勢力はパキスタン国内に暫定政府樹立を宣言、アフガニスタンは二政府状態となった。抗争の末、一九九二年四月、ついにムジャヒディンがカブールを制圧して新政権を打ち立てた。

だがその後のアフガニスタンを待っていたのは一〇年に及ぶ内戦の時代だった。ムジャヒディン各派は、対ソ連戦争時代から対立と抗争を繰り返し、新政権の閣僚ポストなどを巡って対立して内戦を招いた。一九九四年秋、この内戦を憂えた学生や元兵士が「タリバン」を結成し、またたく間に勢力を拡大して一九九六年九月にはカブールを制圧した。それまで対立していたムジャヒディン各派は、反タリバンで結束し、「北部同盟」を結んで新たな内戦に突入した。

内戦の継続と共に、ムジャヒディン各派はそれぞれの派閥を構成する主要民族の居住地域に拠点を構えたため、首都での覇権争いが、国土全域を巻き込んだ群雄割拠の様相を呈した。

こうして八〇年代以降のアフガニスタンは、対ソ連戦争と内戦で国土は壊滅し、治安も悪化した。一九九六年夏、無法地帯のこの国に身を寄せたのは、かつてムジャヒディンの一人としてアフガニスタンで戦ったウサマ・ビン・ラディンだった。おりしもタリバンがカブールを制圧し、イスラーム政権樹立を訴えた時期である。ビン・ラディンはタリバンに義勇兵や金銭等の支援を行って接近していった。

一九九〇年代末、ビン・ラディンの身柄引渡しを巡ってアメリカとタリバンが対立していたが、二〇〇一年九月一一日のアメリカでの同時多発テロでアメリカがアフガニスタンへの空爆を開始すると、北部同盟は捲土重来と反撃を開始してタリバン政権を崩壊させ、暫定政権を樹立した。こうしてアフガニスタンは、新たな時代を迎えようとしているのである。

ソ連もタリバンもアラブ兵もいなくなり、アフガニスタンは漸く安定するかに思われている。しかし、アフガニスタンでの対立の火種は、外部にあるのではなく、実は彼ら自身の中に存在していることが、今後の動向に暗い影を落とそうとしている。

現在のアフガニスタンが抱える対立構造とは何なのか。それを知るには、八〇年代以降のムジャヒディンの動向に注目しなければならない。離合集散するグループはその数が一〇以上に分かれたこともあったが、結局は、ラバニ派とヘクマティヤル派の確執に、新興勢力のドストム派やタリバン、そしてイランで結成されたシーア派各派が絡んだものだと言うことができる。各派は、それぞれの利害に応じて周辺諸国を巻き込み、周辺諸国もこれに積極的に関与していったのだった。こうして内戦は泥沼化し、被害は拡大した。

第二部では、対外戦争と内戦に翻弄された二〇年を、各派やこれを支援する諸外国の動向とともに見ていくこととする。

6 冷戦下の親ソ連政権（一九七九―九一）

社会主義政権下での権力闘争

アフガニスタンで親ソ連政権が確立した一九七〇年代後半は、そのまま権力闘争の時代でもあった。社会主義政権の樹立を掲げながらそこで起こったことは、クーデターによる前政権首脳陣の殺害であり、反政府運動に対する粛清と弾圧だった。

一九七八年四月二七日のいわゆる「サウル（四月）革命」でダーウド首相とその弟ナイームなど一八人の王族が殺害され、二九日、アフガニスタンに社会主義政権が樹立された。人民民主党のムハンマド・タラキーが革命評議会議長兼首相となり、バブラク・カルマルとハフィーズッラー・アミンが副首相となって「アフガニスタン民主共和国」が成立した。演説でソ連への忠誠を誓ったタラキーは急進的な社会主義改革を実践しようと、識字教育の徹底化を図り、これに参加しない国民に対し暴力をも辞さなかった。その教育は宗教を含まず、一部のムスリムの反発を招いた。また土地改革によって伝統的な地主と小作人の関係を破壊し、イスラーム法による土地所有権を無視した。アフガニスタンの地主と小作人の関係は、搾取のそれではなく、土地を所有するか否かということしか違いはなく、両者に大きな対立はなかった。したがってアフガニスタン国民の大多数が従事する農業の伝統的な形態を急激に変革することは、農民に不安を与えた。また、支配階級の私有財産没収や王族の市民権剝奪など、タラキーの政策は国民にはあまりにも過激で急激な変革と映り、国民は反発して、国内各地では反政府活動が盛んになった。政府はこれを弾圧するべく、数千人を検挙、逮捕し、様々な残忍な拷問によって粛清した。政府は、反乱の主導者としてムスリム知識人の団体「イスラーム協会」の構成員を逮捕するなど、弾圧を行なったが、反政府運動が止むことはなかった。

国内各地での反政府運動の活性化にも増して、政府内ではハルク派とパルチャム派の権力闘争も激化した。抗争の末、七月にはハルク派が政権を牛耳った。この時期、ハルク派はパルチャム派の二〇〇〇人を処刑したと言われる。ソ連は、ソ連と最も近い関係にあったカルマルをプラハの大使としてアフガニスタンから離すことでその命を救い、ソ連寄りの人材を確保した。

ハルク派の政権となったものの、今度はハルク派内で、タラキーと首相の座を狙うアミンの間で覇権争いが起こった。両者は国内各地で発生した反政府運動の責任をなすりあった。ソ連軍との密接な関係を維持したタラキーに比べ、アミンは、「民族共産主義者」として、アフガニスタン国民による政権維持を唱え、ソ連の影響力に距離を置く姿勢をとった上、アメリカとの接触によって経済援助の獲得を図った。このためソ連は、アミンの排除に乗り出した。

アフガニスタンにおける冷戦の確執は最高潮に達していた。不可解な暗殺等が横行し、一九七九年二月にはアメリカ大使を連行する事件が起こった。これに対しアフガニスタン政府当局は、アメリカ大使館の抗議にもかかわらず、治安部隊が大使もろとも犯人を射殺した。ソ連は事あるごとにアフガニスタンへの軍事力投入を実施していった。三月にアミンが首相になったがタラキー議長との確執は止まなかった。七月にはカブール市内の政府軍が反乱を起こしたため、これを鎮圧したタラキーに対し、ソ連は工作員等を増員してアフガニスタンの監視強化につとめた。タラキーは反乱軍の兵士を大量に処刑した。不穏な空気が漂う中、九月、タラキーが急死してアミンが革命評議会議長と大統領を兼任した。タラキーの死因は病死と発表されたが、アミンが腹心のタルン大統領主任補佐官と組んで殺害したと言われている。そのタルンも、タラキー派とアミン派の抗争の果てに銃撃戦で死亡した。

アミン大統領の就任とソ連軍の侵攻

ソ連と距離を置くアミンが大統領に就任したことで、ソ連は対アフガニスタン政策の転換を迫られた。アミンはタラキー派を支援しているソ連大使の召還を求め、タラキー色の排除のみならず、ソ連の影響力をさらに遠ざける方針をとった。これには、ソ連の工作員による暗殺が相次ぐ状況の中で、自身の生命の保護も念頭にあったものと思われる。

対立と緊張の続くアミンとソ連だったが、反政府運動の矛先はこの両者に対して向けられた。そこで、アミンとソ連は、反政府活動弾圧に関しては協調路線をとり続けた。

既にアフガニスタン各地では反政府運動が間断なく展開されるようになっていた。この活動は部族や地域の単位で独自に展開されるものが多く、組織だった活動にはなっていなかった。ただ、社会主義政権に反対する勢力が、伝統的な社会の維持を求める中で、イスラーム復興の意識が高まり、神の存在を否定する共産主義を駆逐する「努力（ジハード）」を実践する者（ムジャヒディン）と呼ばれるようになり、反政府運動は「聖戦」という地位を確立していった。

ムジャヒディンの「聖戦」に拍車をかけたのは、一九七九年二月に王政を倒してイスラーム革命を実現させたイランの影響も少なからずあった。イランでのイスラームによる革命は、イスラーム復興運動の象徴的な出来事として世界中に反響をもたらした。ムジャヒディンの指導者の一人へクマティヤル（後述）もまたホメイニ師に敬意を抱き、アフガニスタンでのイスラーム革命を志向していた。

ソ連軍は、アミン政府との協力において反政府運動を撃退すべく、空軍による徹底した攻撃を行なった。

だがムジャヒディンの抵抗も強くなっていった。ムジャヒディンの中には、西側の「前線」となった隣国パキスタンで軍事訓練を受けた者もあった。

一九七九年一二月一八日、ムジャヒディンの運動をアミンが押さえ切れないと判断したソ連は、アミンを無視して部隊を投入した。ムジャヒディンの活動は一時的に収まったものの、アミンはソ連を激しく非難し、これでソ連との対立は決定的となった。一二月二四日、ソ連のブレジネフ書記長はソ連軍のアフガニスタンへの侵攻を決定し、一万の戦闘員と共に大量の兵器と武器がカブール空港とその北六〇キロ地点のバグラム空港に空輸された。

この事態に怒ったのはアミンだった。だが彼はソ連を非難する前に身柄を拘束された。二七日、ソ連政府は、アフガニスタン政府の要請に基づいて軍隊を派遣した旨の声明を発表し、国外にいたカルマルに声明を発表させ、アミンが死亡したことを受けてカルマル自身が新政権を担うこととなったと述べた。カルマルは、アミンをアメリカの情報局と結託したファシストであり、殺人者であると批判した。

ソ連軍の軍事侵攻と傀儡政権の樹立はアフガニスタン国民のみならず、世界に衝撃を与えた。アメリカをはじめとする西側諸国は相次いでソ連軍の即時無条件撤退を求める声明を発表し、ソ連を非難した。ここに、対ソ連戦争が始まったのである。

ムジャヒディン勢力の反政府運動

ソ連軍侵攻後のアフガニスタン情勢においてムジャヒディンは「主役」となる存在である。そこでここでは、ムジャヒディン勢力の誕生について紹介しておく。

アフガニスタンのムジャヒディンは、大きく分けて三種類に大別できる。第一は、カブール大学でのイスラーム研究会に属したインテリ層で、彼らは理論武装してイスラム体制の確立を訴えた。第二は、各地のイスラーム学院（マドラサ）で学ぶ学生達で、彼らは『コーラン』読誦と解釈を通してイスラームを学ぶものの、前者の大学生のような理論的活動は行なわない。その思想は厳格な教義で知られるスンナ派デーオバンド学派に属している。後に台頭するタリバンの主要メンバーはこのグループに属する（これについては、タリバンの章で触れることとしたい）。第三はアフガニスタンの多くのムスリムが属するが、彼らは聖者信仰を行なったり、国王を尊敬しながら部族単位で生活している。

これらのグループは、それぞれが疎遠で独立した関係にあり、それぞれが反政府運動を展開した。したがって、各地で発生した反政府運動というのは、計画的に各地で起こされたものではなく、散発的に発生したものであった。ムジャヒディンはその「戦術」から、後の対ソ連戦争で「ゲリラ」と称されたが、彼らの活動がゲリラ的であったのは、その統一性のなさと無計画性に拠るものであった。このことは、ムジャヒディン・グループ間の対立を招く要因ともなるのである。

さて、ムジャヒディンの中でも、政治的にも重要となるインテリ層についてここで紹介したい。

彼らの運動の源流は、一九五八年頃にカブール大学内で開催されたイスラムの研究会、「イスラーム運動」（またの名を「イスラーム協会」）に遡ることができる。これは大学神学部のグラーム・ムハンマド・ニヤーズィー教授が主宰した小規模のサークルで、ニヤーズィーはエジプトにあるイスラム学の世界的権威であるアル・アズハル大学でイスラム学の修士号を得ていた。彼の研究会には大学の教官や学生などインテリ層が参加し、イスラーム体制の確立が唱えられた。

この会はその後一九六九年に「ムスリム運動」を名乗って公然と活動を開始した。そこには、六八年までエジプトのアル・アズハルに留学していたブルハヌッディン・ラバニ（後の大統領）とアブドゥール・ラスール・サヤーフ、そして学生としてグルブッディン・ヘクマティヤルやアフマド・シャー・マスードなどの姿があった。ラバニとサヤーフが留学していた当時のエジプトでは、イスラーム復興団体「ムスリム同胞団」が活動しており、一九六六年に指導者サイイド・クトゥブが処刑されたばかりだった。ラバニはクトゥブの著作を翻訳、紹介し、イスラム体制の確立を訴えた。サヤーフはアラビア語を得意としてアラブ諸国との関係を維持し、後にアラブ諸国から多額の支援を受けることとなった。

このようなイスラム復興運動は、親ソ連政権にとっては不都合な存在であったため、ダーウドの時代から弾圧を受けることとなった。一九七三年、ニヤーズィー教授は処刑され、三〇〇人近くの活動家が逮捕された。逮捕を免れたラバニ達や、逮捕されたもののその後釈放されたヘクマティヤルなどはその足でパキスタンに逃れ、ここでパキスタン政府の庇護下で反政府活動を展開した。

パキスタンでは、アフガニスタンと対立していたブットー政権のもとで、アフガニスタン反政府活動が続いていたが、ここで、アフガニスタン国内の諸勢力を統合し、穏健にイスラーム体制を確立させたいとするラバニと、徹底的な軍事路線によるイスラーム体制確立を主張する急進的なヘクマティヤルの間で対立が生じ、両者は袂を分かった。ヘクマティヤルは既に、一九七五年の反政府反乱事件の首謀者として名を馳せていた。ラバニはアフガニスタンという領域的国家での活動を続ける上で「イスラーム協会」をそのまま引き継いだが、ヘクマティヤルは「イスラーム党」を結成し、支援者であるイランやパキスタン政府との関係を一層深めて、国境を超えたイスラム復興運動の一環として反政府運動を展開していった。

同様に、穏健・中道派のグループがアフガニスタン国内で一九七八年から一九七九年にかけていくつも結成され、ソ連軍侵攻時には一〇以上のグループが存在していた。これらのグループのほとんどは、パキスタンのペシャワルを基盤とするものであった。

戦争の泥沼化

カルマル政権は、アミンをアメリカの手先と非難しながらも、これまでの土地改革や識字教育における

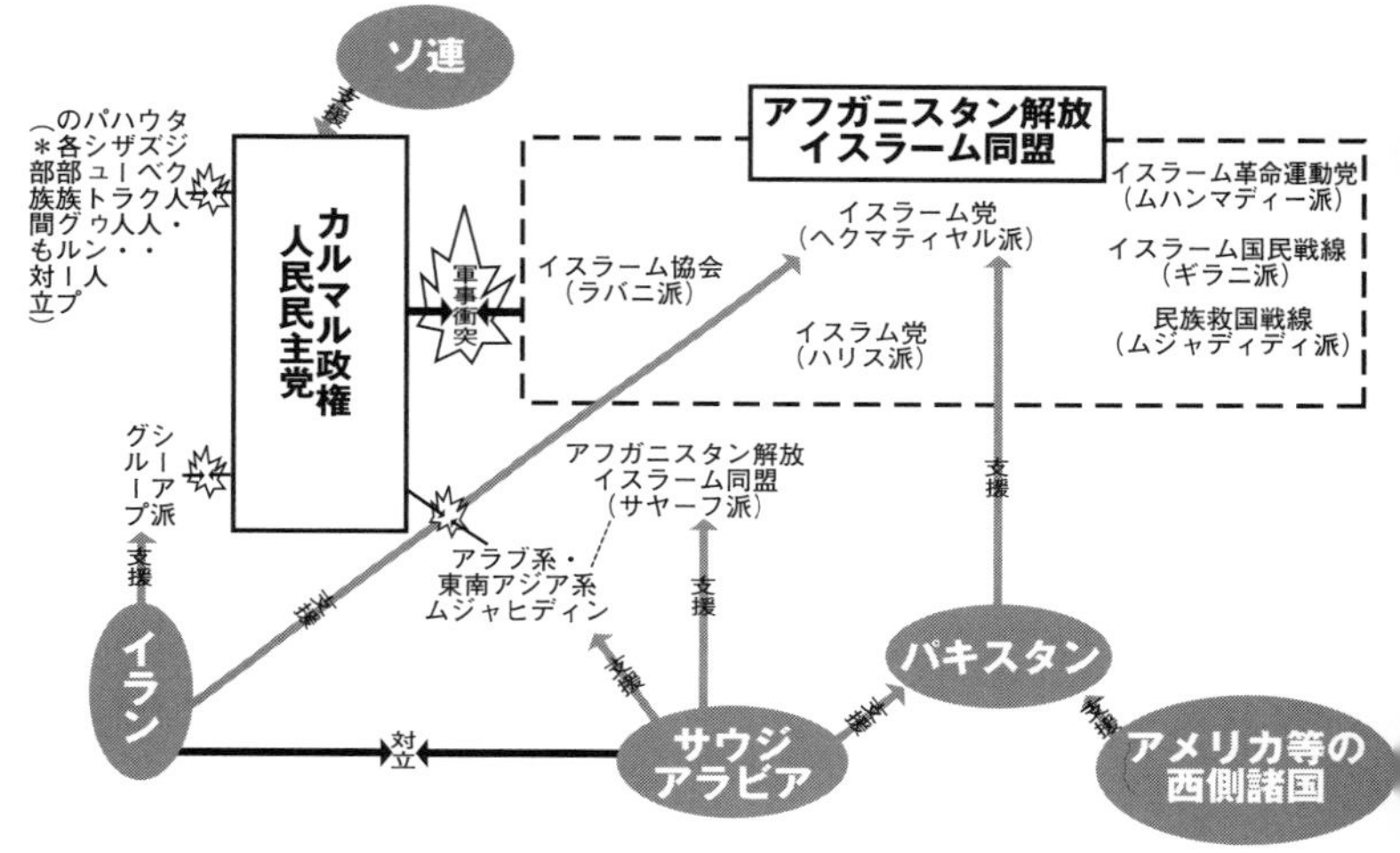

アフガニスタンの内部抗争と諸外国の関係1

急進的な施策から漸進路線に切り替えることを発表し、ムジャヒディン勢力への対応策として、イスラームの尊重を提案し、一九八〇年四月に新憲法を神の名のもとに公布した。新憲法では大祖国戦線が謳われ、社会主義やレーニン主義といった文言には言及せず、挙国一致体制が強調された。だがムジャヒディン勢力は傀儡政権打倒を唱え、抵抗運動を止めることはなかった。カルマルは五月、イランとパキスタンに対し政府承認を求める提案を行ったが、これは受け入れられなかった。

ソ連軍の侵攻直後の一九八〇年一月二七日、ラバニ派やヘクマティヤル派などムジャヒディン六グループは「アフガニスタン解放イスラーム同盟（ＩＡＬＡ）」を結成し、反政府運動での共闘態勢を築いた。同盟結成にはサウジアラビアの資金が運用されたと言われる。だがその直後から、この同盟の首班指名問題で紛糾した。ヘクマティヤル率いるイスラーム党はムジャヒディンの四割を支える最大勢力であったため、ヘクマティヤルは同盟の議長職選出は同盟内のグループの規模に応じてなされるべきだと主張したが合意を得られず、三月にこの同盟を脱退した。同盟ではサヤーフが議長に就任したものの、抵抗運動の最大組織が抜けるという、前途多難な幕開けとなった。ムジャヒディン組織内の対立は、その後も資金調達方法や運用方法、主導権争いや急進派と穏健派の対立など、紛糾が止むことなく、ソ連との対立に加えて、ムジャヒディン内部での対立が複雑に絡み合う情勢となった。さらに、反対運動の中には、ムジャヒディンの掲げるイデオロギー的なイスラーム体制確立とは離れた部族単位の運動もあった。一九八〇年六月、ペシャワルで開催された「ローヤ・ジルガ」には九六一人の部族代表が参集したが、ローヤ・ジルガはソ連との対決を鮮明に打ち出す急激なイスラーム体制確立に反対し、部族単位での連邦制と非同盟主義を目指す決定を行なった。

さらに、ソ連軍内部でも混乱は生じていた。それはソ連軍兵士の士気の低さに関わる問題であった。ソ連軍は当初、アフガニスタンへ中央アジア出身の兵士を派遣したが、彼らにとっては同じ民族、部族のアフガニスタン人と戦うこととなったため、戦意を喪失するものが出た。そこでソ連軍はスラブ系の兵士を派遣したが、今度は官僚的な兵士が、命令以外の戦闘について関心を払わなかったため、ゲリラ的に各地に出没するムジャヒディンに対応できずにいた。このように、ソ連軍、ムジャヒディン、そしてムジャヒディン以外の反政府勢力などがそれぞれに統一性を欠いていたことは、対ソ連戦争の泥沼化と、ソ連軍撤退後の内戦勃発へとつながっていった。

米ソの代理戦争

ソ連軍の侵攻は西側諸国のみならず、中国や東欧諸国からも一斉に反発を呼んだ。またイスラーム諸国会議もカルマル政権を承認しない旨の決議を採択した。アメリカのカーター大統領は一九八〇年一月四日、対ソ連穀物輸出停止やモスクワ・オリンピック参加中止を決定した。これに対し、二月にブレジネフ書記長が、ソ連軍進駐は、外国反動勢力に対抗するためのやむを得ない動きであったと言明したが、同月、国連緊急特別総会が開催され、アフガニスタンからの全外国軍隊の撤退要求決議案が採択された。日本を含む西側諸国は「対アフガニスタン難民人道援助」としてムジャヒディンへの支援を固めた。ソ連軍侵攻後一年でパキスタンへの難民は約三〇〇万人に、イランへの難民は二〇〇万人に達していた。ムジャヒディン支援国はアメリカ、中国、エジプト、サウジアラビアが主体となった。カルマル政権は反政府活動者の処刑を実施し、ソ連軍はさらなる兵士投入を行なった。こうして冷戦構造はアフガニスタン問題を巡って尖鋭化し、代理戦争は激化する一方となった。

一九八一年六月、革命評議会副議長で副首相だったケシュトマンドを首相に据え、八月にはタラキー時代の急激な土地改革を是正し、土地接収について部族や宗教学者に対する例外措置を設けて、反政府勢力の切り崩しを図った。政府軍については、一部緩和条件をつけながらも徴兵延長令を出したり、給与を倍額にして兵士の確保につとめた。だが反政府勢力との戦闘は続き、カルマル政権の軍事面はソ連への依存度を高めた。だがソ連軍兵士の死傷者数は増える一方で、ソ連にとっても経済的負担が増大していった。そこで一九八二年六月、カルマル政権はパキスタンとの政治的解決を目指すジュネーブ会談に臨んだ。

一九八三年になると、カルマル政権はムジャヒディンによる破壊工作を非難しながら、ローヤ・ジルガを尊重して部族単位のグループへの懐柔案を提示し、反政府勢力の分裂工作を行なった。またムジャヒディンへの攻撃も徹底して行なわれたが問題解決の糸口は見えなかった。この時期、カブールの北パンジシール渓谷での戦闘で、ラバニ率いるイスラーム協会のマスード司令官がその指導力と戦略で頭角を現わした。マスードは一九八三年六月にはカブールでソ連軍代表との直接会談に臨むまでになった。戦闘は続き、ソ連軍は一九八四年に入ると兵力を大量に増員し、絨毯爆撃や焦土作戦を展開した。パンジシール渓谷への攻撃は一九八四年末までに第十次攻勢が仕掛けられたが、マスード率いる軍隊はこれを撃破し、マスードは「パンジシールの獅子」と称される伝説的な指揮官としてソ連軍に恐れられた。

戦闘は一九八五年三月のゴルバチョフ政権成立後も続き、ソ連軍兵士の数は一二万人に達した。ソ連軍は絨毯爆撃や焦土作戦を実施し、五月にはパンジシール渓谷への大攻勢を仕掛けたが、何ら進展は見られなかった。ソ連軍の軍事力投入に対抗して、アメリカは携帯用地対空ミサイル、スティンガーをムジャヒディンに供与し、戦闘機やヘリコプターによる攻撃への反撃力がついた。結局戦火は全土に広がっていった。

ナジブラ政権の成立

戦争が膠着化していたさなか、一九八六年五月にカルマルが人民民主党（ＰＤＰＡ）書記長を解任され、後任には秘密警察長官のナジブラが就任した。ナジブラはその後一九八七年九月に革命評議会議長に就任し、一一月には新憲法を発布すると共に大統領となった。新憲法ではイスラームを国教に定め、国名を「アフガニスタン共和国」に変えたほか、人民民主党の一党独裁体制から複数政党制にする、非同盟政策の実施など、反政府勢力に対する妥協案が盛り込まれた。さらにゴルバチョフ書記長やナジブラは、ザーヒル・シャー元国王を国民和解政府に参加させることも提案した。だがムジャヒディン勢力との戦闘は激化し、カブール市内でのゲリラ活動が続いた。そこでソ連軍は一九八六年より部分撤退を開始し、一九八七年一月には革命評議会が一方的な半年間の停戦を含む国民和解宣言が出された。また数千人規模での政治犯釈放も実施された。しかしムジャヒディン側はナジブラをソ連の傀儡政権だとして政権打倒を目指し、和解には至らなかった。

ジュネーブ合意

泥沼状態の戦闘が続く中、アフガニスタンとパキスタンの間でのジュネーブでの和平交渉が一九八八年二月一五日に合意に達し、ソ連軍が撤退することが決定した。合意にはソ連とアメリカも保障国として参加した。ソ連軍の撤退は五月一五日に始まり、翌年二月一五日に完全撤退が実現した。

ソ連軍撤退後和平が訪れるかに思われたが、同じく一九八九年二月、ペシャワルではパキスタンの支援を得たムジャヒディンが「アフガニスタン・ムジャヒディン・イスラーム同盟（ＩＵＡＭ）」暫定政府を樹立し、ナジブラ政権打倒を唱えた。ムジャヒディンはナジブラ傀儡政権打倒を目指してカブール周辺に集結したため、首都は騒然とした。ナジブラは非常事態宣言を出し、外交団は一斉に国外へ脱出した。ムジャヒディン側の大統領にはスィブガトゥッラー・ムジャディディが選ばれ、首相にサヤーフ、外相にヘクマティヤル、再建相にラバニが就任し、アフガニスタンは二政府状態になった。サウジアラビアはムジャヒディン政権を承認したが、アメリカやパキスタンはムジャヒディン内部の対立が深刻化していることから、政府承認を見送った。なお、この暫定政府にはイランで活動中だったアフガニスタンのシーア派グループが一切排除されていた。

一九八九年三月、ムジャヒディンは東部の要衝ジャララバードを攻略しようと総攻撃をかけたが、ナジブラの軍隊はソ連軍の助力なしにこの地を死守した。だが三ヶ月間で両者には二万九〇〇〇人もの死者が出た。このため、ムジャヒディン政権とナジブラ政権は対峙する状態を続けた。

ムジャヒディン政権の樹立

ムジャヒディンとナジブラ政府が拮抗する中、一九九一年八月にソ連が崩壊すると、ナジブラ政権を支える勢力がなくなった。旧共産主義者の民兵集団だったドストム派が一九九二年二月にラバニ派との共闘を宣言し、ナジブラ政権は軍事的にも弱体化し、四月一六日、ナジブラは辞任した。

だがムジャヒディン勢力の前途は多難だった。覇権を巡る争いは武力衝突の危機を迎え、四月二四日、パキスタンの仲介によって「暫定評議会」設置を掲げて合意が成立した。評議会の構成はムジャヒディィ大統領の下、ムジャヒディン勢力から一〇名、宗教学者一〇名、ムジャヒディンの司令官三〇名が参加するものだった。二ヶ月後にイスラーム協会のブルハヌッディン・ラバニを次期大統領とする暫定政権に全権を委譲し、一八ヶ月以内に総選挙を実施するという条件もついた。

こうして一九九二年四月二八日、ついにムジャヒディン勢力がカブールに入り、新政権が樹立された。ナジブラの家族は制裁を恐れてデリーに脱出したが、ナジブラ自身と弟アフマドザイは脱出に失敗し、カブール市内の「アフガニスタン国連事務総長事務所（ＯＳＧＡ）」に逃げ込み、以後約四年半、国連の庇護下で暮らした。彼らは九六年九月、タリバンに処刑されることとなる。

ムジャディディは体制固めを進めたが、大統領任期を二ヶ月から二年以上に延長すると主張して各派と対立、暫定政府は覇権争いに明け暮れた。

新政権樹立から間もない五月四日、ヘクマティヤル派がカブールへの攻撃を開始した。翌日、ラバニ派のアフマド・シャー・マスード司令官とヘクマティヤル党首の間で停戦合意がなされたが、ヘクマティヤルは、ドストム派は旧共産主義者の民兵集団でムスリムではない、としてドストム派のカブールからの撤退を要求し、両者間で戦闘が始まった。他方、スンナ派のサヤーフ学派はシーア派の排除を主張してシーア派統一党と武力衝突するなど、各派の対立は混迷し、深刻化した。

混乱の中、新政権はイスラームによる国家統合を目指した。シャリーア（イスラーム法）に反する全法律を廃止し、禁酒とパルダ（イスラームにおける女性の隔離）を決定した。パキスタンはいち早く新政権を承認し、シャリフ首相がカブールを訪問してパキスタンの存在を強調した。

だがグループ間対立は激化し、特にラバニ派、ヘクマティヤル派、ドストム派の三つ巴による激しい政争が始まった。

三派の内部抗争——ラバニ派、ヘクマティヤル派、ドストム派

かくしてムジャヒディン政権が樹立されたが、内部抗争は激化していった。

その主軸はラバニ派とヘクマティヤル派、ドストム派だが、この三派はなぜ対立するのだろうか。ヘクマティヤル派とドストム派の対立は、先述の通り、ヘクマティヤル派がドストム派をムスリムでないと批判したことに起因する。七〇年代より急進的なイスラーム体制樹立を唱えてきたヘクマティヤルは、ドストムに対する不信感をあらわにした。だが両者は九四年に反ラバニで共闘することとなる。

他方ラバニ派とヘクマティヤル派の対立は根深い。七〇年代、ラバニ派が国内の諸勢力を統一して穏健に政権を目指したのに対し、ヘクマティヤルは軍事力を用いた急激なイスラーム革命を主張した。対ソ連戦争時代、ヘクマティヤル派はムジャヒディン勢力の中で最大派閥を形成し、革命直後のイランや、パキスタン経由の西側諸国からの莫大な資金援助の多くを手にしていたが、ラバニ派のマスード司令官は、パキスタンの介入を好まず、アフガニスタン人自身の政権樹立を目指して、対ソ連戦争時代は故郷パンジシール渓谷で軍事面の指揮をとった。このような経済的な問題も両者の対立の一因だった。

パシュトゥン人であるヘクマティヤルがパキスタンの支援を受けていることに対し、マスードはパキスタンの傀儡政権が樹立されるのではないかとの危惧を抱いていた。選挙も、細則を決めないまま実施すれば、アフガニスタンの民族構成からパシュトゥン人が多数派となり、ヘクマティヤル派が躍進することは目に見えていたのだった。

さらに、ラバニ派、特にマスードとヘクマティヤルの間には、個人的な不信感があった。古くは一九七

六年にヘクマティヤルがマスードの親友をパキスタンの情報局（ＩＳＩ）の支援のもとで殺害した事件に遡る。一九八二年にはマスードの軍隊に向けてヘクマティヤル派が攻撃を仕掛けたこともあった。同様に、一九八九年五月にはラバニ派とヘクマティヤル派が戦利品を巡って衝突、五〇人以上の死者を出したり、七月にはヘクマティヤル派がマスードの兵士三〇人を殺害する事件が発生した。

このように、ラバニ派とヘクマティヤル派は、教条的な対立のみならず、個人的な怨恨などを背景にして対立を深めていった。

ラバニ大統領就任

一九九二年六月二八日にラバニ派のラバニが大統領に、ヘクマティヤル派のファリードが首相に就任するという権力分担で合意が成立した。内閣には、イランの支援で台頭したシーア派勢力も入閣した。

ラバニ大統領の任期は四ヶ月だったが、三ヶ月以内の総選挙実施を主張するラバニ派と、この選挙がラバニ派に有利であるとして拒否を示したヘクマティヤル派の間で八月に対立が激化し、ヘクマティヤル派がカブールへ軍事攻撃を開始した。こうしてアフガニスタンは、内戦時代に突入した。

ラバニ大統領は任期満了の一〇月二八日、四五日以内に新政権樹立のため評議会を設置するとして、大統領任期の四五日延長を発表した。ラバニ派の提案した総選挙実施方法がラバニ政権維持に都合が良く作られているとして、ヘクマティヤル派のみならず、ドストム派、統一党とも対立した。

そこでラバニ派は、自派に近い四派による評議会を一二月三〇日に招集し、ラバニを評議会議長兼国家元首に選出した。議長任期は二年に設定され、評議会は新憲法制定等の政策決定も行なった。ラバニ評議会議長は九三年一月二日、正式に大統領に就任し、一〇日には暫定議会が発足した。ヘクマティヤル派はこれに反発し、カブールへの攻撃を再開、四週間で一〇〇〇人以上の死者が出た。

イスラマバード合意

①ラバニ大統領、ヘクマティヤル首相（あるいはその指名者）体制の確立と、18ヶ月以内の新政権樹立。
②首相は2週間以内に内閣を組織する。
③1992年12月28日から18ヶ月以内に、選挙委員会を設置し、ローヤ・ジルガ（大会議）選挙を実施、同大会議が制定した新憲法下で大統領選挙と議会選挙を実施する。
④ムジャヒディン各派は二名ずつを選出し、「国防委員会」を設置する。
⑤戦争捕虜の無条件釈放。
⑥紛争中に占拠した全財産の返還と難民帰還への便宜供与。
⑦ムジャヒディン全派参加による財政・貨幣制度を監督する委員会の設置。
⑧全派参加による食糧・燃料・生活必需品の分配を担当する委員会の設置。
⑨停戦の即時実施。内閣成立後は武力対立を恒久的に放棄。
⑩イスラーム諸国会議機構（OIC）およびムジャヒディン全派代表による停戦監視および対立回避のための合同監視委員会の設置。

「ペシャワル合意」と「イスラマバード合意」

首都への軍事攻撃が続くなか、パキスタンは、軍統合情報局（ISI）のハミード・グル局長による調停工作を進めた。パキスタンにはアフガニスタン問題でイニシアティブを執りたいという意向があった。調停の結果、二月一四日に停戦を認める「ペシャワル合意」が調印された。だがヘクマティヤルはシーア派統一党と共闘してラバニ退陣を主張してカブール攻撃を再開、一週間で六〇〇人の死者が出た。

内戦に対しパキスタンのシャリフ首相は、ムジャヒディン八派の代表をイスラマバードに招き、三月九日、ラバニ大統領の一年半の留任とヘクマティヤルの首相就任等の条件を盛り込んだ「イスラマバード合意」を成立させた。この合意には、サウジアラビアとイランの代表も出席し、周辺国への配慮がなされた。ここではラバニ大統領とヘクマティヤル首相の体制確立と一八ヶ月以内の選挙実施について合意がなされた（上の表参照）。だがマスードを国防相とする人事を巡り紛糾し、ヘクマティヤルはマスード外相案を提示したがラバニ派が拒否、対立は再燃した。

「ジャララバード合意」

一九九三年五月二〇日、マスードが国防相を辞任し、国防省はラバニ大統領管轄下の国防委員会に、内務省はヘクマティヤル首相管轄下の内務委員会に入り、ラバニ派とヘクマティヤル派が軍事力を二分することで停戦合意「ジャララバード合意」が成立、六月一七日に漸く連合政権が発足した。

軍事力の等分化で政権は安定するかに見られたが、ヘクマティヤル首相は、政府の中立性と大統領辞任を主張するとともに、自分がカブールに入ると殺害されるとしてカブールの南二〇キロ地点のチャールアシャーブに留まり、連合政権は早くも暗礁に乗り上げた。さらに九月に始まった憲法委員会による新憲法作成作業をシーア派勢力の一部がボイコットしたため、同作業も難航した。一〇月、カブールの東六〇キロのサロビでラバニ派とヘクマティヤル派の武力衝突が発生した。一二月、ヘクマティヤル首相は自派のクトゥブッディン・ヒラール第一副首相をカブールでのヘクマティヤルの権限代行者に任命、ラバニもこれを承認したことで、衝突は回避できたが、内戦は、その一ヶ月後に再開した。

カブールへの総攻撃開始

一九九四年一月一日、ヘクマティヤル派はドストム派と共にカブールに総攻撃をかけた。北部一帯を支配下に置き、ヘクマティヤルからムスリムでないと非難されたドストム将軍がなぜ共闘態勢に入ったかというと、一九九三年のラバニ政権樹立時、ドストム派の入閣がかなわなかったことから、ラバニ派に不満を持ったのが原因だといわれる。一説には、ドストム将軍が幹部会議中に、「『目の前の敵』（ヘクマティヤル）より、『袖の中の蛇』（ラバニ）を倒すことが先決だ」と、諺に喩えて結論を出したといわれる。

ヘクマティヤル派はカブールの南部と東部から、ドストム派は北部からカブールへの攻撃を開始した。

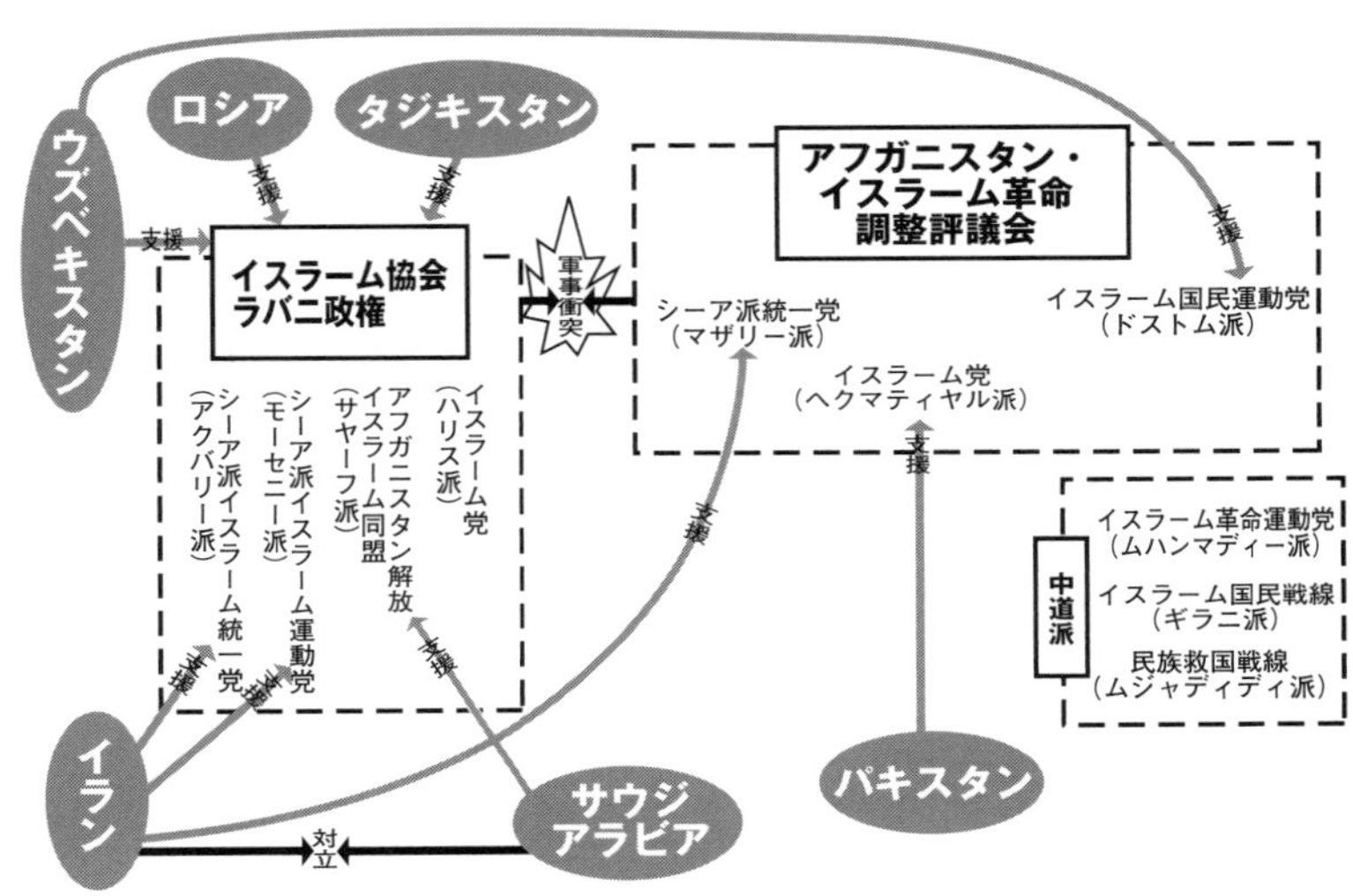

アフガニスタンの内部抗争と諸外国の関係2

戦域はまたたく間に拡大し、カブールを北上するサラング・ハイウェー沿いの地点や、ドストム派の本拠地マザリシャリフにまで波及した。戦闘による死者は一〇日間で数百人と言われ、約五万人が難民となってパキスタンに流入した。ヘクマティヤル派は兵糧攻めのためカブールの東部サロビ市の道路を封鎖し、国連によるカブールへの援助物資の搬入を止めた。国連はヘクマティヤル派に対し、人道支援として食糧援助再開を交渉した。

二月、ラバニ派兵士がペシャワルで通学バスを乗っ取り、パキスタン政府に身代金と、ヘクマティヤル派に対し道路封鎖解除の圧力をかけるよう要求した。その後犯人はアフガニスタン大使館内に立て籠もったが、二日後、パキスタンの陸軍特別部隊が犯人全員を射殺、人質は無事解放された。

パキスタンの処置に対しカブールで抗議デモが始まり、パキスタン大使館が襲撃された。翌日パキスタンは大使館を閉鎖し、国境を封鎖した。カブールへの食糧供給は困難となり、市民の中には避難民となって脱出する者が出た。バスジャック事件はラバ

ムジャヒディン各派の概要

一九九四年六月からタリバン結成の同一一月頃までのムジャヒディン各派の概要は以下の通りである。

一、ラバニ大統領派

①イスラーム団体（Jama'at-e Islami）。党首・ブルハヌッディン・ラバニ（一九四〇年生まれのタジク人）。推定兵力・二万五〇〇〇人。主要構成民族・タジク人。パシュトゥン人やトゥルクマン人。基盤地域・カブール、北東部、西部（ヘラート周辺）。特徴・スンニー派。党内主要人物・アフマド・シャー・マスード元国防相、イスマイール・ハーン・ヘラート州知事、マスード・ハリリ・ラバニ派顧問。

②イスラーム党ハリス派（Hizb-e Islami）。党首・マウラヴィー・ムハンマド・ユーノス・ハリス（一九二〇年頃生まれのパシュトゥン人）。推定兵力・一万人。主要構成民族・パシュトゥン人。基盤地域・東部（ジャララバード）。特徴・スンニー派デーオバンド学派。一九七九年にヘクマティヤル派から分派。党内主要人物・ハージー・アブドゥール・カディル・ジャララバード州知事。ハッカーニー司令官。アブドゥール・ハク司令官（カディル知事の実弟）。

③アフガニスタン解放イスラーム同盟（Ittehad-e Islami bara'e Azadi'e Afghanistan）。党首・アブドゥル・ラスール・サヤーフ（一九四六年生まれのパシュトゥン人）。推定兵力・五〇〇〇人。主要構成民族・パシュトゥン人。基盤地域・東部（パクティカ州）、カブール西部。特徴・スンニー派、イスラム復興運動最右翼。アラブ系義勇兵との関係を維持。党内主要人物・アフタル・ムハンマド、マウラヴィー・アブドゥッラー。

④イスラーム運動党（Harkat-e Islami）。党首・シャイフ・アースィフ・モーセニー。推定兵力・五〇〇〇人。主要構成民族・ハザーラ人、パシュトゥン人。基盤地域・中部、カブール南西部。特徴・シーア派勢力で、イランを基盤としていたが、一九八〇年にイラン政府が国外追放命令を出す。党内主要人物・アリー・アヌワリー。

⑤統一党アクバリー派（Hizb-e Wahdat）。党首・アクバリー。推定勢力・一〇〇〇人。基盤地域・カブール、ガズニー。特徴・シーア派。一九九四年九月に統一党マザリ派から分派。

二、アフガニスタン・イスラーム革命最高調整評議会

⑥イスラーム党（Hizb-e Islami）。党首・グルブッディン・ヘクマティヤル元首相。推定兵力・三万人。主要構成民族・パシュトゥン人。基盤地域・東部（チャールアシヤーブ、サロービー）。特徴・スンニー派。党内主要人物・クトゥブッディン・

ジャリール（ヘクマティヤルの女婿）、マンガル・フサイン報道官。
⑦イスラーム国民運動党（Junbish-e Milli）。党首・アブドゥッラシード・ドストム将軍。推定兵力・五万人。主要構成民族・ウズベク人、トゥルクマン人、ハザーラ人。基盤地域・北部（マザリシャリフ）。特徴・旧共産主義勢力の民兵集団が一九九二年三月にムジャヒディン側に転向。党内主要人物・マジード将軍、マリク将軍、パーインダ・ムハンマド司令官。ナデーリー（イスマイル派代表）。
⑧統一党マザリ派（Hizb-e Wahdat）。党首・マザリ。推定兵力・一万人。主要構成民族・ハザーラ人。基盤地域・中部（バーミヤン）、中南部（ガズニー）。特徴・シーア派。党内主要人物・アーヤートゥッラー・ファズル、タリブ報道官。

三、中道派
⑨イスラーム革命運動党（Harkat-e Inqilab-e Islami）。党首・マウラヴィー・ムハンマド・ナビー・ムハンマディー（一九二一年生まれ）。推定兵力・四万人。主要構成民族・パシュトゥン人。基盤地域・南部（カンダハール）、南東部（ガズニー、パクティア）。特徴・スンニー派。党内主要人物・アブドゥル・ハキーム。
⑩イスラーム国民戦線（Mahaz-e Milli）。党首・ピール・サイヤド・アフマド・ギラニ（一九三二年生まれ）。推定兵力・五〇〇〇人。主要構成民族・パシュトゥン人。基盤地域・南部（カンダハール）。特徴・スンニー派・カーディリーア。国王復権派。党内主要人物・ワルダク、シャフィーク・グル・アーガー。
⑪民族救国戦線（Nijat-e Milli）。党首・スィブガトゥッラー・ムジャディディ元大統領。推定兵力・五〇〇〇人。主要構成民族・パシュトゥン人。基盤地域・南部（カンダハール）、東部。特徴・スンニー派。党内主要人物・ワリー・ナザル。

ニ政府とパキスタン政府の関係を悪化させた。

四月、国連はチュニジアの元外相マフムード・メスティリを特使に派遣し、「アフガニスタン・パキスタン国連事務総長事務所（ＯＳＧＡＰ）」としてパキスタンに事務所を置いた。メスティリは調停の一環としてザーヒル・シャー元国王と会見したが、国王復権を拒むムジャヒディンの反発を招いた。

ラバニ大統領は六月に、今後シューラ（評議会）やローヤ・ジルガ（国民大会議）で次期大統領を選出すると発表したが、ヘクマティヤル派はこれを拒否し、ヘクマティヤル派、ドストム派、ムジャディディ派、統一党の四党で「アフガニスタン・イスラーム革命最高調整評議会」を結成、評議会議長にムジャディディが就任して政治的・軍事的共闘を明確にした。一方ラバニ大統領は、次期政権を担う正当な「受け皿（メカニズム）」がないとして、六ヶ月の大統領の任期延長を表明し、最高裁判所の決定で更新された。

戦況は一進一退を繰り返したが、八月になってシーア派統一党内部で分裂抗争が始まり、九月だけで四〇〇〇人が死亡、一〇〇〇人が負傷した。戦闘の末、統一党は親ヘクマティヤル派のマザリ党首派と、ラバニ派に転向したアクバリー党首派に分裂した。こうして内戦は、ラバニ派対ヘクマティヤル派・ドストム派の間で繰り広げられ、小規模のグループがそれぞれに参加した。

グループの合従連衡

その後展開される内戦によって国土は焦土と化すが、ムジャヒディン・グループの合従連衡が、和平に大きな障害となった。各派はいずれもアフガニスタンにおけるイスラーム国家樹立を目的としたが、いくつかの原因によって、離合集散を繰り返した。

その第一の要因は、イスラーム体制確立の方法である。たとえば、ラバニ派は西欧の国家システムを採用しながら、対話によるイスラーム体制を実現しようとする「穏健」路線を執ったが、ヘクマティヤル派は、武力行使を辞さない「強硬」路線を主張した。

第二の要因は、宗派の問題である。ラバニ派と共闘中のサヤーフ派は、シーア派の存在を否定するスンニー派の強硬派であり、シーア派組織統一党と激しく対立した。

第三の要因は民族的な対立である。ムジャヒディン各派は国内いずれかの民族を主流とし、各民族の利害を反映する方針を出していた。それは新政権下で総選挙が実施されると、構成民族の比率が議席数に大きく影響するためだった。

第四の要因は周辺諸国の干渉である。ロシアや中央アジア諸国は、ムスリム過激派や強硬なイスラーム復興運動の拡大を懸念して穏健派のラバニ派やドストム派を支援した。またタジキスタンやウズベキスタンは、ラバニ派がタジク人主体で、ドストム派がウズベク人主体という民族的な背景で各派を支援した。パキスタンは、自国にパシュトゥン人を抱える事情からヘクマティヤル派を育て、同派による親パキスタン政府樹立を望んでいた。インドは「敵（パキスタンとヘクマティヤル）の敵（ラバニ）は味方」という理由で、ラバニ派を支援した。イランは、シーア派が国教という宗教的背景からハザーラ人勢力を支援し、シーア派勢力のほとんどがイランで誕生した経緯を持つが、後にスンニー強硬派のタリバンに対抗してラバニ派も支援するようになる。そこには、ラバニ派を構成するタジク人がペルシア語と同じダリー語を話すという文化的共通性も背景にあった。

第五の要因は、グループの指導者間の感情的対立である。先に述べたように、特にマスード司令官とヘクマティヤルとの間の不信感は払拭されることのないものだった。

だがいずれの対立も、状況に応じて解消される場合が多かった。その最たる例は、のちの反タリバン「北部同盟」結成だろう。同盟を結べたのなら、なぜ内戦を続けたのか。「昨日の敵は今日の友」。離合集散を繰り返すアフガニスタンでは、この言葉そのままの出来事が立て続けに発生した。

内戦の爪痕

カブール市郊外、カブール大学近郊で、地雷撤去担当官が、ひと気のない道路に立って声を張り上げる。道路の二〇〇メートルほど先の廃墟となった瓦礫に目を凝らす。廃墟のほとんどが、一九九四年以降の内戦によるものだ。その廃墟の下には無数の地雷が埋まっている。

カブール市内での地雷撤去作業。

数秒後、聞いたことのない地鳴りと共に瓦礫が飛び、砂埃が立った。昨日発見した数個の地雷を爆発させたのだ。あれほどの爆音だったのになぜか音のない気がした。砂埃は薄まって青い空の高みに消えていく。耳の中では爆音と震動だけが余韻を残して唸っていた。

「地雷犬」を使い、たった一つの地雷を探すのに数時間を費やすが、この国には約一〇〇〇万個の地雷が埋められているという。このまま地雷を撤去しつづけるのか、と筆者は暗澹たる気持ちになった。

地雷は卑怯な武器である。ここには人命を奪ったり、戦車を跡形もなく破壊する地雷はない。それはペン型であったり、羽子板の羽根の形であったりして、人の関心を引き、触れた者の指や腕、足だけを飛ばす。戦車も一部が破損するだけである。だが戦意を喪失させるには十分なのだ。兵

左下の地雷の撤去作業。

士一〇人のうち一人が死亡すれば残りは九人だが、負傷兵の場合、傷兵を運ぶため二人が必要となり、兵力は七人に減るのである。地雷には様々な形状・目的があり、対人地雷は人間の体重を感じて爆発するため、体重が軽く、嗅覚の鋭い地雷犬を用いて撤去作業が行なわれる。犬が一日を費やして嗅ぎ回ることのできるのは、数平方メートル四方だ、と地雷撤去班は説明した。

国連による対アフガニスタン復興支援は、「国連対アフガニスタン人道支援調整官事務所（UNOCHA）」に拠出された各国からの支援金を、地雷撤去、食糧援助、難民自主帰還プロジェクト、避難民支援など様々な方面に振り分ける。「貰い癖」をつけず、自立性を養うため、地雷撤去作業をアフガニスタン人にも一定期間研修させ、その後はアフガニスタン人にも作業を任せる。食糧援助も、世界食糧計画（WFP）は小麦を与え、アフガニスタン人にパンを焼かせた。また地雷の被害を抑えるため、地雷の知識を広める活動も行なっている。なぜなら、一九九四年当時は、連日数十名規模で地雷の犠牲者が出ていたからであり、住民が、国連事務所に不発弾や地雷を持ち込んで大騒ぎになったことがあったからである。加えて、医療施設も不十分なため、日本のNGOの中には、地雷による重傷者を茨城県下の病院で治療し、その後ペシャワル市内でリハビリを施す活動を行なうものもある。

地雷での負傷者を抱えるペシャワルの病院を訪ねると、入院先のベッドに横たわる被災者たちは、兵士も市民も皆一様に虚ろな視線を宙にさまよわせていた。ジャララバードやカンダハール、マザリシャリフの病院では、電気もなく薄暗い、音のない部屋の中、マットレスのないベッドの上で、文字通り死んだように眠る人びとの顔だけがわずかに動いていた。

地雷による被害が拡大する中で、内戦が継続するため、撤去作業は遅々として進まなかった。悪いことに、対ソ連戦争時にアメリカやソ連が提供したこれら大量の地雷を、ムジャヒディン各派が新たに埋設しているという、イタチごっこが続いていたのだ。

市民を無視した覇権を巡る内戦は続いた。やる瀬ない市民たちが、誰でもいいからこの内戦を止めて治安を回復してほしいと望んだことは想像に難くない。タリバンはそういう時期に誕生する。それはアフガニスタンにとって、必然であったといっていい。

パキスタンの難民たち

内戦の継続に伴い、アフガニスタンの市民は故郷をあとにして、様々な場所へと移動した。それらの人びとはいくつかの範疇に分けられる。

まず、八〇年代初めまでに国外、特にヨーロッパやアメリカなどに移住した人びとである。彼らは王族や閣僚、富裕層や知識層などで、海外に脱出できるだけの財力を持っていた。後にザーヒル・シャーを囲む「ローマ・グループ」を構成するのがこれらの人びとである。

次に、対ソ連戦争時にイランやパキスタンに移動した難民である。彼らの中には移動先で定住し、成功した者が少なくない。パキスタンのペシャワルやイスラマバードで両替商や絨毯屋、土産物屋、アフガニスタン料理店などを営み、豪邸を持つ者も多い。定収入を得る彼らは、家族や親戚をパキスタンに呼び寄せている。イスラマバードの「カラチ・カンパニー」と呼ばれる商業地区はアフガニスタン人で占められ、カブール行きのバスも発着している。

次に、内戦以降に移動した人びとである。彼らは一〇〇万人単位で流入したが定職もなく、難民キャンプで国連やNGOの援助を受けている。このように時代が下るほど、流入する難民は貧しくなる。

筆者はパキスタンに滞留する難民たちと交流する機会があった。彼らは、パキスタンで得た収入を持って夏の暑い盛りにアフガニスタンの冷涼な渓谷へとバスで一時帰国し、親戚に金銭を与えてはパキスタンに戻ってくるという、出稼ぎのような生活を送っていた。彼らは州境を超えるように、いともたやすく国境を超えていく。イスラマバードからカブールまで十数時間。時には一泊二日程度で往復し、故郷で採れた一メートル以上もの房の葡萄や桑の実を持ち帰り、土産にくれた友人もあった。

だが、パキスタン人にとってアフガニスタン人たちの「出稼ぎ」は面白くない。ただでさえ経済状況が悪く、就業率が高くない状況下にあって、アフガニスタン人が収入を持ち出す姿に反感を持つのは自然なことかもしれない。対ソ連戦争時、西側諸国から「対アフガニスタン難民支援」と称する莫大な支援を得ていたパキスタンは、難民をムスリムの同志として受け入れた。難民の存在は文字通り「ドル箱」だった。だがソ連軍が撤退し、難民支援援助の多くが打ち切られた中で、難民だけが居残り、経済的負担だけが残ったのである。しかもアフガニスタンからの密輸でパキスタン経済は逼迫《ひっぱく》し、麻薬や武器もパキスタンに流れ込んだ。難民の存在は一転して「お荷物」と化したのだ。そこで難民は、パキスタンの警察によりしばしば摘発を受けた。難民認定証を不携帯の場合、多くは「罰金」を科せられた。

このような背景から、難民たちは定収入を得、定住しながらも、常に故郷とのつながりを忘れておらず、パキスタンへの帰属意識は極めて低い。同様に、パキスタン人も難民達に対し、一日も早く帰国してほしいと望んでいるという不幸な状況が続いている。

避難民の生活

パキスタンなど国外へ流出した「難民（refugee）」と異なり、戦乱地を離れ、アフガニスタン国内の避難民キャンプに移動した人びとがいる。彼らは「国内避難民（IDP——Internal Displaced Person）」と呼ばれた。彼らの多くはアフガニスタン東部のジャララバード郊外二〇キロにあるサルシャヒ・キャンプや、北部マザリシャリフ郊外のキャンプなどでのテント生活を余儀なくされている。彼らは家族単位で一張のテントに住み、国連やNGOから支給される食糧や燃料、水などを頼りに生活している。

ジャララバード市郊外のサルシャーヒー避難キャンプ。

筆者は何度かこれらのキャンプを訪問した。サルシャヒ・キャンプは、二〇万人ほどが住むが、気温四〇度の炎天下で、テント生活の困難さが伝わった。遥か遠くにかすむヒンドゥー・クシュ山脈の、万年雪のかかった白い尾根が恨めしい。酷暑期、水質が悪化して下痢などの疾病が流行するため、衛生面に配慮しなければならない時期だという話だった。

「だが不思議なことは」と国連難民高等弁務官事務所の職員が説明してくれた。

「彼らは、配給される僅かの飲み水を残し、その水を使って周辺の土を固め、テントを囲う壁を作ったり、花を植えたりするのです」

その光景は、北部の避難民キャンプでも見られた。

そういえばカブールやジャララバード、カンダハールを訪問すると、街路樹が生い茂っていた。燃料が不足しているのだから、切り倒せば、数日分程度の燃料にはなったはずなのに、である。街路樹は戦火の中でも切られることなく、青々と緑を保ちつづけたのだ。

「たしかに、キャンプでは盗難など犯罪も発生していますが、彼らの木々や花を愛で、家に囲いを構える感覚は、復興を支える者に大きな希望を与えるのです」と、職員は語った。

なお、避難民キャンプは郊外の土漠にあるが、市内やその周辺では小麦などの農耕が続けられ、緑の畑が連なっていた。アフガニスタンの内戦は、機関銃を持った兵士による市街戦ではなく、散発的に砲弾が打ち込まれるもので、非戦闘地域では、農業や牧畜による自給自足も成り立っていた。中には、麻薬栽培も行なわれているとのことだった。

7 タリバンの誕生（一九九四—九五）

タリバン時代の到来

一九九二年から二年以上にわたって続く内戦により、都市部のほとんどが荒廃し、無政府状態が続いた。そうした状況下、一九九四年秋に突如現われたのがタリバン（the Taliban）である。タリバンはみるみるうちに勢力を拡大し、二年後にはカブールを制圧、軍事力による全土制圧に乗り出した。

タリバンは治安回復を求める彼ら自身の要求と、政治的・経済的観点から彼らを支援する周辺国など外部の思惑が合致して急速に台頭した。

タリバンについてはパキスタンの関与など様々な憶測が流れ、極端な「イスラーム化」には批判がなされた。だが内戦に辟易した市民が、彼らを歓迎したことこそが勢力拡大の一因であり、タリバン支配地域で治安が回復したこともまた事実だった。だが「自警団」として登場したタリバンは、行政面での実績を挙げられぬまま内戦に奔走し、ミイラ取りがミイラとなって覇権争いに奔走していった。

隣国パキスタンの事情

一九九四年秋のタリバン出現には背景となる事情があった。それは隣国パキスタンにおける対アフガニスタン政策の変化と、アフガニスタン南部における治安回復を求める動きである。

パキスタンの対アフガニスタン政策を考える上で、同国とアフガニスタン両国の歴史が、決して良好な関係でなかったことは重要な意味を持つ。

パキスタン独立前の一九四〇年代からアフガニスタンとの国境に接する地域に住むパシュトゥン人が、パシュトゥン人国家樹立を目指す「パシュトゥニスタン運動」を展開し、これをアフガニスタンが支持した。運動はパキスタン独立直後の一九四八年にパキスタン政府によって弾圧を受けたが、六〇年代まで続いた。アフガニスタンは、一八九三年にアフガニスタンと英領インドの間で確定された国境線「デュランド・ライン」を認めず、パシュトゥニスタン運動を支持し続けたため、両国の関係は一九七六年の両国首脳の訪問に至るまで、決して良いものではなかった。このような経緯からパキスタンはアフガニスタンが、現在の国境線を脅かさないまま、パシュトゥン人による親パキスタン政権で安定することを望んでいた。それにより、パキスタン国内でのパシュトゥン分離運動にも歯止めがかけられると考えたのである。そこで、対ソ連戦争時よりパシュトゥン人勢力ヘクマティヤル派への支援を行なった。パキスタンの軍部や、宗教政党「イスラーム団体（Jama'at-e Islami）」がその窓口となった。

しかしヘクマティヤル派は覇権を掌握できないまま、内戦を続けていた。このため、パキスタン政府内部には、対アフガニスタン政策の練り直しを求める声が上がっていた。

軍部との対立で失脚したシャリフ首相に代わり一九九三年秋に発足したベーナズィール・ブットー政権は、軍部との良好な関係を構築した。ブットー政権はパシュトゥン人有力者のナスルッラー・ハーン・バーバルを、難民や宗教施設、国境警備隊を管轄する内務大臣に任命した。バーバルはベーナズィールの父ズルフィカール・アリー・ブットー政権の七〇年代、ムジャヒディン支援を担った人物だった。

ブットー連合政権はまた、「イスラーム・ウラマー党ファズルッラハマーン派（Jami'yat al-'Ulama-e Islam）」を参加させた。ウラマー党はスンニー派デーオバンド学派の宗教政党で、同学派のマドラサ（イスラーム学院）は、アフガニスタンとの国境に接するバローチスタン州や北西辺境州に散在する。これらは対ソ連戦争前にパキスタンの主導で設立され、「神の存在を否定する共産主義勢力の打倒は『ジハード』である」という教えを説いていた。タリバン結成時のメンバーは、このマドラサの出身だった。

このようにブットー政権は、対アフガニスタン政策に影響を持つ諸機関との関係を密にした政権として発足した。さらにパキスタンは、経済的な観点からも対アフガニスタン政策を見直す必要に迫られていた。厳しい経済状況にあったパキスタンは、中央アジア諸国との経済ルート開拓を目指していた。経済悪化の一要因には密輸問題があったが、それは対アフガニスタン政策と密接に関連していた。

一九六五年にパキスタンとアフガニスタンの間で締結された「アフガン通商条約」は、カラチ港に陸揚げされる内陸国アフガニスタン向けの輸出品には関税がかからないという内容だった。この条約の下、密輸業者は「アフガニスタン行き」を掲げて乗用車や電化製品等を関税なしにカラチに陸揚げし、これをパキスタン国内で売り捌いた。価格は市場に比べ破格の安値となり、密輸品専門のマーケットまでできて、正規の輸入業者に大きな痛手となっていた。ある報告では、一九九六〜九七年のパキスタンとアフガニスタン間の貿易額約二五億ドルのうち約八四パーセントが密輸だと報告されるように、密輸がパキスタン経済を圧迫していた。パキスタンでは、正規の経済ルートの開拓と、密輸阻止のため、アフガニスタンの安定が急務の課題となっていたのである。

カラチからの経済ルート開拓は貿易上の効果のみならず、世界第二位の天然ガスの埋蔵量を誇るトルクメニスタン（トルキスタン）からのガスパイプラインを敷設することにもつながっていた。

さらに内戦による治安悪化の影響もパキスタンに及んでいた。一九九三年、バローチスタン州内で中国人技師二名がアフガニスタン人の「山賊」ロケッチーに誘拐され、身代金を要求された。彼らは一九九四年四月にも、実弟の釈放を要求して州政府職員七人を誘拐していた。彼らは事件を起こしてはアフガニスタンに逃亡するため、パキスタンは逮捕できず、外国からの投資や援助に悪影響が出ていた。

アフガニスタン南部の事情

一方アフガニスタン南部においても、内戦や貿易に対する不満が充満していた。

南部には、多くのマドラサが点在する。対ソ連戦争を経験した兵士の中には、ムジャヒディン政権樹立後、これらのマドラサに戻ってイスラーム学を学ぶ者があった。だがその後のムジャヒディン諸派で繰り広げられる覇権争いと内戦に対し憂慮する動きが出ていた。

また、内戦の継続により、南部地域の治安は悪化する一方だった。先述のロケッチー同様に、対ソ連戦争後地元に戻った兵士が山賊と化し、暴行や略奪、誘拐を繰り返していた。なかには、パキスタンから中央アジアに向かうトラックを襲撃して物資を強奪したり、「通行料」と称して金品を巻き上げる者も出た。このため、パキスタンやアフガニスタンの貿易商の間では、中央アジアまでのルートを保障するために、治安回復を願う声が上がっていた。

このように、パキスタンとアフガニスタンの双方で内戦終結と治安回復を求める動きが起こっていた。両者の思惑や利害の一致が、タリバン結成の「空気」を作り上げていった。

トラック襲撃事件とタリバンの決起

一九九四年夏以降、パキスタンはタリバン決起を予測していたかと思われる行動に出た。八月末、パキスタンはクエッタで和平会合を開催した。それまでイスラマバードで開催されていた会合が突如クエッタに移ったことは、外交団には唐突に受け止められた。会合は十分な参加を得られぬまま終わった。

続く一〇月中旬、パキスタンのバーバル内相は、パキスタンに駐在する主要国大使を、クエッタからアフガニスタン南部を経由してトルクメニスタンにつながる経済ルート開拓と、アフガニスタン復興援助に関する視察旅行に招待した。内相は、カンダハールやヘラートで地元の有力者を大使一行に紹介し、内戦終結時にはこの経済ルートの安全が保障され、莫大な経済効果が見込めることを協調し、各国に復興支援を要請した。ラバニ政府は視察を内政干渉だとしてパキスタンに強く反発した。

視察旅行に続き、一〇月三〇日、バーバルは「ブットー首相から中央アジアの友人への贈り物」と銘打って、生活用品を積載したトラック三一台をクエッタからトルクメニスタンに向け発進させた。だがトラックは一一月一日、国境の町チャマンを過ぎてアフガニスタンに入った直後に山賊に襲撃された。トラック襲撃事件を受けて、南部のマドラサにいた二〇人ほどの学生達が決起し、四日に山賊を撃退、トラックを無事トルクメニスタンまで送り届けた。この「自警団」的な学生達は、九四年夏ごろから地元での暴行事件を憂慮し、治安回復を模索していたが、トラック襲撃事件がそのきっかけとなった。事件直後のパキスタンの報道機関は、この集団に呼称がなかったことから、学生であることを理由に、アラビア語の「学生、求道者」を意味する「タリブ」を英語の複数形風にした「Talibs」と紹介した。

国境地域を制圧した学生集団はひと月でカンダハール入りし、山賊一味を撃退すると、うち数名を処刑、町の中心部にその遺体を数日間曝した。カンダハール制圧と山賊への見せしめ的制裁は南部一帯に衝撃を与え、山賊や兵士達が次々と投降した。一二月の報道ではペルシア語複数形語尾をつけた「The Taliban」、「The Taliban Movement」という語が用いられ、これが定着した。結成当初二〇人ほどだったタリバンは一一月末には二〇〇〇人、数ヶ月で二万人にまで膨れ上がった。その多くは元兵士で、タリバンの掲げる治安回復に同調する者や、制裁を恐れて日和見的に投降、参加した元山賊などさまざまであった。タリバンは非武装化とタリバンへの参加を求め、抵抗する者に武力を行使した。一九九四年一二月の国連人権侵害状況調査の中間報告書は、タリバンがイスラーム法に基づいた処罰（死刑、仇討ち、手足の切断等）

を実施していると報告している。断固たる態度に、多くが戦闘をしないままタリバンに加わったが、タリバンが、治安回復以外には政治的目標を掲げなかったことから、「世直しのために決起した無欲な学生」という好印象で迎えられたことも、急速に台頭する要因だった。

タリバンがトラックを救出した時点では、ムジャヒディン各派はタリバンに関しコメントすら出さなかった。それはタリバンが南部一帯を制圧するほどの勢力になるとは予想もしていなかったからだった。

だがタリバンがほどなくカンダハールを制圧すると、ラバニ派とヘクマティヤル派は個別に対応策を進めた。ラバニ派はヘクマティヤル派を北（ラバニ）と南（タリバン）で挟み撃ちできると考え、共闘を申し入れた。ヘクマティヤル派もタリバンにパシュトゥン人として結束を呼びかけたが、タリバンは内戦を継続するいずれとも協調しないと提案を断った。

タリバンの支援者パキスタン

対ソ連戦争時代に戦争の経験があったとはいえ、二〇人で決起したタリバンが短期間に勢力を拡大し、その規模を維持するには、相当の兵站《へいたん》が必要となる。そこで結成直後より、タリバンの支援者が誰かを探る報道が多く出た。

その中で最も報じられたのが、隣国パキスタンによるタリバン支援である。一時は、タリバン結成について、アフガニスタンの安定と中央アジアとの経済ルート開拓を計画したアメリカとサウジアラビアが資金援助し、パキスタンが指揮したと言われた。それは、パキスタンの対アフガニスタン政策が転換期を迎えていたこと、経済ルート開拓に関心が高まっていたこと、タリバン結成メンバーがデーオバンド学派のマドラサに所属していたこと、クエッタでの和平会合に続き、アフガニスタン視察旅行とトラック派遣という「前兆」ともいえる出来事があったことなどが理由とされた。

このような報道に対し、パキスタンはタリバンへの関与を否定した。だが一九九五年一月、バーバル内相が、パキスタンの公共機関をアフガニスタン国内に設置する復興案を提示し、「タリバンは我々の子供だ」と発言したため、タリバン関与の疑いは濃厚となった。当時タリバンに関する冗談として、タリバンの所持する携帯電話がラホールの市外局番でつながるという話が流れた。技術的に不可能なその話がまことしやかに囁かれたのは、パキスタンのタリバン支援が真実味を帯びていたためであった。

パキスタンがタリバン結成にどの程度関与したかははっきりしない。タリバン結成後の数ヶ月間、多くの難民がタリバンに参加するべくバスに乗り込む姿が報じられた。国境封鎖中のパキスタン内務省は難民による自主帰還を歓迎すると述べて、タリバンの勢力拡大を静観した。パキスタンが利害の一致するタリバンを支援することに何ら不思議はなく、人道支援としてタリバン支配地域への食糧や燃料の支援という事実上の兵站支援を行なった。この「人道支援」がラバニ派には全くなく、タリバンのみであったため、ラバニ派は国連総会などで折に触れてパキスタンのタリバンへの支援を非難した。

創設者ウマル

一九九五年に入るとタリバンは首都制圧に向けて進軍した。この頃漸く、タリバンに関する断片的情報が報道された。なかでも創設者ムッラー・ムハンマド・ウマルについては様々な情報が飛び交った。

ウマルはパシュトゥン人である。生誕地はカンダハール州ノデ村とも、ウルズガン州とも言われる。生年は一九六〇年前後で、デーオバンド系マドラサで教育を受けていた時に対ソ連戦争が始まり、マドラサと同じ学派のユーノス・ハリス派に入り、ネーク・ムハンマド指揮官の下で戦闘に参加したが、右目を失明後は南部のマドラサに身を置いた。ある日ウマルの夢に預言者ムハンマドが三度現われ、武装決起を命じた上に、預言者がウマルに味方すると告げたという経験をした。夢見の真偽はともかく、ウマルは一九九四年の春以降、マドラサの友人達と治安回復方法を模索していたという。

周囲はウマルを「ムッラー（物知り）」、「アミールッムーミニーン（信者の長、カリフの尊称）」と呼んだが、彼はマドラサでの教育を終えておらず、そう呼ばれることを好んでいなかったと言われる。

タリバンの席捲

結成して数ヶ月で二万人ほどの勢力になったタリバンは、一九九四年の末までに南部各地を制圧し、一九九五年に入ると首都に向かって進軍した。

この時期国連は、一九九五年三月までに暫定政権の構成員を確定し、ラバニ派からの政権移譲を計画した。だがこの構成員にはタリバンは含まれなかった。一九九五年初めの時点で、国連はタリバンを正当な党として認めていなかった。国連案の新政権の閣僚に国王時代の閣僚が含まれ、ムジャヒディン勢力があまり含まれなかったため、各派は同案を一蹴した。このときタリバンは、「アフガニスタンの破壊者（ムジャヒディン勢力）で構成される暫定政権は『非イスラーム的』である」として、同案を批判した。

北進するタリバンと最初に交戦したのは、カブールの南二〇キロのチャールアシヤブ市を拠点に首都への攻撃を続けていたヘクマティヤル派だった。ヘクマティヤル派は、タリバンに対しパシュトゥン人という民族的共通性で共闘を申し入れたが、タリバンは、内戦に参加するヘクマティヤル派の駆逐を宣言した。ヘクマティヤル派は抵抗を見せたが、二月、北をラバニ派、南をタリバンに挟まれて不利になり、一三日にチャールアシヤブをタリバンに明け渡した。一時は死亡説が流れたヘクマティヤルはカブールの東のサロビに移動した。ヘクマティヤル派は壊滅的打撃を受け、軍事的に無力化した。ラバニ派が攻略できなかったヘクマティヤル派を短期間で排除した上、チャールアシヤブにあった同派保有の武器庫を制圧したことは、タリバンが軍事バランスの上で大きな存在となったことを示すのに十分だった。武器庫は対ソ連戦争時代からの豊富な武器を保管していた。

カブールの南二〇キロに達したタリバンは、首都地域で内戦を続けていたラバニ派、サヤーフ派、統一党に対し、非武装化と投降、カブール明け渡しを要求した。ラバニ派はカブール南西部のハザーラ人居住区にいた統一党を攻撃した。それには、シーア派を排除するデーオバンド系のタリバンに歩み寄る目論みがあった。ラバニ派とタリバンに挟撃された統一党は混乱状態となった。三月、統一党はタリバンに対し、支配地域の明け渡しを条件に、撤退路確保を要求した。この条件に基づき、タリバンは続々とカブール南西部地域に進軍した。

カブール南西部に統一党とタリバンが集まると、完全非武装化を求めるタリバンと統一党兵士の間で衝突が発生した。この機会を捉え、マスード司令官は総攻撃を仕掛けた。統一党とタリバンはカブールから完全に撤退した。この戦闘は、結成後、大きな戦闘を経験せずに支配地域を拡大してきたタリバンが初めて喫した敗北であり、マスードの戦術がタリバンに勝ったという印象を与えた。

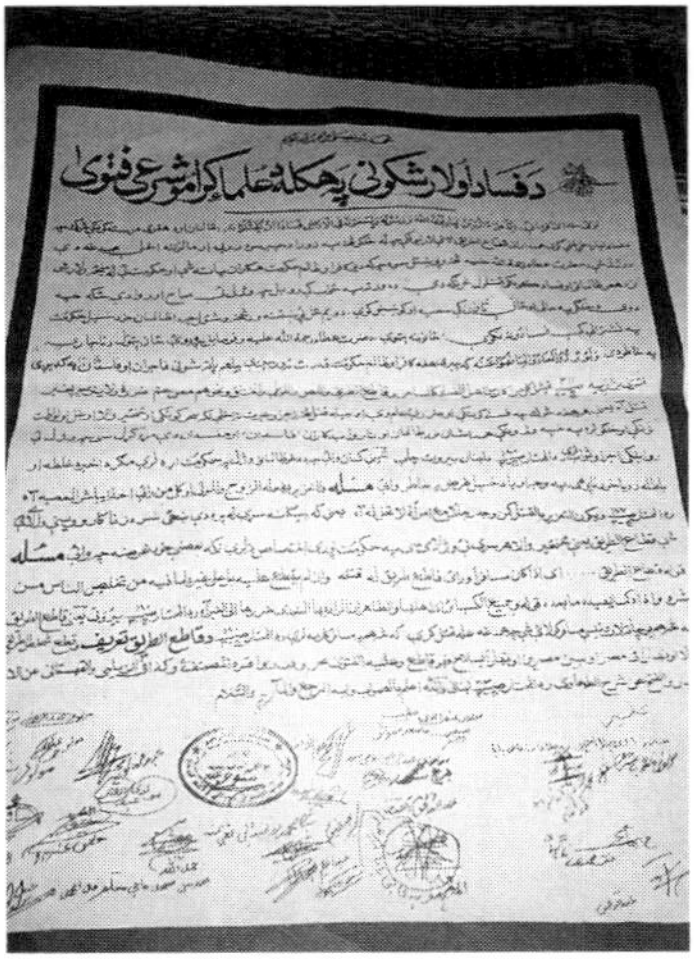
パシュトー語で書かれたタリバンへの参加を募るファトワー。

一一日、カブール南西部を撤退したタリバンは、統一党党首マザリとその側近数名を拘束し、ヘリコプターでカンダハールに向け移送していたが、途中で墜落事故を起こし、マザリ党首を含む乗員全員が死亡した。後戦闘で敗北し、党首を失った統一党は弱体化した。マザリ氏の遺継者にカリーム・ハリリ党首を選出し、マザリシャリフにあるシーア派初代イマームのアリーを祀る廟で弔った。

マザリ党首殺害と統一党の弱体化に警戒したのはイ

ランだった。シーア派を国教とするイランはスンニー派の強硬派デーオバンド学派の影響を受けたタリバンの台頭を危惧し、短期間の勢力拡大をアメリカやサウジアラビア、パキスタンの支援によると批判した。それまでヘクマティヤル派や統一党を支援していたイランは、反タリバンのラバニ派との関係を深め、同派への支援を開始した。

周辺諸国による「小規模の冷戦」

軍事力が政治的優位を裏づける状況にあって、ラバニ派の優位が決定づけられた。一九九五年三月末、イスラマバードでのECOサミットにはラバニが元首として出席した。五月には周辺諸国がラバニ政府の承認を行い、カブールに大使館を再開させた。インドはパキスタンのタリバン支援に対抗してラバニ派への支援を行なった。デリーとカブール間を就航するアフガニスタンのアリアナ航空便で医薬品等の供与のほか、紙幣の印刷、技師の派遣など支援は多岐に及んだ。五月中旬にインドはラバニ政府を承認した。インドに続きイラン、トルコもラバニ政府を承認し、タジキスタンやロシアもラバニ政府との接触を開始した。ロシアやタジキスタンは、タジキスタンの内戦や中央アジア地域におけるイスラーム復興運動の拡大を懸念しており、タリバンのイスラーム復興運動を警戒していた。しかも、ラバニ派の主流がタジク人のため、タジキスタン反政府運動勢力との仲介役と考えていた。

周辺国の状況から、パキスタンもラバニ政府を承認し、大使館を再開した。パキスタンのデーオバンド系政党ウラマー党がラバニ派とタリバンの仲介に立ち、戦争捕虜を交換させた。ラバニ政府の安定で難民や避難民は自主帰還を開始し、カブールは元の活気を取り戻しつつあった。

国連の和平工作は中断されていたが、六月にストックホルムで国連開発計画（UNDP）後援の非公式会合が開かれた。会合でメスティリ特使は、ラバニ政府が主要五都市（カブール、ジャララバード、ヘラート、カンダハール、マザリシャリフ）のうちカブールとヘラートしか支配できておらず、政権の正当性に疑問があると発言し、ラバニ政府はこれに反発した。

また六月末、パキスタンはザーヒル・シャー元国王の従兄弟で娘婿でもあるワリー元将軍を公賓待遇で招待した。ワリーは元国王の復帰計画を発表、国王を中心にしたローヤ・ジルガ（国民大会議）開催を提案した。元国王支持派は同案を歓迎したが、ムジャヒディン各派は彼のアフガニスタン入国を拒否し、ワリー元将軍の和平工作は成果を上げなかった。ワリー元将軍の訪問でラバニ政府に代わる国王復帰案をパキスタンが支持したこととなった。さらに八月、パキスタンがドストム将軍にマザリシャリフ空港の整備を申し出たため、ラバニ政府は、中央政府を通さない、ドストム派への直接交渉は不適切と非難し、ラバニ政府とパキスタン政府の間には新たな亀裂が生じた。

ラバニ政府への支援が明らかとなったのは、ロシアによる武器支援問題だった。八月、ロシアの輸送機がタタリスタンからアラブ首長国連邦を経由し、カブールに向けて武器を輸送中に、タリバンによってカンダハール空港に強制着陸させられた。タリバンはロシア人乗員七名の身柄と共に武器を押収し、ロシアによるラバニ派支援を非難した。ロシア政府は、武器はラバニ政府への商行為と反論し、代表団をカンダハールに派遣して乗員の釈放交渉に臨んだが、タリバンはロシアの要求を拒否した。乗務員は約一年後の一九九六年八月、点検と偽って機内に乗り込み、そのままロシアへ脱出した。この事件については、第三者がタリバンにロシア機の情報を流したのではとの憶測が流れた。

イランのボルジェルディ外務次官は八月にパキスタン入りし、イラン政府がラバニ政府との経済合同委員会設立に合意したと報告した。これは、パキスタンへの牽制だと報じられた。このように、周辺諸国は自国の利益に鑑みてアフガニスタン各派への支援を行なったため、「小規模の冷戦」と批判された。

ラバニ政府とパキスタン政府の断絶

一九九五年八月末、ラバニ派でヘラート州知事イスマイル・ハーンの軍隊がカンダハールの一〇〇キロ西にまで進軍したが情勢は急転し、タリバンが九月に南西部シンダンド空港を制圧、五日にはヘラートを陥落させた。イスマイルは逃亡してイランの庇護下に入った。西部の覇権を失ったことはラバニ派には痛手となった。形勢逆転の背景には、イスマイル知事軍の内部分裂や、ドストム派によるヘラート空港への空爆があった。ドストム派はタリバンとの共闘を計画し、八月にはカンダハール空港の整備に技師を派遣するなど、タリバンとの接触を試みていた。

ラバニ大統領はイスマイル知事を解任し、ヘラート陥落にはパキスタンによるタリバンへの軍事支援があったとしてパキスタンを強く非難した。カブール市民数千人はパキスタン大使館を襲撃、現地職員一名が死亡、大使以下数名が負傷する事態を招いて大使館は閉鎖された。パキスタンは事件前の警備強化要請にもかかわらず、対応策を講じなかったとしてラバニ政府に謝罪を要求した。さらに首都の治安を維持できないラバニ政府の正当性には問題があると述べた。

ラバニ政府はパキスタン大使館からの発砲が発端であり、パキスタン政府が謝罪すべきだと批判した。パキスタンは、ラバニ政府が謝罪するまで大使館を再開させないとし、真っ向から対立した。パキスタンはラバニ政府を「政府（government）」でなく「派閥（faction）」と呼んで政府承認を撤回した。こうしてラバニ政府とパキスタン政府は、一九九四年のバスジャック事件以降最悪の関係に至った。

ラバニ政府との事実上の断交により、パキスタン政府は臨時代理大使を含む一三人の外交官等に国外退去命令を出し、一〇月にはラバニ派政治顧問マスード・ハリリの国外退去処分も決定した。

ハリリはパシュトゥン人で、著名な詩人の家庭に生まれた。対ソ連戦争に参加し、その後パキスタンに移った。イスラマバード郊外に住まいを構えたが、一度誘拐された時、彼はパキスタン軍の仕業だと憤慨

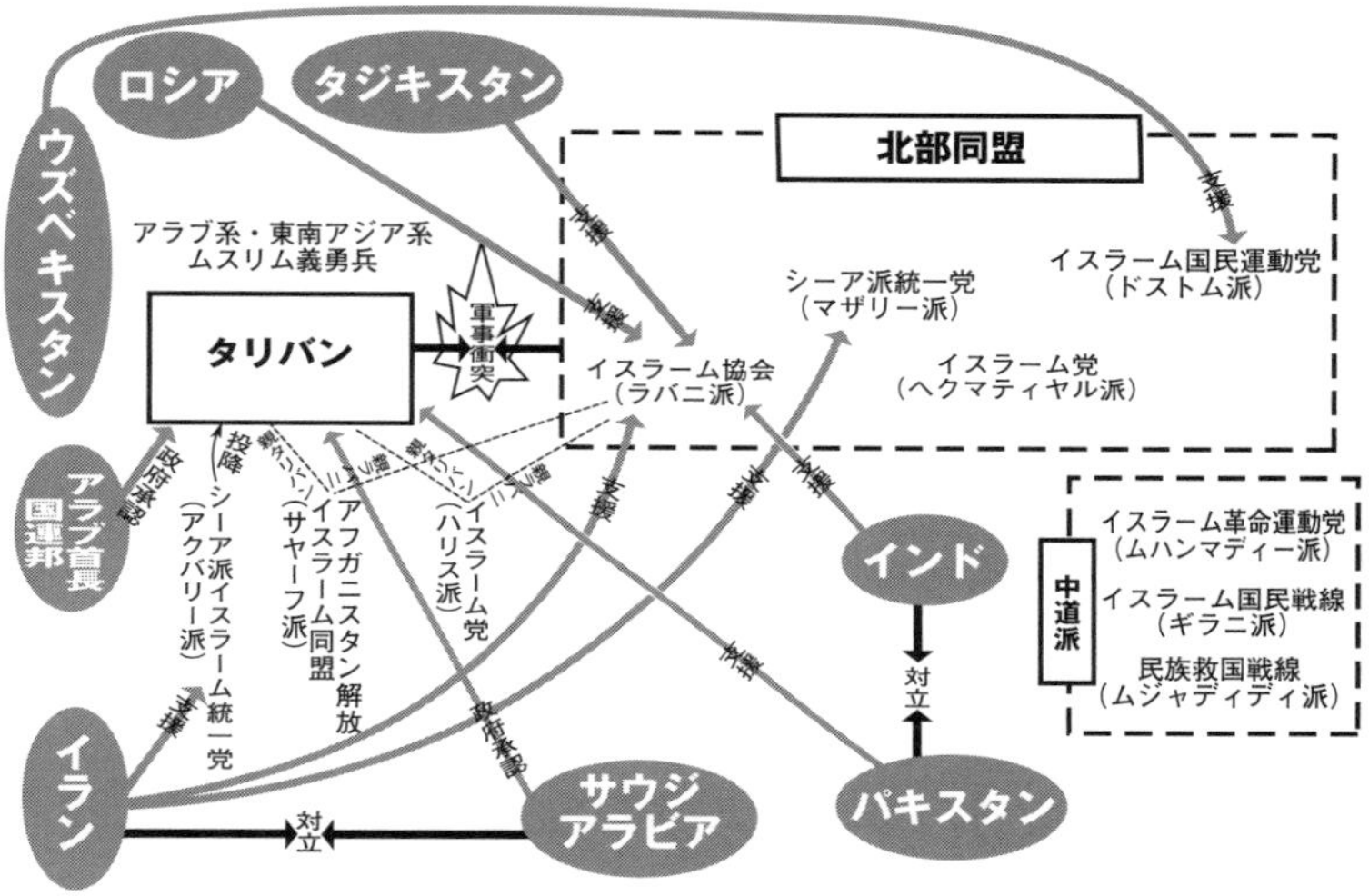

アフガニスタンの内部抗争と諸外国の関係3

していた。ハリリの国外追放処分に対し、ラバニ政府は一九九六年一月に彼を在インド大使に任命した。彼はパキスタン政府や軍関係者と会っていたため、インドは彼を通してパキスタン政府の詳細な内部事情を入手したといわれ、パキスタンにとっては外交上の失点だと言われた。国連総会ではラバニ政府とパキスタン政府の間で激しい応酬がなされた。

一九九六年一月、イランのヴェラヤティー外相がパキスタンを訪問し、ラバニ政府を正当な政権だと発言した。これに対しブットー首相は二月のイラン訪問時に、パキスタンとイランはアフガニスタン問題解決という基本的立場を共有するが、グループ支援には相違があると述べ、政策の違いを認めた。

各派・各国の交渉再開

戦闘が小康状態になった一九九五年一〇月、ラバニ派は国連が提示した二八名から成る暫定評議会への権力委譲を受け入れたが、評議会構成員がラバニ派で占められていたため、ヘクマティヤル派などの反ラバニ派で構成される最高調整評議会が拒否した。

一二月のテヘランでの交渉についてヘクマティヤル派が最高調整評議会に報告しなかったため、同評議会のムジャディディ派が一時脱会する混乱が生じた。ヘクマティヤル派はその後も水面下でラバニ派との交渉を続けた。タリバンが最高調整評議会との連合を拒否したため、ラバニとの関係修復の必要性を感じていた。

ラバニ政府はサヤーフ党首をパキスタンに派遣し、大使館襲撃事件の補償交渉を行なった。交渉の末、一九九六年五月、ラバニ政府が謝罪し、大使館代替地提供等の条件を受諾した。ラバニ政府がパキスタンとの対話を再開すると、ヘクマティヤル派もラバニ派と交渉を再開した。共闘にはマスード司令官が反対したが、ヘラート陥落による軍事的危機感は共闘案を選ばせた。七月六日、ラバニ大統領はヘクマティヤルを首相に任命し、国防相、蔵相をヘクマティヤル派が担当することとなった。ヘクマティヤル派の単独行動の結果、最高調整評議会は分裂し、残党のドストム派、ムジャディディ派、ハリリ派は、親国王派のギラニ派を加えて「アフガニスタン母国救済最高評議会」を結成した。ドストム派はラバニ派との交渉を続け、八月には停戦合意を取りつけた。なお国連のメスティリ特使は五月末に辞任し、後任にはドイツ人外交官ノルベルト・ホルが七月に着任した。

タリバンの東部制圧とウサマ・ビン・ラディンのアフガニスタン入り

一九九六年八月末、タリバンはカブールの東ジャララバードへの攻略を始めた。

ジャララバードはパキスタンとカブールを結ぶ要衝で、タリバンはハリス派のカディル市長に対し非武装化と明け渡しを要求したが、カディルが拒否し、ジャララバードは騒然とした。ハリス派はパシュトゥン人主体で、かつてタリバンの中核メンバーが所属していたため、タリバンへの同調者が出て、ハリス派は分裂、ジャララバードは戦闘のないままタリバンの手に帰した。

1994年夏、タリバン誕生直前

1996年末、タリバンのカブール制圧直後

各派の支配地域の変遷

ジャララバード陥落でタリバンはカブールの南部や西部のみならず東部からも進軍が可能となった。タリバンは東部を次々と制圧し、ヘクマティヤル派が支配するサロビ市も九月二四日に陥落させた。

タリバンが東部を制圧した頃、アラブ系ムスリム過激派のウサマ・ビン・ラディンがジャララバードに入った。ビン・ラディンはサウジアラビアの王室と接近して巨大な富を築いた建設業者を父に持つアラブ人で、八〇年代に対ソ連戦争参加のためアフガニスタン入りした。ソ連軍撤退後の一九八九年にサウジアラビアに戻るが、一九九〇年の湾岸戦争で、アメリカがサウジアラビアに駐屯してイラクを攻撃したことが、異教徒によるイスラムの聖地（サウジアラビア）の占領だとして怒りを覚え、反米テロに傾倒した。「アル・カーイダ」というグループを編成、反米・反ユダヤのジハードを展開した。

一九九一年にスーダンに亡命したビン・ラディンはその後発生するアメリカやアフリカ、サウジアラビアでの数々の反米テロ事件に資金調達などで関与したと噂された。一九九二年のソマリアでのＰＫＯ活動中の米兵に向けた攻撃や、一九九三年のニューヨークの世界貿易センタービル爆破事件、九五年のリヤドでの爆破事件などに関与したとして、アメリカやサウジアラビアはビン・ラディンの身柄拘束を望んでいた。

そのビン・ラディンが一九九六年夏にスーダンを出てアフガニスタンに入った。彼を受け入れたのはジャララバードを支配していたハリス派だったが、タリバンが同地域を制圧したため、タリバンはビン・ラディンとここで初めて接触した。当時タリバンにはアラブ系義勇兵も参加しており、ビン・ラディンにも支配地域での居住を許可した。一二月、ビン・ラディンがタリバンの庇護下にあると報道され、アメリカやサウジアラビアはその動向に注目した。

カブール陥落

東西南の三方を固めたタリバンはカブールに軍を進めた。ラバニ派の軍勢はカブールの東一五キロ地点のプルチャルヒ刑務所近郊でタリバンと激しい戦火を交えたが、ラバニ派の兵士の中には、タリバンに投降する者が続出し、ラバニ派は追い詰められた。

戦況が不利であると察知したマスード司令官は、これ以上の犠牲は回避すべきとの結論に達し、一九九六年九月二六日、ラバニ大統領をはじめ皆がカブールを脱出、北東部へと移動した。ラバニ派がカブールを脱した日の夜、タリバン兵士が首都に無血入城した。九月二七日、タリバンは首都カブールを陥落させた。

タリバンのウマル代表は二七日、暫定政権樹立を宣言し、国家暫定統治評議会による政権担当を表明した。この評議会の構成員は、ムハンマド・ラバニ議長の他、ムッラー・ムハンマド・ハサン、ムッラー・ムハンマド・ガウス、ムッラー・サイイド・ギヤースッディーン（ラバニ大統領と同郷の北東部バダフシャン州出身のタジク人）、ムッラー・ファズル・ムハンマド（カブールの治安担当、パシュトゥン人）、ムッラー・アブドゥッラザーク（軍事担当、カンダハール出身のパシュトゥン人でかつて対ソ連戦争時ハリス派で従軍）であった。

タリバンはカブールの国連事務所に約四年半匿われていたナジブラ元大統領とその弟アフマドザイの処刑を執行し、遺体を交差点に三日間曝した。国連の発表では、カブール陥落直前、国連事務所の守衛が逃走したため、ナジブラの警護が不可能になった。ラバニ政府のファヒーム内務相がナジブラに脱出を勧めたが、彼はタリバンが同じパシュトゥン人だから国外退去処分になるとの楽観的な観測を示したという。タリバンは彼を「多数のアフガニスタン国民を殺害した共産主義者」として銃殺した。

暫定統治評議会は二七日のうちにカブール市内におけるイスラーム刑法導入を発表した。だが審理なしのナジブラ処刑や「イスラム化」による女性隔離政策に加え、医療機関での看護婦の勤務を禁止し、報道陣の写真撮影を禁じた上にカブール市内の成人男性に対し預言者ムハンマドの慣行に基づいて顎鬚を蓄えるよう命じたことなどは、タリバンは「人権や民意を無視した頑迷なイスラム過激グループ」という印象を与えた。ナジブラの遺体の写真が新聞に掲載されると、タリバンの暴力的なイメージは増幅した。またタリバンのカブール侵攻時、国連難民高等弁務官事務所の職員四名が拘束され、女子職員の活動が制限されたことから、カブールへの食糧援助が見合わされるなど、国連諸機関とタリバンの間で対立が生じた。この時期、カブールから約四万人の市民が難民となってパキスタンに脱出した。

翌二八日、暫定統治評議会は第一回会議を招集し、カブール市内の治安回復、市民の人命及び名誉の保持、電力供給の復活、公共サービスの回復、カブール及び同市の北約六〇キロにあるバグラムの二空港の民間への開放を決定した。また軍事面についてはラバニ派征伐を掲げ、北部への進軍を決めた。タリバンはまた、政権樹立に伴い、国際社会の認知を得るために、ハミード・カルザイ前外務次官を国連大使に任命する予定だと発表した。

タリバン「政府」への反応

タリバンによる暫定統治評議会樹立に対し、各国は一斉にコメントを寄せた。

アメリカは九月二七日、アフガニスタン国民の権利を尊重する意志の表れと歓迎し、新国家を正式政権として承認、国交回復等に臨む可能性を示唆した。パキスタンも二九日には代表団がカブールを訪問した。カブールにはパキスタンから食糧や燃料が届き、ガソリンもラバニ時代の半額になった。この時点でアメリカは、ビン・ラディンが潜伏中との情報は得ていながらも、タリバンとの関係を把握していなかったか、交渉次第で、ビン・ラディンの身柄拘束が可能だと考えていたと思われる。

パキスタンは積極的な外交を展開した。バーバル内相がアフガニスタン各地を訪問し、レガリ大統領はウズベキスタンやカザフスタンを訪問、ブットー首相はＯＩＣのアル・ガビド議長と会談し、国防相は中国、公共事業相はサウジアラビア、石油相はロシアとトルコ、他の閣僚もイランや中央アジアを訪問した。この外交はタリバン政権支持を取りつけるためと報じられた。だが一一月にブットー首相が解任されて自国の政治状況が混乱すると、パキスタンの対アフガニスタン政策は失速した。

他方イランではタリバンの背後にアメリカやサウジアラビアが存在するという批判的な記事が掲載された。同様にロシアのエリツィン大統領は独立国家共同体（ＣＩＳ）による会合を開催し、地域の安全保障措置を共同で実施すると決めた。またＣＩＳはアフガニスタン北部への人道支援も決定した。このような迅速な対応は、タリバンのイスラーム復興運動の中央アジア地域への波及を懸念したためである。

マドラサの領収書

パキスタン政府同様、パキスタンやアフガニスタンの貿易商も、通商路安定の期待をタリバンに託した。一九九五年春に筆者が訪れたクエッタでは、商店主がタリバンの所属するマドラサへ寄付金を出す姿が見られた。タリバンをどう思うか、と訊ねると、商店主達は一様に支持すると答えた。彼らは、中央アジアとの交易において、山賊が障害だったため、タリバンによる通商路安定を歓迎した。

商店主はクエッタ市内のマドラサへの寄付の領収書を見せてくれた。額面は一〇〇〇ルピーから一万ルピーまでさまざまだった。彼らはタリバンの行動は善行で、その支援は当然だと答えた。

タリバンの結成と台頭は、内戦や治安悪化への憂慮という、タリバンの内面の動きと、政治的・経済的な利害を目論んだ周辺からの外的な支援が重なったことでなしえたものだった。そこには綿密な計画はなく、むしろ場当たり的に勢力を拡大していった様子が窺える。

だが筆者にはこの場当たり的な無計画性が、タリバンの「無欲な純粋さ」を裏づけるように思われた。商店主たちや貿易商たちは昨日まで近所のマドラサにいた学生たちの質素な生活を知っており、彼らによる治安回復を信頼し、賛同したのだ。この無計画性はタリバン政権樹立後、実務経験のなさと、復興事業の不行き届きといった面でタリバンの欠点として顕在化するが、少なくとも治安回復という点で多くの支持を得たことは間違いなかった。

またこの寄付が、マドラサに対して行なわれたという点が、タリバンにとっては好都合だったと思われる。タリバン支持者の中には、クエッタ市内の商店主や貿易商のみならず、密輸業者や、麻薬を販売する者もあったと言われるが、タリバンとの関係は明らかになっていない。それは密輸業者達が、直接タリバンに資金援助したのではなく、一旦マドラサに寄付した可能性も排除できないのだ。マドラサとしては、寄付金の出所を尋ねる必要はない。また寄付する側も通商路を維持してくれさえすれば、見返りを要求する必要もない。両者の利害は一致するのである。こうしてタリバンは地域の安定によって住民たちの精神的支持を得ると共に、通商路の確保によって商人たちの財政的支持を受け、勢力を拡大していった。

デーオバンド学派のマドラサとファトワー

タリバンに参加するため、パキスタン国内のマドラサから、難民を乗せた多数のバスが連日アフガニスタンに向けて出発した。そのマドラサのほとんどが、スンニー派デーオバンド学派に属する。

筆者は、一九九五年二月、ペシャワル郊外の難民キャンプ入口にあるマドラサを訪問した。デーオバンド学派とは、一九世紀中葉にインド北中部、デリーの約一〇〇キロ北にあるデーオバンドという町で始まったスンニー派の一学派で、現在イスラーム世界で主流派の一つとされる。この学派のマドラサは「知識の館（dar al-'Ulum）」という名前が冠せられることが多く、筆者の訪れたところも同じだった。タリバン結成メンバーはこのデーオバンド系マドラサで学んでいた。アフガニスタン南部のマドラサはユーノス・ハリス党首の影響下にあるものが多く、パキスタン国内のそれは、宗教政党ウラマー党が運営するが、対ソ連戦争時ムジャヒディン勢力を支援するために建てられたものが多く、「神の存在を否定する共産主義勢力の駆逐はジハードである」という防衛ジハードの概念が広められていた。

その教義はシーア派を認めず、歌舞音曲を否定する厳格なもので、「ファトワー」と呼ばれる意見書・教令を多数出すことで知られる。二〇世紀初期に反英運動が昂揚すると、インドのデーオバンド系団体「インド・ウラマー協会（Jami'yat al-'Ulama-e Islam）」はイギリス政府に対する非協力運動を展開するためにファトワーを出し、イギリス政府の利益につながる職業に就くことをハラーム（禁忌）として、官公庁や軍隊への就職を禁じた。ファトワーはデーオバンド学派以外の学派や個人でも出すが、デーオバンド学派はそのファトワーの量が多く、コーヒーやスポーツの是非など、日常生活のありとあらゆる事象に対し発する。ファトワーはあくまでも意見書で、強い拘束力はない。だがムスリムにとっては、行動の指針であり、判断基準となり、その影響力は決して無視できるものではない。

筆者がペシャワル郊外のマドラサを訪問した際、タリバン結成時のファトワーを目にした。マドラサの入口で自己紹介すると、数メートルはある高い鉄扉が開かれた。内部にはモスクと二階建ての寄宿舎があった。寄宿舎は日本の小学校のような長い建物で、整然と、掃除の行き届いた八畳ほどの部屋が並んでいた。筆者が訪問したときはちょうど午後の礼拝直前の時間だった。二階の一部屋に案内されたが、無地の赤い絨毯が敷き詰められ、『コーラン』が数冊置かれ、背凭れ枕が数個あった。

一人待っていると、マドラサ運営に携わっているという人物が現われた。後にタリバン政権の鉱業相となるアフマド・ジャーンである。年齢は二〇代後半か三〇代前半に思われた。

アフマド・ジャーンは、このマドラサにはアフガニスタン人のみが学ぶが、民族構成は様々で、パシュトゥン人、タジク人、ウズベク人が寄宿していると言った。当時、タリバンがパシュトゥン人勢力であるとの批判があったため、タリバンは民族を超えた存在であることを強調した。だが、パシュトゥン人が主流であることに間違いはなかった。

一人が、タリバン結成時のファトワーを持ってきて見せてくれた。

ファトワーはパシュトー語で書かれ、新聞一面ほどの大きさだった。内容は、内戦によってムスリムであるアフガニスタン国民を殺害することは非イスラーム的行為であり、この行為を続ける者を駆逐する努力《ジハード》をしなければならない、という趣旨が述べられ、その下には、多数の学者の署名があった。ファトワーは印刷されて難民キャンプやマドラサ等に配布されたらしい。これに共鳴したムスリムがタリバンに参加したのである。

ファトワーの説明を受けていた途中で、礼拝を呼びかけるアザーンが響いた。彼らが一斉に隣のモスクへと移動したので、残された筆者は、ファトワーを写真に収めた。

彼らに謝意を述べて辞去する時、アフマド・ジャーンは筆者にそのファトワーをくれた。イスラマバードの自宅に置いていたそのファトワーは、いつの間にか紛失してしまった。

タリバンの組織構造とシューラ

日増しに勢力を拡大していったタリバンだが、その構造はいくつかのグループから成りたっていた。すなわち、タリバンは創始者ムハンマド・ウマルが中心にあり、彼を囲む二〇名ほどのシューラ（評議会）が設置され、これに兵士が加わり、兵士は五万人にまで達した。シューラで結論が出ない場合は、ウマルに最終決定が委ねられる。だがタリバン結成以来、ウマル個人による最終決定が下されたという例はほとんどなかった。

結成当初のシューラには、ウマルに次ぐムッラー・ムハンマド・ラバニ、マウラヴィー・ムハンマド・ガウス、ムッラー・ムハンマド・ハサン、ムッラー・アッバース等がいた。ラバニはウマルと共にハリス派兵士として対ソ連戦争に参加した。ガウスは渡米・渡欧経験があり、タリバンの外交面を担った。ハサンはカンダハール州知事、アッバースはカンダハール市長を務めた。シューラの構成員は全員がパシュトゥン人だったが、後に構成員は二〇名前後となり、タジク人など他民族も加わった。

シューラは「評議会」を意味するアラビア語である。タリバンのシューラは、組織内部の有力者やイスラム学者で構成される「合議」の形態をとる。タリバンには数種のシューラが存在し、ウマル代表が参加する「最高評議会」というシューラは主にカンダハールで開催され、タリバン全体の行動指針を決定する。二〇名程度で構成され、政治的・軍事的活動などを合議するが、構成員の入れ替わりが激しく、国連のメスティリ特使は構成員を把握しにくいと述べたが、入れ替わりは彼らにとって厳格である必要はなかった。他にイスラーム学者で構成され、宗教上の問題を扱うシューラもある。またタリバンは支配地域内に行政組織としてシューラを設置し、最高評議会の決定に基づき、地方政治を担わせた。

シューラにおける合議の形態は、パシュトゥン人社会での長老会議「ジルガ（jirga）」にも見られる。パシュトゥン人主体のタリバンにとってジルガとシューラに大きな差異はないという。両者の大きな違いは、ジルガは後述するパシュトゥン人の慣習法「パシュトゥンワライ」に基づいて判断を下すが、シューラはシャリーア（イスラーム法）を基準とする。

イスラーム化とパシュトゥンワライ

タリバン結成時の目的は、内戦を継続する勢力の駆逐と、治安回復と、シャリーア（イスラーム法）に基づいたイスラーム体制の徹底と確立だった。タリバン支配地域内では、タリバン以外の非武装化が徹底され、治安回復後は、治安維持のために「イスラーム化」政策が推進された。

タリバンのイスラーム化政策は、宗教事情を協議するシューラによって決定され、そこでは、礼拝の励行や女性の外出制限、復讐による公開処刑などが実践された。住民達は、治安回復を願っていたため、タリバンによる「イスラーム化」も受け入れた。この「イスラーム化」は、タリバンの中枢部が所属していたデーオバンド学派の影響を受けたものであったが、実はタリバンの主流を占めるパシュトゥン人の間に存在する「パシュトゥンワライ」という「掟」と類似していることが指摘されている。ラバニ派などは、タリバンが特定の民族、すなわちパシュトゥン人の権益を反映していると批判した。パシュトゥンワライとは、勇気、戦闘の掟、夜襲、人質、避難、聖戦、客人歓待、貞操、郷土愛と自衛、素朴、名誉、血の復讐、家庭での女性の役割やジルガ等を規定する掟である。南部やパキスタンの連邦部族直轄地域などパシュトゥン人居住地域では、このパシュトゥンワライが根づいている。パシュトゥン人は、パシュトゥンワライとシャリーアの規定が類似しているため、両者に矛盾を見出さないと言われる。したがってタリバンによるイスラーム化もパシュトゥン人の多くは受け入れることができた。他方、タリバン支配地域の非パシュトゥン人や、西欧的生活に慣れた人びとにとっては、タリバンのイスラーム化は不自由な制限であり、不満を持つ者も出てきた。

8 反タリバンの動き（一九九六—九七）

北部同盟の結成

首都制圧で勢いづいたタリバンは、ラバニ派壊滅を目指して北部地域攻略に着手した。北部へと通じるサラング・ハイウェイを北進し、要所を次々と制圧した。ラバニ派は、マスード司令官の故郷パンジシール渓谷に拠点を構え、迎撃態勢をとった。

マスード司令官は戦闘でタリバンと互角に戦ったが、軍事的拮抗を打開するには、豊富な軍事力を誇るドストム派の援助が必要となった。一〇月、ラバニ派とハリリ派は反タリバン連合「祖国防衛最高評議会」を結成し、ラバニとドストム将軍、ハリリ党首が三者会談を行い、共闘の合意を取りつけた。だがドストム将軍は同時期にタリバンとも会談し、共闘先を決めかねていた。各派はドストム派取り込みを続けた。それほどラバニ派とタリバンの戦闘は拮抗していた。ラバニ、ドストム、ハリリに加えて、マスード司令官、ヘクマティヤル首相、イランに逃亡していたイスマイル元ヘラート州知事も加わった首脳会談がサラング峠で開催された頃、西部バドギス州でタリバンとドストム派の戦闘が発生し、一〇月二九日、タリバンがドストム派に対する「聖戦」を宣言したことで、両者は対立を鮮明にした。

こうしてドストム派は一二月四日、ラバニ派、ヘクマティヤル派、ハリリ派で構成する「反タリバン同盟」に参加し、ドストムは副大統領に就任した。同盟は支配地域の特徴から「北部同盟（Northern

Alliance)」と呼ばれた。北部同盟は反タリバン路線で結束したものの、強固な一枚岩とはいえなかった。

マスード司令官はサラング峠のトンネルを爆破させ、周辺に地雷を敷いてタリバンの侵攻を食い止めた。軍事的決着を優先するタリバンは全土制圧に向けて攻勢に出た。

日本政府は一九九六年八月、国連アフガニスタン特別ミッション（UNSMA）に日本人政務官として、一九七〇年代にカブール大学で学び、ムジャヒディン各派やタリバンとの豊富な人脈を有する外交官、高橋博史を派遣した。また一〇月、国連安保理公開会合において、和平会議の東京開催案を発表し、紛争解決への積極的な参加の意志を表明した。

戦闘地域は徐々に北上し、一九九七年春、ドストム派内部で叛乱が起こった。

ドストム派の内乱は、一九九七年五月の指揮官暗殺事件が発端だった。ドストム将軍の腹心マリク将軍は、暗殺がドストム将軍の指示だとして、ドストムに退陣を要求し、タリバンと合流して叛乱を起こした。マリクの部隊はマザリシャリフを制圧、ドストムはウズベキスタン経由でトルコに亡命した。それまで安定していた北部の流動化は、北部同盟には大きな衝撃となった。

マザリシャリフ陥落の日、タリバンはマリクを外務次官に任命した。するとマリクが自分への評価が低いとして、タリバンに閣僚入りを主張したため、叛乱の背景にはマリクとタリバンに密約があったとの観測が流れた。五月末、タリバン支配地域が国土の約八割になると、パキスタンはタリバン政府を承認した。パキスタンに続き、サウジアラビアとアラブ首長国連邦もタリバン政府を承認した。

だが、マザリシャリフのタリバン兵士と、武装解除を拒否したハザーラ人の間で戦闘が始まると、マリクがハザーラ人側に加わり、戦闘は北西部地域にも拡大した。

タリバンとマリク将軍の戦闘を契機にラバニ派はマリクとハリリ派に接触し、反タリバン路線で「イスラーム国民連合救国戦線」という同盟を結んだ。反タリバン連合軍は巻き返し、要所を次々と制圧した。

ラバニ派はマリク派との同盟関係をより強固にするために、八月に内閣を改造し、マリクを外相に任命した。ラバニ大統領の下、ガフールザイ外相が首相に、マスード司令官が国防相に就任した。だがその直後ガフールザイ首相を乗せた飛行機が墜落し、首相やシーア派統一党の幹部などが死亡した。

九月、ドストムがマザリシャリフに戻り、ハリリ派との連携で一〇月にマザリシャリフと周辺地域奪還に成功した。マスード国防相やハリリ党首はドストムとマリクの和解調停を行なったが失敗した。ドストムは、六月のマリクによるタリバン兵士大量虐殺を指摘し、その証拠として北西部地域で多くのタリバン捕虜の遺体を発見したと発表してマリクを非難した。結局、マリクがトルクメニスタンに逃亡してドストム派の内部抗争は決着し、ドストムが再び北部地域を支配した。

ドストム帝国

ドストム将軍は、背の高い大柄の人物である。丸刈りで、太い眉、口髭を蓄えている。軍服に身を包み、マザリシャリフ郊外の基地を自宅とした。旧共産主義勢力の民兵集団を指揮してウズベク人の軍隊を編成し、マザリシャリフを拠点に北部一帯を支配した。

マザリシャリフのドストムを訪問したのは二度だった。彼のゲストハウスは市内中心部にあって、室内はロシア製の物資で溢れ、日本製のシャンプーや石鹸も揃っていた。

ドストム将軍の自宅は、外壁は泥で固めた巨大な要塞のようだが、内装は華やかで、二〇人以上が座れる大きなダイニングテーブルがしつらえられ、彼の肖像画が掲げられていた。

市内各地にもドストムの肖像画は掲げられ、ドストムの自治国という印象を与えた。独自のテレビ局は国連や外交団との面会の模様を流してドストムの外交での活躍ぶりを紹介した。

市内を歩いたとき、アリー廟と言われる青タイルの美しい霊廟そばの両替商を訪ねると、米ドルやロシアのルーブルの他に、ポンドやマルクも多くあった。内戦時よりドストム派は独立国家構想を持っていると報道され、批判の的となった。市内南方には高い山脈が連なり、自然条件で隔絶された「ドストム帝国」の印象を与えるのに十分な光景だった。彼は旧共産主義勢力であるとの批判をかわすため、髭を伸ばし、メッカ巡礼の模様や礼拝の場面をビデオ化し、これを外交団に配布してムスリムとしてのアイデンティティを強調した。彼がパキスタン政府の招待でイスラマバードを極秘に訪問したのは一九九五年のことだったが、ゲストハウスを訪れると、彼はスーツ姿でマリク将軍と共に現われた。

ドストムは明らかに変貌した。当初外交団との面会を嫌っていたが、会見を繰り返すうちに対応方法を体得したと思われる。外交団との面会をテレビに流すのは、住民に対し、ドストム派の力だけでなく、ドストムがもはや民兵集団の代表ではなく、統治者であることを知らしめる目的があったのだ。

新たな和平への枠組み

一〇月、国連はアフガニスタン関係諸国会議を開いた。会議は近隣六ヶ国であるパキスタン、中国、タジキスタン、ウズベキスタン、トルクメニスタン、イランにロシアとアメリカが参加し、「六十二」会議と呼ばれた。国連はアフガニスタン問題を周辺地域全体の問題として捉え、関係諸国との連携で和平を模索した。一九九八年一月にはアルジェリアのブラヒミ元外相が国連特使に着任した。日本は一九九七年にも東京和平会議案を提案し、三月と七月に反タリバン・タリバン各派代表を東京に招聘した。

北部同盟は一九九八年一月、北部地域の宗教学者の名簿を提出して、宗教学者によるシューラ開催を提案したが、タリバンは人選に問題があるとして名簿の受け入れを拒否した。

タリバン政府承認の障害

国土の三分の二以上を支配したタリバンだったが、パキスタン、サウジアラビア、アラブ首長国連邦の三ヶ国以外はタリバン政権を承認せず、国連やOICの会合などにはラバニが参加した。タリバンは国連に政府承認を訴えたが、受け入れられなかった。タリバン政府の承認にはいくつかの問題が挙げられた。それはパシュトゥン人以外の民族に対する強制移住や、女性に対する人権侵害の問題、国連諸機関やNGOに対する活動制限で生じる軋轢、そしてウサマ・ビン・ラディンの庇護問題だった。

女性隔離はパシュトゥン人社会のみならず農村部では習慣として根づいているものの、カブールやマザリシャリフなど、王政や親ソ連政権時代に西欧文化を受け入れた都市民にとっては受け入れがたく、特に女医や看護婦の活動制限は反発を招いた。タリバンは女性の活動を、兵士の身辺警護を条件に認めた。だがタリバンがイスラーム刑法の下、仇討ちや公開処刑を実施したため、アメリカや国連がタリバンの人権侵害を指摘し、タリバンとの関係が悪化した。

さらにビン・ラディン問題について、一九九七年三月にタリバンが、ビン・ラディンは「客人」だから、出国を強制できないと発言したり、四月にビン・ラディンはカンダハールにいると発言したため、タリバンがビン・ラディンを庇護しているとの印象を与えた。また九七年夏には、ビン・ラディンがムスリムに対し、反米・反ユダヤ聖戦を呼びかけたため、アメリカをはじめ西側諸国は警戒感を強めた。

四月にはタリバンが中部山岳地帯に進軍した際、司令官がバーミヤンにある磨崖仏破壊の意志を述べたため、文化遺産を破壊する野蛮な行為として国際的な非難を浴びた。

加えて、一九九八年一月末頃、北西部での戦闘時、劣勢のタリバンは住民の大量虐殺を行なった。殺された住民が一〇〇〇人を上回ったと北部同盟が訴えたため、国連は急遽調査団を派遣したが、戦闘の激化で調査は中断された。この虐殺はタリバンの国際社会における孤立を強めた。

こうしてタリバンは様々な要因で国際的な承認を得ることができないまま、軍事力によって他派を圧倒することに傾倒していった。

アフガニスタン・イスラーム首長国

一九九七年一〇月二六日、タリバン最高評議会は、国名を「アフガニスタン・イスラーム国」から「アフガニスタン・イスラーム首長国」に変更し、ムハンマド・ウマル代表を首長に選出した。

ウマル自身は、かねてよりカリフの別名「アミールッムーミニーン（信者の長）」と呼ばれていたが、今回正式に首長の座についた。ウマルは首長への就任を辞退したが、シューラは彼に最高指導者の地位を付与した。国名の変更やウマルの首長就任といった動きに対し、他のイスラーム諸国は何ら反応を見せなかった。むしろ、他のイスラーム諸国は、これらの動きが、アフガニスタン国内で限定的に展開されており、他のイスラーム地域とは無関係なものと認識していた傾向があった。

タリバン内部の軋み

一九九八年一月、タリバンの本拠地カンダハールで、タリバンの徴兵に反抗した住民が暴徒化した。タリバンはナキーブッラー元カンダハール州知事の関与を示唆したが、これを否定するナキーブとの間で衝突が起き、ナキーブが重傷を負った。そこでナキーブ支持の住民がタリバンに反抗し、一時は騒然とした。タリバンの武力攻勢に反対する住民は山岳部に逃走し、騒乱は一応静まった。だがタリバンの本拠地での小競り合いに多くの住民が決起したことは、タリバンが実は軍事力のみで統制を保っているグループで、脆弱な構造であることが明らかとなった。さらに、タリバンが徴兵制をしいたことは、それまではタリバンに同調する者が自然に兵士として加わっていたのにタリバンが、逆に兵力獲得に苦慮する姿を浮き彫りにした。

タリバンはこの時期、軍事力による圧倒的勝利を目指していた。他方、支配地域内での行政に関しては、イスラーム化を標榜した治安維持以外に、復興事業などの成果は上げていなかった。それは行政実務経験者がほとんどいないことや、国連やＮＧＯとの関係が良好でなかったためだった。

9 タリバンの孤立化（一九九七—二〇〇〇）

イラン外交官殺害事件

一九九七年八月、マザリシャリフ市内に駐留していたヘクマティヤル派兵士がタリバンに寝返ったため、ドストム将軍は再びトルコに逃亡し、北中部一帯はタリバンに制圧された。この戦闘中、ハザーラ人兵士数千人がタリバンに殺害されたと報じられた。国連はタリバンに対し事実関係の調査を要求したが、タリバンは虐殺を否定し、国連調査団の同地域入りを拒否した。

さらに、タリバンがマザリシャリフに侵攻した際、イラン総領事館の外交官と報道関係者一一名が行方不明となった。その後、一行が全員、タリバンに銃殺されたことが判明し、イラン政府はタリバンを激しく非難した。イランは国境地域に数万人規模の部隊を配備して軍事演習を開始、一触即発の状態となった。外交官の遺体はイランに移送されたが、イランがタリバンに謝罪を要求したものの、タリバンがこれを拒否したために、両者の関係は最悪の状態となった。

この事件に関しては、諸説がある。一つは、タリバンの前線の兵士が独断でイラン人を射殺したという説。もう一つは、ウマルが衛星電話で処刑命令を下したという説である。後者によると、ウマルは衛星電話を自宅に持ち、各地の司令官との連絡を密にとっていた。そこで、外交官を発見した兵士にウマルが処刑を命じたため、タリバンは処刑実行者を処分できずにいるという。

国土の九割を制圧するタリバンの未熟な行政

マザリシャリフを再度制圧したタリバンは、続いてラバニ派の拠点である北東部と、ハザーラ人の拠点、中部山岳地帯への攻撃を仕掛けた。この戦闘の結果、九月にはバーミヤン市がタリバンの支配下に置かれた。勝利の喜びに沸くタリバンの兵士達は、バーミヤンの磨崖仏への砲撃を開始し、国際社会は一斉に非難した。結局国連の説得により磨崖仏の完全破壊は免れたが、一部が壊された。

タリバンの席捲はその勢いを増し、ラバニ派の拠点を次々と攻略して、国土の九割近くを支配下に置いた。タリバンの軍事的優勢により、北部同盟と協調していた統一党アクバリー派がタリバンに投降し、北部同盟はさらに弱体化した。こうして国土の九割を制圧したタリバンだったが、国際社会はその政権を承認しなかった。そこには、磨崖仏破壊や大量虐殺、人権侵害に対する非難が高まっていたことや、国連やNGOとの対立が原因にあった。

タリバン政府は外務省に国連局、NGO局、通訳局、出版・情報局の四部局を設置し、外交問題に対応したが、部局構成が物語るように、タリバンは行政実務経験者を有しておらず、場当たり的な対応しかできていなかった。それは内政についても同様で、事務官不足で行政面の実績を上げないまま、軍事的な領土拡大が先行していった。タリバンの内政といえば「イスラーム化」と治安維持であり、復興面などの政策は進行していなかった。タリバンの行政上の未熟さは、支配地域の住民の不満を生んだ。

九月、サウジアラビアは在アフガニスタン臨時代理大使を召還し、タリバンの在リヤド臨時代理大使の出国を命じて、サウジアラビアとタリバンの関係も悪化した。原因は、ビン・ラディンを巡る問題だった。

ビン・ラディンのテロ問題とアメリカの空爆

一九九八年二月、ビン・ラディンは、アメリカ人ならば市民でも攻撃の対象となることを述べた反米・

反ユダヤ聖戦を呼びかけるファトワーを出した。国際社会の承認を得たいタリバンのウマル代表は、「自分（ウマル）以外の人物がアフガニスタン国内でファトワーを出すのは遺憾」との見解を出し、ビン・ラディンを牽制した。するとビン・ラディンはウマルに対し即座に陳謝し、ウマルを首長として認めることと、タリバンの方針に従う旨を発表した。ビン・ラディンはこれ以降、タリバンへの接近を深めたと言われる。カンダハール郊外にウマルの自宅を建設したり、道路整備を請け負うなど、ビン・ラディンによるタリバンへの支援は、総額一億ドル以上になるとアメリカは算定した。

八月七日、ケニアとタンザニアのアメリカ大使館が自爆テロで甚大な被害を蒙った。アメリカは、首謀者はビン・ラディンだとして、タリバンに対し身柄引渡しを要求した。

ウマルがビン・ラディン引渡しを拒否すると、アメリカはカンダハール近郊と南東部の軍事基地にロケット攻撃を行なった。タリバンは犯罪人引渡し条約を結んでいないことや引渡しがアフガニスタンの伝統やイスラムにおける客人歓待に反するとしてビン・ラディン引渡しを再度拒否した。アメリカはテロリスト保護はテロ支援に相当し、政府承認の障害になると述べた。タリバンにとっては軍事的な全土制圧で政府承認を得ようとした矢先の事件だった。

アメリカの空爆はタリバン内部の反米意識を一挙に高めた。空爆を受けた軍事基地はカシミールで活動するムスリム過激派「ハルカトゥル・ムジャヒディン」のもので、同派の兵士が死亡した。空爆の復讐により国連のイタリア人軍事顧問が殺害され、フランス人政務官が重傷を負ったため、国連は全援助機関を撤退させた。サウジアラビアもタリバンにビン・ラディン引渡しを求めたが、ウマルはこれを拒否した。サウジアラビアが大使を召還したため、タリバンを政治的に支援する国はパキスタンのみとなった。タリバンへの非難が高まる中、一〇月にアメリカがタリバンに対しビン・ラディンの国外退去を要請したが、タリバンはアメリカに対し、一ヶ月以内に、ビン・ラディンが犯人である証拠提示を求めたが、アメリカは応じなかった。そこでウマルは一一月、アメリカによるビン・ラディンへの容疑は証拠不十分で同人は無罪との結論に達したと述べ、ビン・ラディンの保護の続行を明らかにした。

国連主導の和平調停の活発化

一九九九年に入ると、国連主導の和平調停が活発化した。二月と三月にアシハバードで和平協議が開催され、タリバンと北部同盟の間で、捕虜釈放や、両派共同による行政府、立法府、司法府の設置で合意した。だが、タリバンが次回の協議への参加を拒否し、戦闘が再開された。武力制圧を目前にしたタリバンには、対話による譲歩に応じる姿勢はなく、情勢は和平会議と散発的な戦闘の繰り返しが続いた。七月、タシュケントでも和平協議が開催され、「六十二」国の代表も参加し、「タシュケント宣言」を採択、対話による紛争解決を呼びかけた。だがタリバンが反対し、協議は物別れとなった。日本政府は六月、外交官でペルシア語が堪能な田中浩一郎を政務官として国連ミッションに派遣した。

この時期、各派は独自に他国との接触を図った。四月、タリバンはアラブ首長国連邦でエネルギー協力に関し協議を行い、五月にはトルクメニスタンとの間で航空便の運航や、天然ガスのアフガニスタンへの低価格販売に関する合意を成立させた。六月末にはアメリカのテレフォン・システム・インターナショナル社が衛星デジタル回線をカブールにつないだ旨を発表した。

一一月、和平会合がテヘランで開催され、北部同盟や中道派が参加した。またローマでも和平会議が開催され、「ローヤ・ジルガ（国民大会議）」による和平樹立案が支持された。同会議は、ザーヒル・シャー元国王を囲んだ、海外在住のアフガニスタン人グループによって開催された。グループは「キプロス・グループ」と呼ばれ、イランが後援した。「キプロス・グループ」は二〇〇〇年一月にも「ローヤ・ジルガ」案を提案したが、北部同盟は無視した。タリバンはキプロス・グループに関し、ロシアとアメリカを排除し、代わりにアフガニスタンを組み入れた「六十一」にすべきとの見解を示した。

アメリカと国連による経済制裁発動

一九九九年七月、アメリカのクリントン大統領は、ビン・ラディンを匿うタリバンに対する経済制裁措置実施の大統領令を発布した。これはアメリカ国内のタリバン関連の資産凍結や、人道物資援助を除く禁輸措置であり、タリバンの経済状況はさらに悪化した。ウマル代表はこの制裁措置は不当と批判したが、八月、アメリカはアフガニスタンのアリアナ航空のアメリカへの乗り入れ禁止と、アメリカ国内におけるアリアナ航空の資産凍結に踏み切った。凍結資産額は五〇万ドルにのぼった。

アメリカの制裁措置に国際社会も同調した。すでに九九年二月、イギリスはタリバンとパキスタンで初の閣僚級会議を実施した際、ビン・ラディンの監視を要請し、この問題に関する関心の高さを示していた。インドはアメリカの制裁に続いて、同国北西部に位置するアムリトサル空港へのアリアナ航空の乗り入れを禁じた。サウジアラビアやアラブ首長国連邦も同様の措置に踏み切った。八月、国連安保理はタリバンによる北部同盟への攻撃について重大な懸念と、政治的交渉再開を呼びかけた。ラバニ大統領はパキスタンとタリバンが組織的に民族浄化と大量虐殺を展開していると国連に訴えた。

このようなタリバン批判に関し、九月、タリバンは国連に対し、アフガニスタンにおける諸事件に関する国連の理解が間違っていると主張した。そこでタリバンはカブールに海外のジャーナリストを招待し、タリバン支配地域の安定を強調したが、国連とタリバンの関係は平行線のまま続いた。一〇月、国連安保理はタリバンに対し、ビン・ラディンの身柄引渡しに応じない場合、海外資産凍結等の制裁措置を講ずるとの決議を全会一致で採択した。タリバン政府は国連決議の受け入れを拒否し、一一月にはウマル代表がビン・ラディン引渡しに関するアメリカとの協議中止を発表した。

タリバンは国連に時間的猶予を求め、経済制裁実施の変更か延期を要請し、アメリカとの協議の用意があるにもかかわらず、アメリカが積極的な回答を示さないとも述べた。一一月一四日、国連はビン・ラディン引渡しを要求する目的で、巡礼や人道以外のアフガニスタンへの航空機の発着禁止と、資産凍結措置を実施した。タリバン政府はパキスタン、アラブ首長国連邦、インド、ドイツ等のアリアナ航空事務所を閉鎖し、同航空のボーイング機三機の国際線運航を停止した。制裁発動に怒ったカブール市民数万人はデモを行い、国連事務所を襲撃、放火した。こうしてタリバンと国連の対立は頂点に達した。アナン事務総長は声明を出し、内戦が人権侵害と近隣諸国への脅威を招いているとして遺憾の意を表明し、近隣諸国のアフガニスタン国内グループへの軍事支援を批判した。

タリバンへの国連の制裁措置の波及は様々な分野に及んだ。国際オリンピック委員会は一〇月、国内オリンピック委員会が機能せず、タリバンが女子選手出場を認めないことから参加資格を剥奪した。

一二月、ビン・ラディンがアメリカ人を標的にテロを計画中との報道がなされた。

インド航空機ハイジャック事件

一九九九年一二月二三日、ムスリム過激派がインド航空機をハイジャックした。同機はいくつかの空港を経由してカンダハール空港に着陸した。ハイジャック犯は、カシミールのインドからの分離独立を主張する「ハルカトゥル・ムジャヒディン」に属し、ハイジャック直後に乗客一人を殺害後、身代金や、北インドに埋葬されている同志の遺体の返還、インド当局に拘留中のグループ幹部の釈放を要求した。

タリバンは事件の平和的解決を主張した。犯人のアフガニスタンへの政治亡命を拒否し、犯人が乗客を負傷させた場合は強行突入すると告げた。インド政府代表団はカンダハールで、犯人との交渉に臨み、国連のアフガニスタン調整官立会いのもと、グループ幹部の身柄釈放を条件に三一日に人質全員を解放させ、事件は解決した。犯人は一〇時間の猶予を与えられ、アフガニスタンを去ったと言われる。

事件解決後、インドのシン外相はタリバンのムタワッキル外相と握手し、タリバンへの謝意を表明した。この時インドの世論調査では、タリバン政府承認支持が四割にも上った。また二〇〇〇年一月には国連の対アフガニスタン人道援助調整官がタリバンの対応を高く評価した。タリバンの対応により、国際社会での孤立打破に一条の光をさしたが、ビン・ラディン問題がその障害となり続けた。

国連の追加制裁

二〇〇〇年一月、スペイン人外交官フランシス・ヴェンドレルが国連特別ミッション特使に任命された。イラン政府はヴェンドレルに対し、イラン外交官殺害事件の調査と犯人の身柄拘束、起訴を求めた。二月、国連は例外措置として、アリアナ航空に対しメッカへの巡礼団運送を許可し、八月にも病人や負傷した児童のドイツへの移送を承認した。

三月、国連本部で「六十二」会合が開かれた。国連安保理はタリバンに即時停戦を求め、応じない場合はさらなる制裁措置を検討すると述べた。またOICによる和平会議がジェッダで開催され、タリバンと北部同盟の双方が参加したが、タリバンは北部同盟に、ウマルをアフガニスタンの首長として承認するよう求め、北部同盟が、全派・全民族が会する「ローヤ・ジルガ」による暫定政権樹立を求めたため対話は平行線に終わった。OICは五月にも会議を催して戦争捕虜交換が実現した。タリバンはOICに政府承認を求めたが、OICは何の反応も示さなかった。同月、日本政府はアフガニスタンでのNGO活動に対し四万九〇〇〇ドルを草の根無償として供与すると共に、タリバンと北部同盟の代表を東京に招聘し、東京和平会議開催への協力を求めた。だが両者は東京会議案を時期尚早として拒否した。日本の外交団は四月にカブールを訪問し、アフガニスタン問題への関心の高さを強調した。

五月末、キプロス・グループが再びローヤ・ジルガ案を提案し、七月には代表団がパキスタンを訪問した。ヴェンドレル特使はローヤ・ジルガ案はアフガニスタンの伝統に則っており、同国民に寄与しうる機関だと評価した。キプロス・グループは一一月上旬にタジキスタンやウズベキスタンをも訪問し、北部同盟の代表との懇談に臨んだ。この時期、アメリカとロシアが主導して、「六十二」諸国はタリバンへの追加制裁を検討した。九月、国連で「六十二」諸国閣僚級会議が開催され、国連の新たな報告書の結果次第では、対タリバン追加制裁があると表明した。その後の会議では、イランのハラズィ外相とアメリカのオルブライト国務長官がイラン革命以降初めて同席した。

ビン・ラディン問題も解決の糸口が見えず、タリバン批判は高まった。ビン・ラディンは二月にジャララバードでその姿を確認された。五月、ウマル代表はアメリカとの対話の用意があると述べた上で、アメリカは一方的にタリバンへの制裁を科していると批判した。六月末、クリントン大統領はタリバンへの制裁継続を発表した。七月の上院外交委員会ではタリバンによるビン・ラディンの身柄保護や女性に対する人権弾圧状況、麻薬取引についての報告がなされ、八月の下院報告書でも、ビン・ラディンを中心とする反米ムスリム過激派ネットワークの脅威が増大していると報告された。アメリカはビン・ラディン問題に関しパキスタンに協力を求め、三月、パキスタンのムシャラフ最高行政官はタリバンに善処を求めたが、アメリカの政治的圧力とタリバンとの友好関係の板挟みで苦慮した。

ムスリム過激派にはロシアも同様の危機感を示した。五月のＣＩＳ集団安全保障条約会議では、ムスリム過激派への対応が最大の懸案事項となった。ロシアとアメリカは三度にわたり協議を進め、ビン・ラディン引渡しで合意が成立した。ロシアは七月の沖縄サミットでも、プーチン大統領が、アフガニスタンを中心とする国際テロ組織を先進国が見逃さず、対処すべきだと述べた。

タリバンは八月、ビン・ラディン引渡しを拒否し、アメリカのタリバン排除策を非難した。九月にも国連で記者会見し、国土の九割以上を支配するタリバンが国連に代表を派遣すべきだと主張、国連に制裁解除と政府承認を求めた。またビン・ラディンがテロリストである証拠はなく、同人の保護を続けると発表した。こうしてタリバンと国際社会の溝は埋まらぬまま、悪化の一途をたどった。

一二月、国連安保理はアメリカとロシアの主導の下、タリバンへの追加制裁決議を採択した。制裁は三〇日以内にビン・ラディンが国外退去処分にならない場合、アフガニスタンへの武器禁輸やタリバンへの軍事支援禁止、国外のタリバン事務所閉鎖、タリバン高官の海外渡航禁止、ビン・ラディン関連グループの資産凍結だった。制裁決定に伴い、カブール市内の外国の援助団体は全員が国外退去した。タリバンは制裁がビン・ラディン問題の解決にはならないことと今後の国連調停を拒否する声明を出した。こうして二〇〇一年一月一九日、国連によるタリバンへの追加制裁が実施された。アメリカは、二〇〇〇年夏からニューヨークに設置していたタリバン政府代表部の閉鎖を命じた。

タリバンの内紛

国連による制裁の中、タリバン内部では上層部に対する不満から亀裂が生じていた。二〇〇〇年一月、カブールに隣接するパクティア、パクティカ、ホスト、ガルデズ各州に居住するパシュトゥン人部族長が、タリバンに搾取された土地の返還を求め、戦闘も辞さないと宣言した。またタリバン内で、ビン・ラディン引渡しや国外退去処分を考えるグループと、これに反対するグループが対立した。後者は、タリバンが政治的駆け引きに走らず、結成当時に掲げたイスラーム体制確立を進めるべきとの主張を繰り返し、内戦や和平調停に進展が見られないことから上層部への批判を始めていた。

内部の不穏な動きを牽制するため、三月、タリバンは大幅な内閣改造を実施した。新たに公安省や（難民）自主帰還省が設置され、暫定統治評議会に副議長ポストを二つ、一〇の副大臣ポストを設けた。公安省の増設は、タリバンの支配地域において治安上不安定な要素があることを認める結果となり、副議長や副大臣のポストは、タリバン内部での人事面での不満解消だと言われた。タリバン支配地域の治安悪化は、七月中旬から下旬にかけて発生したカブール市内の連続爆破事件となって現われた。

タリバンの外交

国連の経済制裁下、タリバンは独自の外交によって経済問題の打破に取り組んだ。

二〇〇〇年一月三日、パキスタンとタリバンの代表は「アフガン・トランジット合意」に関する協議を行なった。パキスタンは、合意に基づいてパキスタンに陸揚げされる電化製品等が一九九九年度で一〇〇億ルピー(二〇〇億円強)に上り、その多くがパキスタン国内に密輸され、経済を圧迫していると述べ、アフガニスタンに輸入品目の制限を求めたため、タリバンは三一品目の輸入禁止を決定した。

一月末より、タリバンのザーヒド外務次官はデンマーク、スイス、ベルギー、オランダ等ヨーロッパ諸国を訪問し、タリバン政府の承認と人道援助、そして制裁解除への理解を求めた。二月二八日にはスウェーデンのODA代表がアフガニスタンを訪問し、タリバン政府承認を示唆し、一〇〇〇万ドルを人道支援として国連諸機関に醵出《きょしゅつ》した。日本政府は、アフガニスタンで活動中のNGOに対し、草の根無償として一一万一三七七ドルを供与した。三月にはタリバン代表団がパキスタン入りし、パキスタンとトルクメニスタンの間の、ガスパイプライン設置に関する合意を成立させた。パイプラインは長さ一四六四キロで、年間二〇〇〇万立方メートルの天然ガスをパキスタンに供給できるという内容だった。

また一月、タリバン政府はチェチェン政府を承認した。これに対しロシアは、テロリストとイスラム過激主義者の結びつきをあらためて示すものと非難した。

ウマル代表は、アフガニスタンが世界的な麻薬栽培地であり、タリバンがこれに関与しているという批判を受けて、八月には二〇〇一年春以降の麻薬栽培を禁止する声明を出し、タリバンが麻薬撲滅運動を推進していることを主張した。

バーミヤンの大仏破壊

二〇〇〇年一二月末より、タリバンと統一党の間では中部山岳地帯の町ヤカラングを巡って攻防が続き、タリバンはハザーラ人を大量虐殺した。アムネスティー・インターナショナルの報告では、虐殺された人数は三〇〇人近くに上った。

攻防戦の中、二〇〇一年二月二〇日、ウマル代表が中央山岳部バーミヤンの磨崖仏破壊を命じた。この命令はタリバンのシューラでファトワーとなり、イスラームにおける偶像破壊の義務を強調した。

タリバンによる突然の大仏破壊決定の報せは、世界中を駆け巡った。それまでタリバンについて言及したことのなかったスリランカやタイ、ベトナム、ネパールなどの仏教国や仏教団体、ユネスコや文化団体などが一斉に大仏破壊の中止をタリバンに要請した。国連のアナン事務総長もパキスタンでタリバンのムタワッキル外相と会談し、大仏破壊中止を説得したが、外相はこれを拒否した。日本でも、仏教団体や研究者の間で、タリバンの「蛮行」に対する批判が高まった。日本の国会議員も、パキスタンを訪問し、タリバンに圧力をかけるよう要請した。またイスラーム諸国でも、パキスタンやマレーシア、ＯＩＣがタリバンの決定を批判し、タリバンの説得に努めた。

タリバンの強硬な態度について、制裁を科す国連への対抗措置と報じられたが、実は大仏破壊の背景には、偶像崇拝を否定するという宗教感情だけでなく、前述したタリバンの内紛が関係していた。

タリバン指導部への批判を繰り返し、ビン・ラディン引渡しを拒否する内部「強硬派」は、引渡しで国際的承認を得ようとする「穏健派」と対立し、二月二日には武力衝突まで起こしていた。この衝突に勝った強硬派は一二日にカブール博物館の仏像破壊に乗り出した。その上ヤカラングを巡る攻防戦が展開されており、タリバン指導部は軍事上中央山岳地帯制圧を誇示する目的と、組織上「強硬派」牽制のために大仏破壊の決定を下したのだった。

タリバンにとっては、大仏が古かろうが大きかろうがそこに意味はなかったのだろう。偶像を破壊するという、彼らの中での「イスラーム的行為」に意義を見出していたのだ。だがイスラームは非ムスリムの存在を納税などの条件で認めている。パキスタンではガンダーラ美術が観光の目玉であり、エジプトはピラミッドが観光資源の国であり、偶像と共存するムスリムの国は多くある。だがタリバンの目的は軍事面と組織面にもあったため、文化史に残る巨大石仏の保存には関心がなかった。中には、大仏の移送など代替案も提示されたが、タリバンは、「生きているアフガニスタン国民が苦しんでいるのに、なぜ仏像にのみ関心を寄せるのか」と反論した。国際社会の承認を得られず、大仏に歴史的、文化的意味を見出さないタリバンにとって、大仏は、血を流さない人質のような存在となった。だが国際社会が大仏破壊と引き換えにタリバンに譲歩するはずもなかった。結局、三月一二日、タリバンは大仏を爆破した。タリバンは仏教国などからも批判を受け、国際的な孤立をさらに強めた。

タリバンへの批判が高まる中、北部同盟のマスード司令官は四月に一週間、欧州議会の招聘でフランスやベルギーなどを訪問した。これはマスードの最初のヨーロッパ訪問だった。学生時代カブールでフランス語を学んだことから、マスードは演説時フランス語で挨拶し、現地マスコミの歓迎を受けた。タリバン批判が高まる中での訪欧は、軍事的に弱体化した北部同盟が、政治的支持を取りつける効果を狙ったものだとも言われた。マスードはタリバンへの批判と共に、パキスタンのタリバン支援を非難し、同時に、北部同盟支配地域への人道支援を求めた。またパリでは、ザーヒル・シャー元国王を支援する「ローマ・グループ」の代表との面会にも応じた。

消えた文化遺産

タリバンは「大仏に関心を寄せて、なぜ内戦に喘ぐ人々に関心を寄せないのか」と嘆いた。確かに、大仏破壊後、国際社会は再びアフガニスタンへの関心をなくした。それは、仏像破壊の瞬間に幕が下りたかのように、あまりにも冷淡な反応ではなかったか。

筆者はこの顚末を見ていて、一九九〇年代半ば、国連職員やアフガニスタン研究者が、アフガニスタンの文化遺産を保護する運動を始めたことを思いだした。仏像はもとより、カブール博物館などの所蔵品の多くが略奪され、海外に流出する状況を嘆いてのことだった。運動に携わる人は筆者に対し、所蔵品が日本にも多く流れていると述べていた。大仏破壊が騒がれていた頃、カブール博物館の所蔵品が日本で見つかったことはそれを裏づけた。

勿論、美術品としての価値を見出し、これを保存することと、破壊することは明らかに異なる。保存者がいなければ、今頃さらなる所蔵品が灰燼に帰していた可能性は否定できない。しかし美術品を私物化せず、一時的な移送もできたはずである。貴重な文化遺産を破壊したタリバンを擁護する意図はないが、大仏破壊だけに関心を寄せてタリバンを野蛮と批判し、破壊後の内戦で人命が失われていくことに沈黙してしまう国際社会もまた、反省すべき問題を抱えているのではないか。復興支援で莫大な金額を提示してアフガニスタンへの貢献を示すことも重要だが、もし篤志で所蔵品をアフガニスタンに返す動きが出れば、それこそ文化遺産を愛でる、上質の文化的貢献と評価されることだろう。

孤立するタリバンとアラブ義勇兵の増加

　大仏破壊後、タリバン内部では強硬派が影響力を強めた。この動きに拍車をかけるように、四月、穏健派の代表格だった暫定統治評議会のラバニ議長がパキスタンの病院で客死した。同時期、ビン・ラディンがムスリムに対し、反米闘争とタリバンへの支援を訴えたことで、国際社会でのタリバンの孤立化は進んだ。五月、タリバンはカンダハール、ジャララバード、ヘラート、マザリシャリフ、さらにカブールの国連事務所の閉鎖を命じた。

　さらに同月には、タリバン支配地域のヒンドゥー教徒に対し、標識としてサフラン色の衣類を身に着けるよう命じた。タリバンは、ヒンドゥーがイスラムの礼拝を強要される事件が発生したため、少数派保護を目的として下したと主張したが、インドは、宗教による隔離政策だとして強く反発した。六月、タリバンは全外国人に対し、タリバンの規則を遵守する誓約書の提出を命じた。

　こうして国連の活動が停止されると、そこにはアラブ系ＮＧＯが入っていった。同様に、兵力増強にもアラブ兵など外国人兵士が補充された。

10 同時多発テロとアメリカの空爆（二〇〇一）

マスード暗殺

二〇〇一年九月一〇日、アフガニスタン人には耳を疑う事件が発生した。北部同盟の軍事司令官で、「パンジシール渓谷の獅子」の異名でソ連軍を恐れさせた戦略家、アフマド・シャー・マスードが、自称アルジェリア人ジャーナリスト二名の自爆テロで死亡したという報せだった。テロはマスードへのインタビュー中に発生し、カメラに仕掛けてあった爆弾が爆発したと言われている。北部同盟は当初、マスードは重傷ながらも一命をとりとめたと述べていたが、後に彼の死亡を認めた。

北部同盟内は悲歎に包まれた。勇敢な英雄、優れた指導者として多くの「ファン」を持つカリスマだった彼の死は世界中に配信され、イランでは追悼集会が開かれた。一六日、マスードの遺体は故郷パンジシールに移送され、埋葬された。葬儀にはラバニ大統領、マスードの長男をはじめ、数千人の兵士が参集し、悲痛な表情が報道された。北部同盟は、殺害が自爆テロであることから、ビン・ラディンがタリバンの要請のもとに実行したと断定した。アフガニスタン人による自爆行為はほとんど例がないためである。ラバニ政府の駐イギリス大使であるマスードの実弟はタリバンを非難した。

マスードは、周辺諸国にとって唯一の扱いにくい存在ではなかっただろうか。

彼は現代アフガニスタンで最大の名声を得、彼の属するラバニ派はイランやロシア、インドなどの支援を受けながらも、いずれの支援にも依存しなかった。彼はアフガニスタンの将来はアフガニスタン人自身の意志で決定すべきだと考えており、パキスタンへの依存度が高かったヘクマティヤルとは立場が異なった。マスードは事あるごとにパキスタンを非難したため、パキスタンにとってマスードは目の上の瘤だったと報じられた。マスードは麻薬栽培を禁じ、自派の収入源をパンジシール渓谷で採掘されるラピス・ラズリの販売に求めさせた。また戦争捕虜に対する虐待を厳禁し、厚遇するよう命じた。マスードのこの姿勢は彼のカリスマ性を増し、より多くの支持者を獲得した。

筆者は最初、マスード爆死の記事を読んで、マスードの作戦だと考えた。かつてマスードは自身の死亡説を流し、敵を油断させたり、反応を窺ったことがあったためだ。死亡説の数日後に突如姿を現わすのは彼の戦略の一つだった。筆者のタジク人の友人たちはマスードのポスターを室内に飾っていた。マスードに対する期待や尊敬はタジク人の間では並々ならぬものであった。

マスードの後任司令官にはファヒーム・ハーン（元内務相）が就任した。

北部同盟は軍事的に混乱すると思われたが、逆に内戦を弔い合戦として士気を高め、団結した。そしてこの弔い合戦に拍車をかけ、アフガニスタン情勢を大きく変える大事件が翌日発生した。

アメリカでの同時多発テロ事件

マスードの死亡報道がアフガニスタンを知る人々に衝撃を与えたのもつかの間、世界を震撼させるテロ事件がアメリカで発生した。

九月一一日、ニューヨークの世界貿易センタービルやワシントンの国防総省本部などを標的に、旅客機そのものを武器として体当たりするテロ事件が起こった。死者数だけでも三〇〇〇人を上回った類例のないテロは、航空・旅行業界をはじめとする多くの分野に深刻な打撃を与えた。何よりもアメリカは、その歴史において数々の戦争に参加しながら、本土を攻撃されたことがなく、このテロ事件の衝撃は心理的にも大きく影響した。アメリカのブッシュ大統領は事件を戦争と呼び、テロ犯に対する徹底的な反撃で臨むことを言明した。そこで容疑者として名前が挙がったのが、ビン・ラディンだった。

テロ直後、タリバンはテロ事件とビン・ラディンの関連性はないと述べたが、アメリカは一二日には実行犯として五人のアラブ人を特定、一五日にはビン・ラディンが最有力容疑者との結論に達した。アメリカはタリバンに対し、ビン・ラディンの身柄の即時引渡しを要求、これが実現されない場合は、武力による報復も辞さないと述べた。アフガニスタンへの軍事攻撃の根拠は、テロリストたるビン・ラディンを匿うタリバンもまた同罪であるというものだった。

これに対し、タリバンは七〇〇名以上の宗教学者を集めた緊急シューラをカンダハールで二日間開催し、二〇日、ビン・ラディンのアフガニスタンからの自発的退去を決定した。また、アメリカがアフガニスタンに攻撃を行なった場合は、ジハードとして抗戦することも決定した。

だがアメリカがタリバンの決定を一蹴したため、二一日、タリバンはビン・ラディン引渡しを拒否した。アメリカとタリバンの関係は緊迫度を増した。アメリカの空爆の可能性が高くなると、一〇〇万人規模の住民が難民となってイランやパキスタンに流出、国連関係機関は対応に追われた。北部同盟は代表者をザーヒル・シャー元国王の下に派遣し、協議を行なった。すでに「タリバン後」に向けた動きが始まった。タリバンのウマルはザーヒル・シャーの高齢を理由にその復帰を批判した。

激変する状況下で、二五日、サウジアラビアはタリバンとの断交を決定した。二六日には、閉鎖されたままのカブールのアメリカ大使館がカブール市民によって襲撃された。

アメリカは「対テロキャンペーン」に対する各国の支持を求めた。イギリス、ロシア、フランス、中国はアメリカの方針への支持を表明した。各国が、アイルランド系、チェチェン、アルジェリア系、新疆のテロ問題を抱えており、テロに対して断固たる態度をとるという姿勢を貫くアメリカに同調するのは当然であった。アメリカとビン・ラディンの戦争は、国家対個人という構図で展開されようとしていたことから、「非対称型」と呼ばれた。非対称だからこそ、アメリカはアフガニスタン攻撃について国際社会のコンセンサスをとりつける必要があった。そして幸か不幸か、いずれの大国も、テロ問題を抱えていたために、アメリカの主張は支持を集めた。

一〇月七日、アメリカによるアフガニスタンへの空爆が開始され、イギリスもこれに参加した。

「客人」ビン・ラディンを守るタリバン

アメリカの空爆警告にもかかわらず、タリバンはビン・ラディンの身柄引渡しを拒否したが、その理由は何だったのだろう。

タリバンはビン・ラディンが客人であり、客人歓待はアフガニスタン人の伝統、イスラムの教えであるとし、アメリカがビン・ラディンの犯行だと断定する上での証拠が不十分だと述べた。だがタリバンがビン・ラディンを匿うことには、別の理由が考えられる。

第一は軍事的理由である。九六年夏にタリバンとビン・ラディンが接触して以来、タリバンにはアラブ系義勇兵や傭兵が多数参加した。内戦が膠着化し、タリバンの内政に進展が見られないことでタリバンへの賛同者が減少した時期、タリバンは強制徴兵制を実施した。戦歴のあるアラブ義勇兵の参加によって、タリバンはアラブ兵に「借り」があった。一九九九年ごろのカブールやカンダハールではアラブ兵の姿が頻繁に見られるようになったが、それはまさに、軍事力で政権を維持してきたタリバン内部にアラブ兵の占める割合が高くなったことを示している。

第二の理由は経済的理由である。九八年春以降ビン・ラディンとタリバンは急速に接近し、ビン・ラディンによるタリバンへの多額の支援が両者の結びつきを強くしたという。

いずれにせよタリバンはビン・ラディンを客人として政治面では一定の距離を保ったものの、軍事面で大きく依存したために離れられなくなっていた。また、対ソ連戦争で共に戦い、資本主義を経験したビン・ラディンが、『コーラン』の言葉であるアラビア語でイスラーム復興やパレスチナ問題を語るとき、タリバンに大きな刺激となり、ビン・ラディンへの敬意となったことは想像に難くない。

パキスタン人やアフガニスタン人は、アラブ人に対して独特な敬意を抱きがちである。それは宗教上の理由と、アラブ諸国への出稼ぎで経済的に依存しているという現実的な理由の両方が混在する。南アジアのムスリム社会には、預言者の末裔と称するサイイドやアラブ系の子孫シャイフといったタイトルを冠するなど、アラブ起源を誇りに思う傾向が根強く残っているのだ。だが同時に、筆者がドバイで出会ったアフガニスタン人やパキスタン人は、出稼ぎ中にアラブ人に見下され、ためにアラブ人を嫌うのだが、その経済力の前に無言となってしまっていた。だがビン・ラディンは、出稼ぎを笑うアラブ人とは異なり、同じアフガニスタンの服を着て、質素な生活を実践した。タリバンが彼を同志と見なすのに多くの時間を要さなかったと思われる。

反米デモのうねりと終息

アメリカの空爆が始まると、隣国パキスタンで反米デモが起こった。デモ隊はビン・ラディンを支持し、アメリカの空爆を強く批判した。

筆者が二〇〇一年夏にペシャワルを訪問した時も、街中で彼のポスターやTシャツが売られていた。人びとはひとりアメリカに立ち向かうビン・ラディンを英雄に見立てていた。だがこのデモは、首都を除き、ペシャワルやクエッタなどパシュトゥン人の地元や、都市のパシュトゥン人居住区に限られたものだった。

つまりデモ隊は、世界最高の軍事力を持つアメリカに二〇年前の旧式の兵器で立ち向かうタリバンに対する同情のみならず、民族的な同胞意識からパシュトゥン人が主体となって展開されたのだった。しかもデモは極めて整然としており、近くで取材でき、周辺の商店街は開いたまま、見守る人びとに囲まれて行なわれた。パキスタンの知人は、報道陣がデモを探していると話していた。デモの隣でパキスタン人がチャーエを啜り、買い物に興じる姿は報道に値しなかったのである。

だが空爆でタリバンが急速に弱体化すると、デモも鎮静化した。ビン・ラディンによる決起の呼びかけに対し、義勇兵としてアフガニスタンに移動したムスリムも少なくなかったろうが、パキスタンを含むムスリム社会に大きな変化はなかった。ビン・ラディンは、ムスリムの心にあるくすぶりに火を付けようとしたが成功しなかった。パキスタンのムスリムが沈黙した裏には、アメリカがパキスタンに対外債務の破格の軽減を持ちかけたこともあった。タリバンに同情的でありながら、示威行動が一種のガス抜きの効果となって、デモ以上の実力行使には至らなかった。また、連日映像で送られるアメリカの圧倒的な破壊兵器の前に、沈黙せざるを得なかったのであろう。

だがデモが鎮静したからといって、人びとが永遠に沈黙するとも言えない。このような動きはデモばかりではなく、様々な形態で今後表面化することはありうるのだ。それは例えば、家庭内や喫茶店での会話の中で義憤をぶちまける場合もある。あるいはデモを起こしたり、新聞に投書することもある。また、実際の軍事行動も完全に否定はできないのだ。彼らムスリムは生活そのものがイスラームの規範の中にあるが常に教条的なわけではない。ただ信仰の基本である唯一神アッラーへの服従とムハンマドを最後の預言者と認める点は共通しており、全ての判断はここから始まる。したがって彼らの日常における「イスラーム的要素」は個人差に富む。昨日まで酒を飲み、礼拝をしなかった人物が、急に顎鬚を伸ばし、西欧文化を非難することや、その逆も十分ありうるのだ。それはきっかけや環境によって変わり、タリバンの結成やそれへの参加も、このような偶然の中で生まれたのだった。

反米デモは終息したが、彼らの心の中に、くすぶり続けるものが残ったことを忘れてはならない。

タリバン分裂工作

デモに参加するムスリム、デモを見物するムスリム、そしてデモを嫌うムスリムがあるように、タリバンの中にさえ、様々なタリバンが存在した。

タリバンは二年前から内紛を抱えていた。中にはビン・ラディン引渡しを考える者もあり、アメリカは彼らを「良いタリバン」と呼び、身柄引渡しを拒否する派を「悪いタリバン」と呼んだ。水面下では「良いタリバン」によるタリバン内部分裂工作が始まった。二〇〇一年一〇月中旬、タリバンのムタワッキル外相がパキスタン軍部の招きでイスラマバードを極秘に訪問し、アメリカやパキスタンとの妥協案に応じた。この交渉はパキスタン軍部を通して行なわれたが、報道されたことで中断された。アメリカは失敗も予測していたのであろう、別の交渉役を準備してタリバン分裂工作を続けた。

一〇月二六日、ハリス派の元司令官でカディル元ジャララバード市長の弟、アブドゥール・ハクが、ジャララバード近郊のタリバンに対し分裂工作を行なっていたが、タリバンに殺害された。ハクの死で東部のタリバンは分裂を回避したが、北部同盟のカブール制圧後、「第三勢力による東部制圧」と報じられたのは、このハリス派だった。ハクは戦争時に片足の指先を失い、治療で来日したことがある。

次にタリバンが身柄を拘束しようとしたのが、後の暫定行政機構の議長となるハミード・カルザイだった。カルザイはCIAの後援を得てタリバン分裂工作を進める途中、タリバンの標的となったが、辛うじて逃げ切った。この時、すでに北部同盟がタリバンを窮地に追い詰めていた。

パキスタンの断交

テロ事件以降、タリバンの唯一の窓口は駐パキスタン大使館が担った。サウジアラビアが九月にタリバンとの断交に踏み切ると、タリバン政府を承認しているのはパキスタンだけとなり、ザイーフ駐パキスタン大使が報道陣への対応にあたった。タリバンはアメリカの空爆を非難しながら、ビン・ラディンがテロ事件の犯人である証拠の提示が不十分として、身柄引渡しを拒否した。

だが、タリバンが弱体化する中で、一一月、パキスタン政府は事実上タリバンとの断交を決定し、二二日にはイスラマバードの大使館が閉鎖された。ラバニ派とタリバンへの支援疑惑を巡って国連でも激しい応酬を行なってきたパキスタンとしては、タリバンを見捨てることは苦渋の選択であった。そこでパキスタンのムシャラフ大統領は、アメリカとの会談でも新政権の枠組みにはタリバン穏健派が含まれるべきだと主張し、タリバンとのつながりを保持しようとした。だが、急激な情勢の変化と、「タリバン穏健派」そのものの動きが見えなくなった状況により、新政権へのタリバン参加は不可能となった。タリバンの中には、ウマルを代表とみなさず、新たなタリバンを編成して新政権参加の意欲を見せた者もあったが、ポスト・タリバン新政権は、タリバン排除が前提となって動き出した。

カブール陥落

アメリカの空爆が開始されると、北部同盟は一気に軍事的巻き返しを図った。一一月一〇日、北部の要衝マザリシャリフを制圧すると、カブールに向け進軍し始めた。

アメリカは、少数民族で構成される北部同盟が覇権を掌握することに賛同しかねるとして、北部同盟のカブール侵攻を牽制した。だが一三日、北部同盟は無血入城によるカブール奪還を果たした。北部同盟がカブール入りする直前に、タリバンやタリバン支持の市民は脱出していた。おそらくマザリシャリフ陥落の報を聞いて、カブール侵攻が間近く、形勢不利と判断したのであろう。日和見主義的なタリバン兵士にとって、これ以上カブールに留まり続ける理由はなかったのだ。

北部同盟にとってカブール入りはあくまでも「奪還」であった。彼らが再度首都に入城した際、マスードのポスターを掲げる姿が多く見られた。アメリカが懸念を示す中でもカブール入りしたのは、カブール入りの象徴性に加えて、マスードへの弔い合戦としての意味合いがあったものと思われる。ラバニ派はカブール制圧直後に内戦における勝利宣言を発表し、時代は、タリバン後のアフガニスタンへと本格的に動き出した。

カブール市内ではインド映画の音楽が流れ、顎鬚を剃り、踊る人々の姿が映し出された。報じられる映像は、カブールに自由が戻ったことを喜ぶ人々の笑顔で溢れた。

カブールに自由が戻ったことは事実である。タリバンを支持しなかった人々、特に西欧文化を享受してきた都市の人々にとっては喜ばしい出来事であった。だが他方、タリバンを支持し、タリバンの示したイスラム的生活を実践することを歓迎していた人々は、北部同盟を恐れてカブールを去っていったことも忘れてはならない。女性がヴェールで身体を覆うのは、タリバン支配地域に限ったことではなかった。ロシアに近いマザリシャリフでも、ヴェールをすっぽり被った女性を筆者は何度も見た。全てをタリバンによる人権弾圧だと断じることもまた、危険なことである。

タリバンの支配と異なるのは、ヴェールを被る人と被らない人が共存できる社会が戻ったことである。ヴェールを脱ぐことや、踊ることが自由なのではない。踊りの好きな人と嫌いな人の両方が共存できることに意味があるのだ。だがこの時期のマスメディアは、ヴェールを脱ぐことを自由だと報じ、タリバンだけが悪だとする格好の材料になったのではなかったろうか。ヴェールを脱ぐ自由を奪ったタリバンに非はあるが、内戦を続けた北部同盟を正当化することはまた別の問題である。

ボン協定

一、参加者はアフガニスタンにおける悲劇的な争いを終え、国民の和解、恒久平和、人権尊重を促進する決意をした。
二、暫定政権に権力委譲するラバニ大統領に敬意を表し、暫定政権は一二月二二日に発足する。
三、暫定政権は暫定行政機構、最高裁判所、ローヤ・ジルガ（国民大会議）招集委員会の三つで構成される。
四、行政機構には議長一名、副議長五名を置き、計三〇名で構成され、女性参加も考慮する。
五、ローヤ・ジルガ招集委員会は二一名で構成し、緊急ローヤ・ジルガの招集方法を決定する。なお、緊急ローヤ・ジルガは暫定政権発足後六ヶ月以内に招集、ザーヒル・シャー元国王が開会を宣言する。
六、緊急ローヤ・ジルガは正式政権発足までの移行政権を選出し、移行政権発足後一八ヶ月以内に正式のローヤ・ジルガを招集する。
七、移行政権は憲法起草委員会を創設、正式のローヤ・ジルガが憲法を制定する。
八、暫定政権は人道に反する罪を犯した者に恩赦を与えない。
（付属文書）
一、治安維持のため、多国籍軍がカブールに展開、順次主要都市に拡大する。
二、国連は暫定政権を支持し、国際社会へも支援を要請する。政権運営に支障が生じた場合は仲介に当たる

それにしても、人間というのは強く、したたかな生き物ではないか。あのインド音楽のテープやラジカセ、男優、女優のポスターは一体どこにあったのだろうか。顎鬚を蓄えよと言われれば髭を伸ばし、こっそりと自宅で映画音楽を口ずさんでいたのだろうか。アフガニスタンは戦争のインフラで何もかもを失い、多くの人命を失った。だがこの逞しい生活力を持った市民がいることが、復興のバイタリティーに大きく寄与するものと思う。

ボン会議

空爆が続く中、一一月二七日、国連は新政権樹立に向けた会議をドイツのボン郊外で開催した。会議には北部同盟、国王支持派のローマ・グループ、キプロス・グループ、そしてペシャワルからのグループが参加し、二九日には議会に相当する暫定評議会と、内閣に相当する暫

定行政機構の設置案について合意が成立した。

その後暫定行政機構の人選で各派間の確執が表面化した。事実上の首相となる議長枠と、国防相、内務相など軍事面の実権を誰が掌握するかが最大の懸案事項となった。特に、民族的に少数派で構成される北部同盟とパシュトゥン人との確執があった。一時は北部同盟が名簿提出を拒否するなど協議が暗礁に乗り上げかけたが、国連の調整で、議長にパシュトゥン人のハーミド・カルザイ元外務次官を据え、閣僚の重要ポストを北部同盟が得る案で合意し、五日、暫定政権協定の調印が実現した。協定の概要は右の通りである。（前ページの表参照）

ハーミド・カルザイ

暫定行政機構の議長に選ばれたハーミド・カルザイは、一九九六年のタリバンによる暫定政府樹立時、国連大使に着任予定だった。パシュトゥン人、ドゥラニ族のカルザイは祖父が国王時代に国会議長だった。彼自身はアメリカやインドへ留学し、一九九二年のラバニ政権時代に外務次官を務めた。タリバンが台頭するとタリバン支援者となったが、タリバンに父を殺害されたため、タリバンを離れた。アメリカの空爆が始まった頃はＣＩＡの支持を得て、タリバン分裂工作を開始、途中タリバンに身柄を拘束されかける危機もあったが、その頃北部同盟がカンダハールを陥落させた。

カルザイはドストム派を除く主要勢力の全てを渡り歩いた人物で、主要派閥の声を吸い上げる適格者と言える。アフガニスタンにこのような変わり身の早い人物がいたことが、結果的には幸いであったと言えよう。彼が公式の場でドストム派からもらったコートを羽織っていたことは、ドストム派への配慮であろう。

カンダハールの明け渡し

一二月七日、タリバンはカンダハール、ヘルマンド、ザブールの三州をパシュトゥン人有力者ナキーブッラーに明け渡す決定を下した。ナキーブッラーは、元タリバン司令官で一九九八年一月にタリバンと袂を分かった人物である。タリバン兵士は一斉に非武装化してカンダハールを後にした。

もしカンダハール明け渡しを北部同盟が求めていたら、タリバンは苦しい対応を迫られたろう。カブールで発見されたタリバン兵士が、パシュトゥン成人男性の威厳の象徴であるターバンを脱ぎ、全面降伏の姿になってもなお、北部同盟から暴行を受けていた場面が報じられたが、面目を重んじるパシュトゥン人にとって北部同盟への降伏は受け入れがたかったであろう。それに比して、同じパシュトゥン人勢力に南部の支配権を委譲するという体裁はカンダハール明け渡しの条件を満たしていた。カルザイも、南部地域の支配はパシュトゥン人勢力でないと困難との認識を示していた。

こうして、タリバンは支配地域の全てを失った。

ビン・ラディンの捜索

タリバン撤退後、アメリカはビン・ラディンの身柄確保に集中した。空爆目標は潜伏先と目された東部トラボラ地区に移され、連日のように空爆が行なわれた。これと並行して、北部同盟による地上での捜索が開始されたが、タリバンやアラブ義勇兵の一部が拘束されただけで、ビン・ラディンの足取りを示すものは見つからなかった。

アメリカはビン・ラディン確保のため攻撃の継続を発表し、身柄を拘束したタリバン兵士やアラブ義勇兵に対する尋問を開始した。タリバンのザイーフ元駐パキスタン大使は、パキスタンに亡命を求めたが、パキスタンは拒否、身柄はアメリカに引き渡された。

多国籍軍派遣

一二月二〇日、国連安保理はイギリス軍を主体とする多国籍部隊のカブール派遣を承認する決議案を全会一致で採択した。部隊は三〇〇〇～五〇〇〇人規模になり、暫定政権樹立までにまず二〇〇人がカブール入りすることとなった。国連憲章第七章にある通り、任務遂行のため必要な全ての措置を取ることが認められ、武力行使も可能となった。多国籍軍にはイギリス、フランス、ドイツなどＮＡＴＯ諸国の他に、バングラデシュ、トルコ、ヨルダンなどイスラーム諸国からも派遣が計画された。

ラバニ派は多国籍軍の派遣に消極的で、派遣承認後も部隊数を極力少なくするよう求めたが、結局国連決議を追認した。カルザイ議長は暫定政権樹立後、多国籍軍の展開期間の六ヶ月は最短期間であって、それ以上に延期される可能性があることも示唆した。

暫定政権樹立

一二月二二日、カブールの内務省で暫定政権発足記念式典が挙行された。

式典には約三〇〇〇人が出席し、ラバニ大統領からカルザイ暫定統治評議会議長に政権が委譲される形で執り行なわれ、カルザイは暫定政権首相となった。日本からは外務副大臣が出席した。日本政府はこれに先立つ二〇日、新政権の正式承認を決定した。暫定政権が国連の支援を受けており、日本は復興支援の主導的立場を顕示するため、正式承認が妥当であるとの判断に至った。ラバニ大統領はボン会議に触れ、和平会議はアフガニスタン国内で行なわれるべきだったとして、アフガニスタン人自身による国家再建を目指すよう注文をつけたが、権力の委譲は円滑に行なわれた。式典会場の背景には故マスード司令官の大きな遺影が掲げられ、マスードが和平を見守るかの印象を与えた。

式典の中でカルザイ首相は、国民に平和と法をもたらすことを誓い、言論と信教の自由、女性の権利の尊重、教育の復興、テロとの戦いなどを盛り込んだ一三項目に及ぶ施政方針を披露した。日本政府は直ちに国連開発計画（UNDP）に対する一〇〇万ドルの醵出を決定し、二〇〇二年一月に東京でアフガニスタン復興支援会議を開催し、二月にはカブールの日本大使館を再開するため在カブール連絡事務所を開設、復興支援の整備に着手した。

これまで地道ながらも人道支援を継続し、北部同盟やタリバンの代表を招聘して東京での和平会議案を進めてきていた日本政府が、復興支援で主導的立場を執ることにはそれなりの意義がある。実は日本政府は、王政時代最大援助国の一つだった。都市部の水道設備は日本政府の供与によって作られた。アフガニスタン人学生が日本に留学し、日本からも人類学や歴史学の学術調査隊がアフガニスタンを訪れ、数多くの世界的成果を挙げてきた。

ドストム将軍の処遇

暫定政権の閣僚は二九名で構成され、うち北部同盟が一九ポストを、元国王支持派が八ポストを、ペシャワル派が二ポストを占める形となった。

北部同盟は外相、内相、国防相、法相、通信相、運輸相、都市開発相、高等教育相などの主要ポストを占めた。外相のアブドゥッラーや内相のカヌニはラバニ政権からの横滑りで、国防相もマスードの後継者ファヒームが就任した。都市開発相は交通の要衝ジャララバードの市長カディルが就任した。元国王支持派は観光相、情報文化相、復興相、財務省、教育相、女性問題担当相などのポストを得、女性問題担当相には女性が就任した。ペシャワル派は保健相と灌漑相のポストを獲得した。灌漑相のマンガル・フサインはヘクマティヤル派顧問で、対ソ連戦争時代から幾度も来日している。灌漑の復興支援を担当したのは、援助国日本とのつながりを強調したものと思われる。

閣僚はタジク人一一名、パシュトゥン人九名、ハザーラ人五名、ウズベク人四名で構成され、民族的にはタジク人が多くなったが、それでも合意の上での人選となった。

だが、ドストム派はタジク人が主体となったことに不満を示し、暫定政権への不参加を表明した。暫定政権樹立を導いたカブール制圧は、元をたどればドストム派によるマザリシャリフ奪還が引き金となったことから、ドストム派としては貢献に相応するポスト配分があると考えていた。だがラバニ派が主導権を握ったため、ドストム将軍は明らかに不快感を示した。これに対しカルザイ首相はドストム将軍を国防次官に任命し、ドストム派との妥協に至った。ドストム将軍は十分な兵力を有し、北部での圧倒的な勢力を回復していることから新政権としては無視できない存在だった。またドストム将軍自身も、自分がアフガニスタン全体の国防相に就任するほどの指揮能力がないことは自覚していたであろう。次官として北部地域を支配下に置くことが、当面の課題であると了承したと思われる。

東京会議

二〇〇二年一月二一日、約六〇ヶ国と二二の国際機関の代表が出席する中、東京でアフガニスタン復興支援会議が開催された。これに先立ち、NGO五九団体による会議も開かれた。

カルザイ議長は会議でのスピーチにおいて、効率的で透明性のある、民主的な制度の確立を目指すと述べ、国際社会に対し即効性のある支援を求めた。日本は二年半で五億ドル、アメリカは一年で二億九六〇〇万ドル、サウジアラビアは三年で二億二〇〇〇万ドルを、欧州連合は一年で五億ドルを、ドイツは五年で三億五〇〇〇万ドル、イギリスは五年で三億七二〇〇万ドルの醸出を決定し、世界銀行とアジア開発銀行はそれぞれ二年半で五億ドルの醵出を決定した。また周辺各国は影響力の維持を目論み、イランが一年で一億二〇〇〇万ドルの支援を表明するや、模様眺めをしていたパキスタンも五年で一億ドル、インドも一年で一億ドルの支援を発表した。各国の支援総額は三〇億ドルを超えた。

会議では、支援国が暫定行政機構の復興と開発への政治的支持を表明した。また支援は地理的バランスを考慮し、行政能力の向上や教育、保健衛生、インフラ、経済システム、農業及び地方開発、地雷撤去などの作業を実施し、定期的に復興運営会議をカブールで開催することなどを決定した。

タリバンは消滅したのか

支配地域をなくしたことでタリバンは消滅したと報じられた。だがそれは事実だろうか。アフガニスタン各派で支配地域のないグループは少なくない。したがって地盤を持つか否かが存在そのものを決定するとは言い切れない。ましてウマルをはじめタリバンの主要人物の多くは、身を隠したままなのである。

一九九六年から五年間カブールを支配し、国土の九割を制圧したアフガニスタンのタリバンは事実上消滅した。だが「タリバン」という名称は、「イスラーム団体」や「イスラーム党」のような固有名詞ではなく、普通名詞でもあることを忘れてはならない。「イスラーム学の学生たち」はいつでもどこでも、タリバンと自称することができるのだ。タリバンとは、イスラーム体制確立を目指した運動体であり、「タリバン運動」とも報じられた。組織内には締めつけもあったが、同時に日和見主義者で構成された脆弱な集合体でもあった。それは、いつでも集合可能な自由な運動体であると言うことを指している。タリバンはアフガニスタンにおけるイスラム体制確立を主張して拡大した。だがアメリカの空爆と北部同盟の反撃で弱体化すると、南部の基盤を死守しようと地域への執着を示した。また空爆で瀕死の重傷を負った息子の治療を優先させようとするウマルの独善的な姿が報じられもした。本来ムスリムは血縁や民族や国家、地域などに縛られず、アッラーと個人との関係性において成立するものであり、家族が非ムスリムであるとか、どこに住むかといったことは関係ない。このようなイスラーム共同体（ウンマ）の性格を考えると、国境を越えて自由に移動するビン・ラディンに比べ、故郷や親族に固執するタリバンやウマルの姿は、イスラームを掲げながらも、様々な束縛を免れていない存在だったといえよう。その意味では、ウマルの率いたタリバンは、「アフガニスタンのタリバン」という枠組みを超えることができなかったのだ。

だが、「アフガニスタンのタリバン」が消滅しても、国境を越えて新たなタリバンが出現する可能性は皆無ではない。「タリバンは消滅したか」と問われれば、「あのタリバン」は一時代を終えた、と言えるだろう。しかし、新たなタリバン運動が発生しうることを、我々は忘れてはならない。また、新たなタリバンが、このアフガニスタンのタリバンと同じ性格のものだとも限らない。より穏健なイスラーム学の学生がタリバンを名乗る可能性もあれば、より過激なグループとなる可能性もある。

タリバンは、ターバンにショールを羽織った風貌やその行動から、前近代的な存在のように報道された。だが前近代的ということは、西欧の価値観で築き上げられた国家観を超えた存在であるともいえる。つまり、我々が築き上げた西欧的価値観の前に、全く異なる価値観を持って登場したのだ。

我々は、異次元の扉を開けたかのように彼らに怯えたが、彼らの住むのは異次元ではなく、我々が知らない価値観の社会であったに過ぎない。タリバンが異なる価値観を提示しながら、国際社会の承認を得ようとすることに矛盾はある。国際社会の規範を遵守すればこそ、その一員として認められるのだ。したがって、この規範を学ぶことは、タリバンにとっての必要条件だといえる。だがもし、国際社会の規範そのものに対し疑義を申し立て、別の価値観や規範を提言する勢力が現われたとしたら、我々はどう対処すべきなのだろうか。

タリバンの存在は、異なる価値観の存在を認め、これを理解することで対話を進め、無用な衝突を避けなければならないという教訓をあらためて知らしめた。時を経て衝突の規模は確実に大きくなり、いまや兵器は人類全体を滅ぼすものとなっている。我々はその意味でも、タリバンを単なる過去の存在として葬ってはならない。

歴史から学ぶこと

アメリカによる空爆と新政権成立を見ていると、不思議に感じることがある。それは、アフガニスタン人が、この戦争をどう考えているのか、ということだ。いや、アフガニスタン人だけではない。ひょっとすると我々のほとんどが、ビン・ラディンとアラブ系義勇兵、タリバンにテロ事件の全責任を見出すことで全てを忘れようとしているのではないかという気がしてならない。アフガニスタン人は、冷戦時に自分達を利用した上に、空爆したアメリカに何の感情も抱かないのだろうか。あるいは、内戦を止めるきっかけを作ってくれた恩人だと思うのだろうか。二〇〇一年一二月一六日にアメリカのラムズフェルド国防長官がハミード・カルザイ暫定統治評議会議長と会談した際、カルザイは、自分達だけで多くのことを成し遂げるのは無理だった、とアメリカによる反タリバン勢力への支援を感謝した。今回の空爆は、内戦を終える上で必要だったと彼らが評価しているということなのだろうか。同様にイギリスのブレア首相が二〇〇二年一月にカルザイ議長に面会した際、イギリス国民は常にアフガニスタン国民と共にあり、タリバンを駆逐する、と発言した。二〇〇二年一月に訪米したカルザイはニューヨークのテロ現場を訪問し、テロリストは悪、我々は善だと述べた。

内戦の責任は一体誰にあると考えているのだろうか。一九九二年以降一〇年に及んだ内戦を指揮したのは、他でもない、新政権を構成する人びとであり、戦闘に参加して国土を破壊したのは、アフガニスタン人自身の軍隊であった。だがその武器や兵站は、アメリカをはじめとする当時の西側諸国やロシア、そして周辺諸国によって供与されたものだった。アフガニスタンの内戦は、国内で展開された戦争、という地理的な意味では内戦だったことに間違いはないが、それは周辺地域を巻き込んだ、紛れもない国際的な戦争だったのだ。

二〇年以上続いたこの戦争の責任は、一個人、一国家に負わせるにはあまりにも大きすぎる。また、その責任を問うことに時間と労力を費やしていれば、国土の復興は立ち遅れるばかりだろう。この二〇年が一体何だったのか、アフガニスタン人自身が振り返り、自国の歴史において評価を下すのは、アフガニスタンを安定させてからでも遅くはない。しかし、この二〇年間に起こったことをできる限り記録に留めておくことは、後世の判断のためにも必要だと考える。最近刊行されている記録にはタリバン時代の「不自由」な生活を描いたものもあったが、タリバンを支持していた人たちもいたはずである。いずれの記録をも後世に残し、内戦時代の評価を委ねることが必要なのではないだろうか。

筆者は、アフガニスタン人が、彼らの良心に基づいて正直に戦争時代を回顧した記録を残しておくことが重要だと考える。さもなくば、今後アフガニスタン人が自らの歴史を回顧するとき、史料は海外のメディアなどによって作られたものしか残っていないことになる。例えば、山田風太郎の『戦中派不戦日記』や藤原ていの『流れる星は生きている』のように、誰かが戦時下で日記や手紙を書いていたとすれば、それらを保存する必要があると思う。

今後アフガニスタンの人びとが、戦後教育を始めるとき、これまでの戦争は、善良な国民が軍部によって誤った方向に進んでいった結果だと考え、自らの責任を忘れて、戦争の全ての責任を兵士や指導者たちだけに帰し、これを憎悪することで、自分たちを利用した諸外国のことを一切忘れてしまうようなことにはなってほしくない。タリバンとアラブ兵に全ての責任を負わせるだけでは内戦への自省にはならず、歴史から何も学ぶことにはならないのではないか。無論、諸外国への憎悪などないほうが良い。空爆をしたからといって、アメリカを憎むべきだとは言わない。ただ、戦争や内戦の愚を二度と繰り返さないためにも、諸外国との協調を重んじ、自らの歴史を正しく見つめることが必要なのだと筆者は思う。それによって、アメリカやロシア、周辺諸国に対して、感謝する面もあれば、過ちを指摘したい部分も出てくるであろう。アフガニスタン国民がその両面を主張することができ、過去の教訓としてその経験を生かすことによって初めて、アフガニスタンは自国の歴史を持つことができるのではないだろうか。そしてこのことは、最終兵器が人類全体を滅ぼすことになりかねない現代にあって、アフガニスタン国民のみならず、我々自身もまた、人類の営みとしての過去を教訓とする姿勢を再認識する必要性が求められていることを悟らなければならないのではないだろうか。

あとがき

いくつかの曲折はあったが、ローヤ・ジルガ（国民大会議）を無事終えてアフガニスタンは新しい国づくりのスタートを切った。しかし進むべき道のりは多難であり、乗り越えなければならない障害は余りにも多く、前途の見通しは漠として不分明である。

とはいえ、アフガニスタンが歩いてきた苦難に満ちた悠遠な歴史的時間からすれば、「いま」はたとえどんなに困難であっても一刹那《せつな》にすぎない。ファルダー、明日という言葉がアフガニスタンの人びとの希望の灯だ。それは文字通り明日のことでもあるが、一月先のことでもあり、一〇年も先のことでもある。しかしけっして希望を失うことなく耐え忍ぶことが、アフガニスタンでは美徳とされてきた。日常の時間に刻む、日に五回のサラート（礼拝）の聖なる時が、美徳の持続にリズムを与えつづけてきた。アフガニスタンの人びとが微笑みながらファルダーというとき、彼らは自分たちやこの褐色の大地で生を営んだ先達たちの激しい日々をもこの短い言葉に嚙みふくんで放下しているのだ。

彼らは武骨ではにかみ屋で、心やさしい人びとである。貧困と絶え間のない戦争で心をそぎたて、ときには狡猾《こうかつ》と思える振る舞いがあったとしても、それは彼らの真実の姿ではない。世界の内なる存在として、どの民族も等しく経験した歪みである。

世界の人びとが温かいまなざしを投げつづけ、パレスチナでもチェチェンでもいまだに手に入れることのできない平和と民族融和を余儀なく戦争に明け暮れた国が、アジアの中央に打ち建てようとしている壮大な実験を打算なく支援しつづけるならば、ファルダーは明るい展望の中で具体的な形で見据えられるだろう。

平和を人類の意志として、アフガニスタンの人びとがみずからの希望としてつくり出すことは、二十一世紀最初の夢の実現でもあるだろう。

私たちはそれぞれにアフガニスタンへの想いをこめて歴史を書いた。というよりすでに書かれた書片を掻き集め、すでに報道された数々の言説の切片から選集し、推論の助けを借りて事実と思わしきことを記述した。「事実はけっして与えられるものではない」というリュシアン・フェーヴル（『歴史のための闘い』）に励まされて、ひたすらにアフガニスタンで生きられた錯綜した人間の営みを「引用の織物」のように綴りつづけたというのが本当のところだろう。それは「冷え切った灰、ぬくもりの残る灰」をやたら掻き回したに過ぎなかったかもしれないが、ここに描きだされたさまざまな事実を生きた人びとが存在したことは誰も否定できないだろう。

アフガニスタンの人びとが、おびただしい時の流れの中であらがい生きぬいた大いなる生の根源、「そこにある不確定なものを前にした心のときめき」（ヴァレリー）を感じとれるような歴史、「土、田園、耕作、収穫の香りを漂わす」（フェーヴル）アフガニスタンの歴史が書かれるためには、もう少し時間が必要だろう。

二〇〇二年の春、各国はアフガニスタン復興支援に協力する具体的なプログラムづくりに着手した。フランス政府はすぐさま教育、保健、農業、国家再建、市民社会支援、文化遺産保護の六部門を支援対象と特定して調査団をアフガニスタンに派遣した。とりわけ緊急性を要する文化遺産保護に関しては六名の専門家たちを現状調査のため五月初旬に現地に送り、五月末にカブールで開催された「アフガニスタン文化遺産復興国際セミナー」に備えた。この対応の速さは、文化復興の重要性を深く認識しているフランスならではのものであった。

カブール会議の主要な目的は、全体としてはアフガニスタン国内のそれぞれ異なる遺産、遺跡、博物館の状況に関する情報の交換と、緊急および長期の遺産保護を目的とする政策骨子の概略策定などであり、個別問題としては、危険に晒されている遺産と遺跡に対する緊急手当と最初の実行計画の策定、カブール博物館についての将来計画、国内文化遺産目録の作成、バーミヤン遺跡保護のための可能性のある手段の策定などであった。

日本政府はこの会議で七〇万ドルをユネスコ信託基金として担保し、バーミヤン仏跡の修復、現地にバーミヤン歴史博物館を設置することと当地における考古学的発掘の推進に寄与することを表明した。遅ればせながら文化復興支援の一翼を担う姿勢を示したといえる。

二〇〇二年夏、東京芸術大学で「アフガニスタン——悠久の歴史展」が開催され、同時に「専門家によるアフガニスタン文化財に関する学術的な検証を行い、アフガニスタンの貴重な文化財保護に関する世界的な世論を喚起する」ために、「アフガニスタンの文化——東西文化交流と仏教文化」をテーマに国際シンポジウムが行われた。文化にかかわって日本がアフガニスタンの歴史に深く足を踏み入れようとする初めての試みといってよいだろう。

五時間におよぶ長いシンポジウムにもかかわらず、多くの人たちが変転するアフガニスタンの歴史にじっと耳を傾け、たゆまぬ探求の努力によって発見された砂漠に湧き出す点々とした泉とオアシスのように変化に富んだアフガニスタンの文化の多様性に熱く心をゆさぶられた。そして誰もが一様にアフガニスタンの歴史にはなお解明すべき謎が多く、「蘇らせるべき生」が満ち溢れていることを感じとっただろう。

私たちのささやかな歴史の粗描が、波瀾に満ち、胎動しつづけ、偶然と亀裂に揺れ、融合と逸脱をくり返したアフガニスタンの全歴史の地平線に向う第一歩となれば望外の幸せというものである。

本書はプロローグと第一部を前田が、第二部を山根聡が担当した。地名人名の表記については、現地音主義を基本としたがカブールなど一般に定着している表記についてはその限りではない。なお年表は、佐藤祐美・芹澤和史・西岡裕二がつくった原案に山根聡が手を入れて完成した。

私たちが粗描に使用させていただいた数々の文献資料の著者たちに感謝の意を表するとともに、本書の出版に深い理解を示して下さった編集者の揆木敏男さん、地図・系譜の作成などに多大な労力を注いで下さった小川哲さん、このふた方に心よりお礼申し上げる。

八月暑夏

前田耕作

和平会議も宙に浮いたまま、米軍の撤退が始まり、いまアフガニスタンは混乱の渦中にある。わが国のこの国における平和構築への寄与は何であったのか。経済の立て直しも中村哲の遺訓《たゆまぬ自助》の努力がなければ汚職と腐敗に果てるほかはない。二〇〇二年に戦火が収まったとき、廃墟と化したカブール博物館の入口に《もしまだ文化が生き残っていれば、国もまた生き残れよう》と書かれた幕が張られていた。この文化の意味は深く鮮烈である。

二〇二一年九月

年　表

旧石器時代　①10万年前頃の旧石器前期の石器、ガズニー西方のダシュティ・ナウルで発見されている。②5万年前頃の旧石器中期の石器、ヒンドゥー・クシュ山脈の北方と南方の地域で発見されている。③2万～1万5000年前頃の旧石器後期の石器、バルフ地域で発見。1万年前頃のものと、6500年前頃のものと推定される石器がアム・ダリアの南方とフルムの北方で発見されている。

新石器時代　紀元前8000～前2000年頃の石器、骨、壺などがバルフのアククプルクとバダクニーのダラ・イ・クルで発見されている。

青銅器時代　およそ紀元前5000年～前1000年にわたる青銅器時代の遺跡がカンダハールの西方のムンディガク、バルフ北西のダシュリー遺跡などが発見されている。

＊

紀元前2000～前1000年頃　アーリア人、北部アフガニスタンから北インドへ移動。

紀元前522～前486年　ダレイオス1世の支配。アフガンの領域、アケメネス朝ペルシアの一部に。

紀元前330～前327年　アレクサンドロス大王の支配。バクトリア（バルフ）、帝国の属領となる。

紀元前305年　アレクサンドロス大王のアフガニスタンの領土を引き継いだセレウコス朝が敗北、マウリヤ朝インドの支配下に。

紀元前250年頃　マウリヤ朝アショーカ王の統治。仏教の布教。

紀元前250～前128年　バルフにギリシア・バクトリア王国成立。

紀元前50年～紀元後250年　アフガニスタン地域、クシャン朝の一部となる。

225年頃～600年代　ササン朝ペルシア支配の確立。

630年頃　玄奘三蔵、アフガニスタンを横切りインドへ。後、『大唐西域記』に当時のアフガニスタンの記録を残す。

652～664年　最初のアラブ人ムスリムによる征服。

8～10世紀　ヒンドゥー・シャヒ、カブールとアフガニスタン東部を支配。

871年　サッファール朝ヤークーブ・イブン・ライト、ヒンドゥー・シャヒを制圧する。

900年頃　サーマーン朝アフガニスタンに勢力を伸す。

997～1150年頃　ガズニー朝の支配下に。

1186年　グール朝、ガズニー朝を継承。

1221～1222年　チンギス・ハーンの侵略（バルフ、バーミヤン、ヘラート）。

1227～1350年　クルト朝（バルフ、ガズニー、サラフス）。

1370年　ティムール、バルフの王位につく（ティムール朝）。

1405～1506年　ティムール朝の支配、ヘラートとバルフに。

1504～1525年　バーブルの侵略。カブールに首都を定める。

16,17世紀　サファヴィー朝とムガール朝がそれぞれアフガニスタン領土を占領。

1709～1738年　ギルザイの族長ミール・ワイス、サファヴィー支配に敵対。イランを支配し、カンダハール王国を築く。

1747年　現在のアフガニスタンの基礎となるドゥラニ朝の支配。
アフマッド・シャー、サドザイ朝のもとアフガン部族を統合、26年の支配を始める。
1761年　アフマッド・シャー、パニパットの戦いでマラタ同盟を破り、カシミール、パンジャブ、バローチスタンの一部を含む、アフガニスタン最大領土を有する。
1773年　ティムール・シャーの20年の支配始まる。首都はカンダハールからカブールへと移り、軍事行動はシンドとバクトラで行われる。
1793年　ザマーン・シャー、6年の支配始まる。
1798年　イギリス、アフガニスタンのインド侵略を恐れ、拡大防止の政策を開始。ペルシア、アフガニスタンを阻止し続けることに協力する。
1799年　ザマーン・シャー、マフムードによって退位させられ、最終的にインドへ亡命。
1803年　シャー・シュジャー、マフムードによって退位させられる。
1805年　ペルシアによるヘラート攻略失敗。
1809年　イギリス使節のマウント・スチュアート・エルフィンストン、ヨーロッパ諸国における初のアフガニスタンとの外交折衝の結果、シャー・シュジャーと防衛同盟を交わす。マフムード、ガンダマークのシャー・シュジャーを破る。
1816年　ペルシアによるヘラート攻略失敗。
1818年　ファテ・ハーンの反乱後、事実上1835年になって初めて独立国家となるアフガニスタンの分離の原因となる内戦がはじまる。
1826年　ガズニーの支配者ドスト・モハンマドがカブールを手中にする。
1834年　ドスト・モハンマド、シャー・シュジャーを破り、カンダハールを占領。
1835年　ドスト・モハンマド、最初のアフガニスタン支配。
1837年　バーンズ大尉、イギリスの外交使節団としてカブール着。イヴァン・ウィトケヴィッチ、ロシアの使節としてカブール着。
1838年　イギリス、ドスト・モハンマドとの関係を絶つ。7月、三国間条約、ランジート・シング調印。英国東インド会社とシャー・シュジャー、最後のアフガン王権を回復。
1839年　第一次英ア戦争開始。
1840年　ドスト・モハンマド、復帰を企てるがバーミヤンで破れ、英国領インドに追放。
1842年　1月、イギリス軍、カブール撤退の途中虐殺される。8月、イギリス、遠征隊を派遣。10月、イギリス、アフガニスタンから去る。ドスト・モハンマド、21年間の国王の座と支配権を取り戻す。
1855年　ペシャワル条約、イギリスとアフガニスタンの間で外交関係が再開。
1856年　ペルシア、ヘラートを数ヶ月間占領。
1857年　イギリスとアフガニスタンの条約は1月ペシャワルでドスト・モハンマドのために交付金を支給する契約をした。
1863年　ドスト・モハンマド死去。シィール・アリーが国王に。翌年より2年間、アザムとアフザルと弟であるモハンマド・アミンとによる異母兄弟による謀反を鎮圧。アブドゥール・ラフマンと彼の叔父アザムはカブールを攻撃。アフザルとアブドゥール・ラフマンの父を解放。
1866年　アフザルがアミール（王）となる。シィール・アリーはカンダハールへ逃亡。
1867年　アフザル死去。
1868年　アザムがアミール（王）となる。

1869年　シィール・アリーはアザムを制圧。アブドゥール・ラフマンはロシアへ亡命。イギリスはアミール（王）としてシィール・アリーを認定するが、彼の息子アブドゥール・ジャーンの後継者認定を拒否。アンバラ会議、アミール・シィール・アリーとインド総督メイヨー卿により開催。

1872年　グランヴィル・ゴルチャコフ協定でアフガニスタンを勢力範囲から外すことをイギリスに確約。イギリスはシースタンに境界線をひく。

1873年　アブドゥール・ジャーンがアフガニスタン国王の後継者に。シィール・アリーの長男ヤクーブ・ハーンは反乱を起こしヘラートへ逃亡。ソ連はヒヴァを支配下に。

1874年　ヤクーブ・ハーン、カブールで投獄される。

1876年　イギリス軍、クエッタを占領。

1878年　インド総督リットン卿、ドスト・モハンマドとの協定を公然と非難。11月22日、イギリス陸軍、アフガニスタンの国境線を越え、第二次英ア戦争始まる。シィール・アリー逃亡。

1879年　2月、シィール・アリー死去。6月、ヤクーブ・ハーン、イギリスとガンダマクの条約に調印し、イギリスの代表カヴァニャリのカブール入りを許可。9月、カヴァニャリ、カブールで殺害される。ロバーツ将軍、ダッカを占領し、イギリスの軍隊とともにカブールへ入る。

1880年　イギリスはアミール（王）としてアブドゥール・ラフマンを認定。

1883年　ロシア、テジェント・オアシスを占領。

1884年　イギリスとロシア、アフガニスタンの北部の境界線をめぐって交渉開始。イギリス、クエッタへ鉄道敷設再開。

1886年　イギリス、クエッタへ通ずるボラン鉄道を敷設。

1887年　ロシア、カルキ占領。アフガニスタンとロシア共和国の国境の画定。

1888年　1月、イギリス、キラ・アブドゥラまでクエッタ鉄道を拡張。

1892年　ハザーラ族の暴動鎮圧。

1893年　11月12日、アフガニスタンとイギリス、デュランド協定調印。北部、東部と南部の境界を確定。イギリス、鉄道の終着駅としてニュー・チャマン占領。

1895年　アブドゥール・ラフマンによるアフガニスタンの奴隷制度廃止宣言。ロシア共和国とイギリス、ワハン境界で同意。

1896年　カフィリスタンが改宗させられ、ヌーリスタン（光の国）と改称。

1901年　10月1日、アブドゥール・ラフマン死去。10月3日、ハビブッラー、国王の宣言をする。18年間の治世。

1903年　A・H・マクマホン、シースタン境界線を区画するためにイギリス使節団を導く。初めての普通高等学校ハビービア・カレッジ、カブールに開校。イギリス、クエッター―ヌシュキー間の鉄道の敷設開始。

1905年　アブドゥール・ラフマンとの英国協定（1880年と1893年）、アミール・ハビブッラーに承認される。

1910年　アフガニスタンで最初の電話線がカブール―ジャララバード間に設置される。

1911年　マフムード・タルジー、新聞「セラージ・ウル・アクバール」創刊。

1914年　将軍ムハンマッド・ナーディル・ハーン、アフガニスタンの最高司令官に指名される。ハビブッラー、第一次世界大戦（1914～1918年）でのアフガニスタンの中立を

表明。

1918年　カブール博物館開館。

1919年　2月20日、アミール・ハビブッラー、ラグマンで暗殺される。ナスルッラー・ハーン、ジャララバードでアミール（王）に指名。2月25日、サルダール・アマヌッラー、カブールにてアミール（王）宣言。2月28日、サルダール、ナスルッラー逮捕。

3月3日、国王アマヌッラー、インド総督に英国・アフガニスタン協定を提案。

5月3日、第三次英ア戦争開始。6月3日、アフガニスタンとイギリス、停戦合意。8月8日、イギリス・アフガニスタン予備条約、ラワルピンディ平和会議で調印。

1920年　4月17日、ムッソーリ会議開始（アフガニスタン代表ムハンマド・タルジー、イギリス代表ヘンリー・ドッブズ）。7月18日、ムッソーリ会議閉会。

1921年　ブハラのアミール（王）、アフガニスタンに亡命申請。

1月20日、アフガニスタンとイギリス間でカブール会議開始。

2月28日、友好条約、アフガニスタンとソ連間で調印。

3月1日、友好条約、アフガニスタンとトルコ間で調印。

6月3日、友好条約、アフガニスタンとイタリア間で調印。

6月22日、友好条約、アフガニスタンとペルシア間で調印。

12月2日、カブール会議閉会。イギリス、内政と外交におけるアフガニスタンの独立を承認。外交関係が2ヶ国間で樹立。

1922年　4月28日、フランスとアフガニスタンの間で外交・貿易に関する条約が樹立。

9月9日、協約により、アフガニスタンの考古学上の発掘を管理する権利、フランスに与える。

1923年　1月、イスティクラル高校、カブールに創設。

4月10日、最初の憲法発布。

6月5日、イギリスとアフガニスタン、貿易国際協定に調印。

9月、フランス大使館、アフガニスタンに開設。

1924年　ナジャト高校、創立。

1月、女性と子供のための最初の病院がアフガニスタンに開院。

5月、部族の反乱がホストで起きる。

1925年　1月、ホストの反乱制圧。

1926年　新しい貨幣単位、アフガニー貨幣を採用。10アフガニーが11カーブリー・ルピー。

3月3日、アフガニスタンとドイツ、友好条約に調印。

6月7日、アマヌッラー、王の称号を受け入れる。

8月15日、ソ連、アフガニスタンのアム河のウルタ・タガイ諸島を割譲。

8月31日、アフガニスタンとソ連、中立と相互不侵略の条約に調印。

1927年　隔週刊の「アニス」発行（やがて中心的な日刊紙となる）。

11月27日、アフガニスタンとペルシア、中立と相互不侵略の条約に調印。

12月、アマヌッラー王、インド、エジプト、イラン、ヨーロッパ訪問の旅に出立。

1928年　5月25日、アフガニスタンとトルコ、協力と友好条約を調印。

7月から9月、アマヌッラー王、改革案を発表。

11月、ジャララバード近くのシンワリ族、反乱を起こす。

12月、ハビブッラー・カラカニ、カラカーン（コーヒスタン）の反乱を指揮。

1929年　「イスラ」新聞発行。

1月14日、アマヌッラー、王位を断念。彼の兄イナヤトゥッラー即位するが3日後に退位。

6月18日、ハビブッラー・カラカニ、国王を宣言。

10月14日、ナーディル・ハーンの軍隊、カブール占領。

10月17日、ナーディル・ハーン、国王を宣言。

1930年　5月、ナーディル・シャー、1921年と1923年締結のイギリスとアフガニスタンの協定とほかの国際協定を確定。

1931年　6月24日、アフガニスタンとソ連は中立と相互不可侵の新しい条約に調印。

1932年　5月5日、アフガニスタンとサウジアラビア、友好条約調印。

8月24日、新しい行政区分を設定する法令の発布。5つの大きな区域と4つの小さな区域の設定。

10月、ホストで反乱が起こる。

1933年　北へのシバル峠経由の道路完成。

11月8日、ナーディル・シャー暗殺。息子ムハンマド・ザーヒルが国王になり、ナーディル・シャーの兄弟ムハンマド・ハーシムが首相としてとどまる。

1934年　2月16日、ザーヒル・シャー、国会の総選挙を指示。

8月21日、アメリカ、アフガニスタン正式承認。

9月25日、アフガニスタン、国際連盟に加盟。

1935年　5月、トルコ共和国、ペルシャとアフガニスタンの境界線論争の仲裁に立つ。

6月8日、ザーヒル・シャー、国会を開催。

11月、日本大使館、アフガニスタンに開館。

1936年　パシュトー語をアフガニスタンの国語と宣言。

3月、アフガニスタンとソ連、通商と不干渉の条約に調印。

3月26日、アフガニスタンとアメリカ、友好条約に調印。

1937年　ルフトハンザ航空、ベルリンとカブール間で週1度の定期便運行開始。アフガニスタンとヨーロッパ間で初の定期便。

7月、トルコ、イラク、イランと、イスラーム四国相互不可侵条約をサーダバードで結ぶ。

1939年　9月3日、第二次世界大戦始まる（～1945年）。

1940年　1月12日、17歳以上の者はすべて国家奉仕を義務づけられる。

7月29日、アフガニスタンとロシア間の貿易協定調印。

8月17日、ザーヒル・シャー、国会の声明において第二次世界大戦でのアフガニスタンの中立を宣言。

1941年　7月28日、アフガニスタン、第二次世界大戦での中立を再主張。

10月19日、イギリスとソ連の要求により、ドイツ、イタリア両住民の退去を求める。

1942年　11月5日、アフガニスタン、第二次世界大戦における中立を再度確認。

1943年　5月16日、アフガニスタン領事館、ニューヨークに開館。

1944年　3月5日、アフガニスタンと中国間で友好条約調印。

1946年　すでにある医学部と法学部を統合し、カブール大学創立。

5月9日、ムハンマド・ハーシム・ハーンは健康を理由に首相を辞任。国防大臣ムハ

ンマド・ハーンに新しい政府樹立を要求（アリー・ムハンマド—外務。ムハンマド・ダーウド—国防）。

6月13日、ソ連、国境線に関する条約に調印し、クシュカ川の右側を占領。

11月9日、国連総会、アフガニスタンの加盟を承認。

1947年　4月24日、アフガニスタン代表団、アフガニスタン・ソ連間の国境線区画のためにタシュケントへ到着。

6月13日、アフガニスタン、イギリスとインド政府に「アフガニスタン・インドの国境域とインダス川間の領域の居住者はアフガン人であり、アフガニスタン、パキスタン、インドのいずれに属するか、独立するかは彼らが自ら決めるべきである」と通達。

7月3日、イギリス、アフガニスタンに両国によって1921年に確定した国境線を守るよう返答。

9月30日、アフガニスタン、パキスタンの国連加盟に反対。

1948年　6月16日、パキスタン、アブドゥール・ガッファール・ハーンと他のフダーイ・ヘドマトガールの指揮者を逮捕。アフガニスタン、パシュトゥニスタン独立運動の宣伝開始。

9月29日、アフガニスタンとソ連、国境線画定。

1949年　4月2日、パキスタン、ワジリスタンに爆弾投下後、カラチの代理大使を召還。

6月4日、アフガニスタン、パキスタンとの通行を制限。

6月12日、パキスタン空軍機がアフガニスタン領土内モガルガイを爆撃、23人死亡。

7月11日、パキスタンの外務大臣、パキスタンはアフガニスタンと経済協力に関しては協議するが、アフガニスタン側の部族地域に関する要求は拒絶すると声明。

7月26日、アフガニスタンの国会はイギリス時代の部族地域に関する条約を破棄。

1950年　1月4日、アフガニスタンとインド、平和友好条約調印。

5月26日、アフガニスタンの法律に違反したパキスタンの大使館職員の引き渡しを要求。

7月18日、アフガニスタンとソ連、4年契約の通商条約調印。

10月14日、新内閣が首相シャー・マフムードにより発足。（ムハンマド・ダーウド—防衛。アリー・ムハンマド—外国関係担当）

10月、アフガニスタン政府、国内のユダヤ教徒のイスラエル移民を正式に認可。

1953年　9月6日、シャー・マフムード首相、辞任。ザーヒル・シャー、いとこのムハンマド・ダーウド国防相兼内相に組閣を指示。

10月26日、ムハンマド・ハーシム（1929～1946年の首相、国王のおじ）、カブールで死去。

11月30日、ダーウド首相、アメリカ合衆国のパキスタンへの軍事援助が「アフガニスタンの平和と安全を犯す」と発言。

1954年　9月17日、外相ナイム、アフガニスタンとパキスタンの関係改善を目的とした会見継続のためカラチに到着。

12月7日、外相ナイム、パシュトゥニスタン問題は領土問題でなく、パシュトゥン人が自らの意思を表明する機会だと言明。

1955年　1月14日、シャー・ムハンマド前首相、パキスタン首相と会見。

2月25日、日本企業、クンドゥーズの磁器工業への投資で合意。

3月29日、ダーウド首相、パシュトゥン人地域がパキスタンの北西辺境州に編入される可能性について重大な懸念を表明。

3月30日、カブールのパキスタン大使館前でデモ。

3月31日、カンダハールのパキスタン領事館前でデモ。

4月1日、ジャララバードのパキスタン領事館前でデモ。ペシャワルのアフガニスタン領事館が攻撃される。

4月4日、イギリス、トルコ、アメリカ合衆国、カブールのパキスタン大使館襲撃を非難。

4月12日、パキスタン、外交官と国民を避難させ、ジャララバードの領事館閉鎖。

4月29日、エジプト首相ガマル・アブドゥール・ナセル、アフガニスタン訪問。アフガニスタン、もしアフガニスタン国旗への侮辱にパキスタン側が謝罪するならば、アフガニスタンも同様の謝罪を喜んでするだろうと声明。

5月1日、パキスタン、パキスタンのすべてのアフガニスタン領事館閉鎖を要求、アフガニスタンにある領事館閉鎖を宣言。

5月4日、アフガニスタン、パキスタン国境に軍隊を動員。

5月13日、アフガニスタンとパキスタン、サウジアラビアから調停案を受け取る。

6月28日、サウジアラビア、調停案が拒絶されたと発表。

7月28日、アフガニスタン軍、動員解除。

8月14日、アフガニスタンとソ連、郵便協定調印。

8月17日、インド、ダコタ飛行機4機のアフガニスタン輸出で合意。

10月17日、アフガニスタン、カラチから大使を召還。

10月18日、パキスタン、カブールから大使を召還。

11月8日、アフガニスタン、パキスタンによるアフガニスタンへの物流制限に抗議。

11月20日、5日間の会議により、ローヤ・ジルガはパキスタンと係争中のパシュトゥン人地域の将来を決定する国民投票の要求を承認し、アメリカから軍事援助を決めたパキスタンによって崩された勢力バランスの再構築方法を見つけ、パシュトゥニスタンをパキスタンの一部とする認識を拒絶することを政府に勧める。

12月15～18日、ソ連のブルガーニン首相とソ連共産党書記フルシチョフ、公式にカブール訪問。

12月16日、ソ連、パシュトゥニスタン問題でアフガニスタンを支持。

12月18日、アフガニスタンとソ連、3つの協定（1億ドルの貸付、1931年の中立と不可侵条約延長の議定書、外交政策問題の声明書）に署名。

12月21日、アメリカ合衆国、アフガニスタンとパキスタン間のパシュトゥニスタン問題調停を申し出る。


1956年　1月8日、クエッタのアフガニスタン領事、パキスタンの命令で閉鎖。パキスタンの武官もアフガニスタンより退去命令を受ける。

1月24日、ソ連の経済代表団、1億ドルの貸付金の使途についてアフガニスタン政府と会談。

2月18日、アフガニスタンとアメリカ合衆国、1956年度の技術協力協定調印。

3月1日、アフガニスタンとソ連、水力発電所、ヒンドゥークシュの道路、空港、モ

ーター修理工場、貯水場の建設のための技術協力について調印。

3月6日、SEATO、デュランド・ラインまでの地域がパキスタンの領土と宣言。

3月21日、アフガニスタン、アフガニスタンとパキスタンの国境としてデュランド・ラインを支持するSEATO決定に正式抗議。

3月31日、ソ連、バス15台と病院用ベッド100台の設備を贈呈。

5月7日、アフガニスタンとパキスタンの航空協定により、カラチ経由のヨーロッパ定期航空便就航。

7月26日、ソ連、ナンガルハル灌漑計画の実施に同意。

8月7〜11日、パキスタン大統領スィカンダル・ミルザー、カブール訪問。

9月12日、パン・アメリカン航空、アリアナ・アフガン航空のパイロットと地上職員の訓練を引き受ける。

9月27日、ソ連とチェコスロヴァキアから武器到着。

10月17〜30日、ダーウド首相、ソ連訪問。

10月28日、アフガニスタン空軍、ソ連からジェット機11機受領。

11月24日、ダーウド首相、カラチ訪問中にパキスタンの指導者とパシュトゥニスタン問題を討議。


1957年　1月8日、ソ連と通商議定書調印。

2月10日、モスクワ放送、パシュトー語放送開始。

6月8〜11日、パキスタン首相スフラワルディー、カブール訪問。アフガニスタンとの外交関係の回復に同意。

6月30日、アメリカ合衆国、ヘルマンド河流域開発局に対して575万ドル、道路建設と人材養成に対して286万ドルを貸付。

7月28日、通商協定がアフガニスタンと中華人民共和国により調印。

8月31日、ナイム外相、1956年のソ連との武器協定に基づいてソ連から25万ドルの援助を受けると発表。

12月21日、ソ連外相グロムイコ、新国境協定を結ぶためにモスクワでアフガニスタン代表団と会見。


1958年　1月18日、アフガニスタン・ソビエト連邦国境画定条約調印。

2月1〜5日、ザーヒル・シャー、パキスタンを訪問。

2月11〜26日、ザーヒル・シャー、2週間のインド訪問。

6月26日、アフガニスタンとアメリカ合衆国、文化協定調印。

アフガニスタンとソ連、アム・ダリアの利用議定書調印。

6月30日、ダーウド首相、アメリカ合衆国訪問。アメリカ合衆国、アフガニスタンのスピン・ボルダックからカブールまでの幹線道路の改善のための援助と、パキスタンに770万8000ドル拠出してアフガニスタンとの輸送路を改善することに同意。

7月17日、アフガニスタンとパキスタン、陸路による商品輸送の協定調印。

10月1〜5日、ソ連最高会議議長ヴォロシロフ元帥、アフガニスタン訪問。

12月7日、政府、2アフガニー貨幣と5アフガニー貨幣を流通させる。


1959年　1月1〜6日、ナイム外相、ソ連訪問。

1月12日、アメリカ合衆国、アフガニスタンに小麦を5万トンの拠出に同意。

5月18〜22日、ダーウド首相、ソ連訪問。

5月28日、アフガニスタンとソ連、カンダハール、ヘラート、クシュカの主要道路を750キロにわたって建設する協定に調印。

8月23日、ソ連、ナンガルハル灌漑完成のための援助を決定。

8月31日、アフガニスタン女性、ジャシン祝賀会に公然とベールなしで出席。

9月14日、インド首相ネルー、アフガニスタン訪問。アフガニスタン女性、ネルーに対して晩餐会にベールなしで出席。これ以後ベールは義務づけられなくなる。

10月28日、アフガニスタン・ソビエト友好協会創立。

12月1日、アフガニスタンとソ連、灌漑と、電気と水の供給を目的としたダム建設のためアム・ダリアの共同調査開始。

12月9日、アメリカ合衆国大統領アイゼンハワー、カブールを6時間訪問。

12月21日、宗教指導者、女性のベールの不着とソ連の援助を承認する政府の議案に反対を表明。


1960年　1月19日、アフガニスタンとソ連は灌漑事業とカブール川流域における発電所計画のための協定に調印。

3月2〜5日、ソ連首相フルシチョフ、カブール訪問。ソ連の援助計画を視察し、文化協力協定に調印、パシュトゥン問題についてアフガニスタンの支持を保証。

3月6日、パキスタン、ソ連に「内政問題」であるパシュトゥン問題への干渉に抗議。

3月7日、ダーウド首相、パキスタンが女性解放のようなアフガニスタンの改革に反対する宣伝をしていると言明。

アフガニスタン王政、アフガニスタン国民に対し政権樹立や政党結成に関する選択の完全な自由の保障を表明。

4月3日、カンダハール、ヘラート、クシュカのハイウェー建設開始。

4月26日、前国王アマヌッラー、スイスで死去。

5月18日、外相ナイム、アメリカ合衆国U-2機の領空侵犯についてアメリカとパキスタンに抗議。

7月2日、ソ連の援助により建設されたジャンガラク自動車修理工場が開業。

7月15日、ソ連踏査隊、アフガニスタン北部にて石油と天然ガス床を発見と発表。

8月4日、チェコスロヴァキア、アフガニスタンへの10万ポンドの技術援助を発表。

8月13日、パキスタン機2機、アフガニスタン領空を侵犯、カンダハールに着陸。パキスタン、過失と弁明。9月17日、パイロット、パキスタンに帰還。

8月18日、ダルンタ用水完成。

8月26日、アフガニスタンと中華人民共和国、友好不可侵条約調印。


1961年　2月15日、アフガニスタンとインド、貿易促進協定締結。

4月5日、ダーウド首相、モスクワでソ連首相フルシチョフと協議。プラウダ紙、パシュトゥン人の問題はソ連にとって看過できない重大事と報じる。

4月18日、アフガニスタンと西ドイツ、文化協定調印。

6月6日、ダーウド首相、パキスタンがアメリカ合衆国から援助された武器によってアフガニスタンの国民を砲撃し、過去5日間にペシャワルでパシュトゥニスタン運動の指導者1200人以上が監禁されたと言明。また首相は、アフガニスタンはパシュトゥン人の暴動を扇動していないとも表明。

6月8日、ザーヒル・シャー、国会を開催、パシュトゥニスタンの経済開発と民族自

決を強く訴える。

6月22日、パキスタン、有効なパスポート、ビザ、国際健康証明書のない遊牧民のパキスタン入国は許可されないと表明。

6月23日、パキスタン、首脳会談の前にアフガニスタンとパキスタン間に友好的な環境が必要であると表明。

6月28日、ナイム外相、記者会見でパシュトゥン人独立交渉がアフガニスタン・パキスタン間で交渉を必要とする唯一の問題であると表明。

7月23日、駐アメリカ合衆国大使ムハンマド・ハシム・マイワンドワルは、ケネディ大統領との会談の折、パシュトゥン人に対してパキスタンがアメリカ軍の武器を使用していることに重大な懸念を表明。

8月23日、パキスタン、自国のアフガニスタン領事館と貿易会社を閉鎖、アフガニスタンに与えていた輸送便宜の取り消しを考慮中と宣言。

8月30日、アフガニスタン、8月23日のパキスタンの通告に返答、領事館の閉鎖は非友好的であり、外交関係を損ねると表明。

9月3日、アフガニスタン、国境封鎖。パキスタンとの貿易が一時停止。

9月6日、アフガニスタン、パキスタンとの国交を断つ。

9月16～20日、ナイム外相、ソ連訪問。

9月18日、パキスタン、パシュトゥニスタン問題でイランの調停提案を受諾。

9月27日、ナイム外相、パキスタンにある通商部と領事館が再開されない限り、パキスタン経由の通商をアフガニスタンは許可しないと表明。

9月29日、パキスタン大統領アユーブ・カーン、アフガニスタン領事館と通商部の再開を拒否、それらは破壊活動のために使用されたと表明。

10月4日、アメリカ合衆国大統領ケネディ、ザーヒル・シャーとパキスタン大統領アユーブ・カーンに両国の関係改善を求めるメッセージを送る。

10月11日、ソ連軍視察団、カブールを11日間訪問。

10月16日、アフガニスタンとソ連、工業経済関係協力協定に調印。

10月24日、ソ連労働相代理、ソ連の援助で実行された計画を視察するためにカブールに到着。

11月2～8日、アメリカ合衆国大統領ケネディの特別代表リヴィングストン、アフガニスタンとパキスタンを訪問。パシュトゥニスタン問題の解決策がみつからず。

11月19日、アフガニスタンの貿易のため、追加輸送協定をソ連との間で調印。


1962年　1月29日、アフガニスタンとパキスタンとの国境再開。

4月14日、ダーウド首相、第2次五ヶ年計画を発表し、経済発展の為に313億アフガニーの拠出を発表。

5月6日、ソ連の援助によって建設された、プリフムリ発電所始動。

7月1日、パキスタン、アフガニスタンとの紛争調停のイランの提案を受諾。

7月12日、アフガニスタン、イランのシャーのパキスタンとの紛争調停案を容認。

7月27～31日、アフガニスタン・パキスタン紛争解決のための二つの公式会談が開催される（カブールにて、イランのシャーとザーヒル・シャー。ラワルピンディにて、シャーと大統領アユーブ・カーン）。

8月6日、クエッタ会議の間、パキスタン大統領アユーブ・カーンがアフガニスタン、

イラン、パキスタンの同盟を提案。

8月6〜15日、ザーヒル・シャー、ソ連訪問。

1963年 2月5日、内閣、ジャララバードにて、医科大学として2番目の国立大学ナンガルハル大学設立を認可。

2月25日、アフガニスタンとソ連、貿易と援助の協定調印。

3月10日、ダーウド首相辞任を発表。

3月14日、ザーヒル・シャー国王、前鉱工業相ムハンマド・ユスフに新政権を結成を要求（国防相―ハーン・ムハンマド。首相ユスフは外相兼任）。

3月25日、ムハンマド・ユスフ首相、ドイツ連邦共和国で記者会見し、国王ザーヒル・シャー自身が政府がもはや王族では成りたたず、32年前に公布された憲法は修正しなければならないこと、政党の組織の問題を検討することを決定したと発言。

4月18日、ユスフ首相、記者会見で民主主義導入と経済状態改善が政府の大きな目標と発言。

4月26日、アメリカ合衆国、アリアナ・アフガン航空のDC－6とコンヴェアー2機の購買資金として263万5000ドルの貸付金を支給。貸付金により航空機9機がアリアナ航空にもたらされることになる。

4月29日、アフガニスタンとソ連、文化協力協定調印。

5月11〜15日、インド大統領ラダクリシュナン、アフガニスタン訪問。

5月25日、アフガニスタンとパキスタンの代表者、パシュトゥニスタンに関する紛争解決のためテヘランにて会議を開始。

5月28日、イランのシャー、アフガニスタンとパキスタンは外交上と商業上の関係回復に同意と発表。

5月29日、アフガニスタンとパキスタン、関係修復を公式に発表。

6月14日、ユスフ首相、第2次計画60万ドル拠出を求めたところ、アメリカは16万ドル拠出を約束したと発言。

7月20日、アフガニスタンの領事、領事館をペシャワルとクエッタにて再開。アフガニスタン―パキスタン国境線において交通が回復。

7月25日、アリアナ・アフガン航空路は一時休止されていた飛行を再開。

9月6日、アメリカ合衆国、産業計画のためアフガニスタンに12億5000万ドルを譲渡。アフガニスタンとソ連、アフガニスタンにて原子炉の建設と原子力の平和利用のための専門家養成の協定に調印。

10月12〜17日、ソ連最高会議議長レオニド・ブレジネフ、アフガニスタン訪問。

10月16日、アフガニスタン北部の天然ガス採掘の技術援助についてソ連と合意。

11月8日、アメリカ合衆国、トラック、タイヤ、予備部品のためにアフガニスタンに2万ドルを供与。

12月2日、アフガニスタンと中華人民共和国、国境線画定条約調印。

1964年 2月29日、アブドゥール・ザーヒルにより立憲諮問委員会の会議開始（〜5月14日）。

5月31日、ザーヒル・シャー、アメリカの援助のもとで建設したカブール大学の新アリアバード校を開校。

6月29日〜7月14日、アフガニスタン軍視察団、ソ連訪問。

7月1日、パキスタン大統領アユーブ・カーン、カブールに滞在中に国王ザーヒル・

シャーとユスフ首相と共にアフガニスタン－パキスタン関係の改善をめぐって論議。

7月4～5日、ソ連副首相アナスタス・ミコヤン、カブール訪問。

7月13日、ソ連、ブリフムリ—マザリシャリフ・ハイウェーに対して2520万ドルを貸与。

7月21日、ザーヒル・シャー、ローヤ・ジルガの開催要請。

7月26日、ユスフ首相、学生に政治的活動に参加しないよう警告。

7月27日、内閣、新憲法を承認。

8月4日、提案された新憲法の内容を発表。演説と報道と政治組織結党の自由、二院制議会と独立立法の必要性の承認。

9月3日、ザーヒル・シャーとソ連第一副首相アレクセイ・コスイギン、サラング峠越えのカブール—ドッシ・ハイウェーの開設で合意。

9月6日、中華人民共和国国境での90キロの境界線を定める。

9月9日～19日、ローヤ・ジルガ、王族が政党のメンバーになることは出来ず、政治活動で自らの地位を利用できないことなどを加えた後、憲法を討議して承認。

9月21日、ドイツ連邦共和国、アフガニスタンにおける歯科と産婦人科医院に対して40万ドイツマルクを貸与。

9月22日、中華人民共和国大使館によって催されたレセプションでアフガニスタン—中華人民共和国友好協会の創設に言及。

10月1日、ザーヒル・シャー、新憲法を支持。議会解散。暫定政府の設置。

10月27日、ソ連、カブールの工業学校建設のため620万ドル貸与に同意。

10月29日～11月12日、ザーヒル・シャー、ホマイラ王妃を伴い中華人民共和国を初訪問。2ヶ国の経済と文化の関係の発展、工業面での協力に同意。

11月18日、アフガニスタンで初期ギリシア風の都市発見。フランス考古学者団はコクチャとアム川の合流点にあるこの都市は、紀元前130年に荒廃後、見捨てられたものと発表。アイ・ハヌムとして知られる。


1965年　1月1日、PDPA（アフガニスタン人民民主党）の創立。

1月12日、アメリカ合衆国は121キロのヘラート・イスラーム・ハイウェーの建設に770万ドル貸与で合意。

1月18日、ソ連、アフガニスタンに消費財の輸入に対して3年以上1110万ドル借款に合意。

1月20日、国際連合特別基金、土地・水質調査、ハザラジャート・ハイウェー調査、遠距離通信と教員訓練学校に対して717万8200ドルを交付。

1月22日、カブールの居住者11万人に対する給水網が日本の援助で完成。

2月15日、アフガニスタンとソ連、1965年度の通商条約調印。

3月2日、アフガニスタンとパキスタン、1958年協定に取って代わり、新しい5ヶ年の通商条約調印。

3月22～25日、中華人民共和国首席代理兼外相陳毅、3日間の滞在中にザーヒル・シャーとユスフ首相と協議。境界線協定、文化協定、経済と工業の協力の協定に調印。

4月5日、高校入学試験の機会を全ての学生に与える。

4月18日、世界銀行、灌漑・農業事業に対してクンドゥズとハナバード流域の調査に35万ドルの外国為替の拠出決定。

4月21～30日、ユスフ首相、ソ連を公式訪問。第3次計画のためソ連の援助の保証を獲得。

4月28日、クンドゥズ空港完成。アメリカ合衆国の援助により建設。

5月11日、新選挙法施行。20歳以上の全てのアフガニスタン人男性と女性に対し、直接選挙が決定。

5月23日、アリアナ航空がタシュケントへ週1回の航路開始。

6月5日、アメリカ合衆国の援助で、マザリシャリフ空港完成。

6月6日、三つの地方裁判所開廷（カブール、マザリシャリフ、カンダハール）。

7月1日、土地調査・統計法施行。

7月7日、国王ザーヒル・シャー、カブールの旧市街再建計画を発表。

7月15日、アメリカ合衆国は小麦生産増大を援助し、小麦を最大15万トンまで支給を決定。

7月18日、ユスフ首相、ソ連の援助で建てたジャンガラク技術校の定礎式を挙行。

7月24日、ソ連、シバルガン・ガス産出地からソ連国境までの97キロのパイプライン敷設に合意。

7月28日、ソ連、アフガニスタンの貸付金支払の30年までの延期に同意、工芸学校に対して教員を派遣。

8月3～14日、ザーヒル・シャーと王妃ホマイラ、ソ連訪問。アフガニスタンとソ連、10年にわたる中立・相互不可侵条約の延長に合意。

8月8日、第1回国勢調査によってカブールの人口43万5203人と判明。

8月26日～9月28日　国会議員の選挙。下院の216議席に対して1000人以上の候補者が、上院の28議席に対して100人の候補者が立候補。

9月9日、新出版法、アフガニスタン国民の表現の自由を認める一方、イスラームの基本的な価値と憲法に規定されている表現の自由の保護を目的に施行。

10月13日、ユスフ首相、暫定政府を提示し辞任を申し出る。国王は首相に新政府を組織することを要求。

10月14日、議会、正式に国王ザーヒル・シャーによって開催。

10月19日、下院、内閣の閣僚の信任採決が行われる前に閣僚が保有する資産の明細書を提出すべきであると決定。

10月25日、下院は191対6で機密会議にて閣僚の信任決議を決定。

学生デモは警官と軍隊による武力によって解散、3人死亡。学校は閉鎖され、集会は禁止。

下院、ユスフ首相の内閣を承認（サイード・シャムスッディン・マジュルーフ—首相代理兼外相。ハーン・ムハンマド—国防相）。採決は賛成198人、棄権15と報告。

10月27日、ザーヒル・シャー国王、内閣を承認。

10月29日、デモの結果として、ユスフ首相、健康上の理由で辞任。

ザーヒル・シャー国王、ムハンマド・マイサンドゥルに組閣を指示。

11月2日、マイサンドゥルの組閣、下院に承認（ヌール・アフマッド・エテマディ—外相。ハーン・ムハンマド—国防相）。

11月4日、マイサンドゥル首相、10月25日のデモの時死亡した数人のためにカブール大学での追悼式に突然公衆の前に顔を出す。国王の同情の声明を持参し、学生の

要求を考慮すると言明。

11月27日、カブール大学評議会、合格点の切り下げと試験の延期を求める学生の要求を拒否。

12日1日、マイサンドゥル首相、5人の内閣任命を公表。

12月13日、カブール大学科学部、騒乱のため閉鎖。

12月14日、内務省、集会を禁止。

12月16日、7人のアメリカ合衆国上院議員がカブール滞在期間にザーヒル・シャーと首相マイサンドゥルと会見。


1966年 1月1～2日、パキスタンのアユーブ・カーン大統領、タシュケント会談への途中、カブールに滞在。

1月14～15日、ソ連最高会議議長アレクセイ・コスイギン、デリーからモスクワへの途中、カブールに立ち寄る。

1月31日、「ワフダット」が第1版を発行。カル・ムハンマド・ハースタによって発行されたダリー語とパシュトー語による週刊誌は14年間発行された民間の新聞。

2月1～10日、首相マイサンドゥル、ソ連訪問。

2月11日、「ラヤメ・イムルーズ」、週2回発行。「ダリー」紙がグラーム・ナビ・ハテルにより発行。

3月2日、新カブール大学法が内閣によって承認。

4月4～9日、中華人民共和国主席劉少奇、カブールを公式訪問。

4月5日、パシュトー語新聞「アフガン国家」、グラーム・ムハンマド・ファルハードにより発刊。

4月11日、「ハルク」紙（パシュトー語・ダリー語新聞）、ヌール・ムハンマド・タラキにより発刊。

4月13日、下院が政党計画法の検討開始。

5月4日、「ハルク」紙についての討議後、上院はイスラームの価値観に反する出版はすべて停止すべきとの決議を可決。

5月22日、下院決議可決、憲法の価値観に従わない「ハルク」紙に対して処置を取るよう政府に要請。

5月23日、政府、出版法48条に基づき「ハルク」紙の発行を禁止。

5月25日、ラヤメ・イムルーズ新聞社は情報・文化大臣からの命令により発行停止、前編集者は退職。

6月20日、マイサンドゥル首相、エテマディ外相と内相シャリジをそれぞれに第1・第2首相代理に任命。

7月19日、下院、政党計画法承認。

8月20日、最高裁判所の基礎となる最高裁判委員会設立。

8月28日、ユスフ前首相、駐ドイツ連邦共和国アフガニスタン大使に任命。


1967年 1月25日、マイサンドゥル首相、内閣改造。

3月25日～4月9日、マイサンドゥル首相、アメリカ合衆国訪問。

4月2日、アブドゥール・ハキム・タビビ、駐日大使に任命される。

5月10日、アフガニスタンとソ連、天然ガスの輸出についての議定書調印。

5月30日～6月2日　ソ連最高会議幹部会議長ニコライ・ポドゴリニー、アフガニス

タン訪問。

8月20日、カブール―ヘラート間に直通の電話網が完成。

10月11日、首相マイサンドゥル、健康上の理由で辞任。ザーヒル・シャー国王、アブドゥラ・ヤフタリを暫定の首相に任命。

10月15日、ザーヒル・シャー、最高裁判所を開廷。

11月1日、ザーヒル・シャー、ヌール・アフマッド・エテマディに新たな組閣を命じる。

11月13日、エテマディの組閣、下院に承認（アリ・アフマド・ポパル―第1首相代理兼教育相。アブドゥラ・ヤフタリ―第2首相代理。ハーン・ムハンマド―国防相。ムハッド・オマル・ワルダク―内相）。

11月15日、エテマディ首相、183人の議員の討議の後、173対7で信任を獲得。エテマディは贈収賄撲滅を宣言。


1968年 1月25日、教育委員会、アフガニスタンの教育対策を決定のため編成される。

1月31日、ソ連最高会議議長コスイギン、経済問題の討議のためカブール訪問。

2月4日、チャハンスル州、パフラヴィ文献にある地域名、ニムルズと改名。

2月20日、ソ連の援助により建設されたアフガン理工研究院、初年度課程完成。初めてのクラスに224人入学。

4月21日、インド航空路、デリー―カブール間に毎週旅客航空便を導入。

4月22日、シバルガン・ガス・パイプライン開通、第2首相代理ヤフタリとソ連対外関係閣僚評議会議長スカチコフによって開通式挙行。


1969年 5月25日、アメリカ合衆国国務長官ロジャース、政府の指導者と会談のためカブール訪問。

6月10日、インド首相インディラ・ガンディー、5日間の公式訪問を終える。

6月22日、アフガニスタン政府、カブール大学の学生デモとボイコット後、カブールにある全ての初等・中等学校の閉鎖を命令。

7月17日、ソ連のイヴァン・バグラミヤン元帥に率いられたソ連軍視察団訪問開始。

11月17日、新内閣発表（ヌール・アフマッド・エテマディ―首相。アブドゥラ・ヤフタリ―第1首相代理。アブドゥラ・カユーム―第2首相代理兼教育相。ハーン・ムハンマド―国防相）。

12月25日、国防相グレチェコに率いられたソ連軍視察団、公式訪問のため滞在。

1970年 1月21日、ソ連、アフガニスタンの天然ガスの25億立方メートルの輸出のための議定書に調印。
1月26日、ハーン・ムハンマド国防相、アメリカ合衆国公式訪問。

1971年 5月17日、ヌール・アフマッド・エテマディ首相が辞任。国王ザーヒル・シャー、辞任を承認するも、新内閣が組織されるまで首相に留まるよう指示。

6月8日、前駐イタリア大使アブドゥール・ザーヒル、新たな組閣を要求される（アブドゥール・ザーヒル―首相。アブドゥール・サマド・ハミド―第1首相代理。ハーン・ムハンマド―国防相）。

6月13日、ムハンマド・ザーヒル・シャー、平和共存のため、相互の忠誠を再確認する共同声明のためのソ連訪問を終える。

8月22日、アフガニスタン、歴史上最悪の旱魃に見舞われる。

1972年　1月3日、ソ連、北部にて天然ガスの精製と収集センターの発展のため協定に調印。

1月11日　パキスタン大統領ズルフィカル・アリ・ブットー、カブール公式訪問。

5月16日、カブール・ラジオ、パシュトゥニスタンのパキスタンからの独立要求を放送。

7月21日、アメリカ合衆国特命全権公使ジョン・コナリー、アフガニスタン政府にアメリカはこれ以上の援助を約束できないと発言。

8月25日、ジャルクドゥクでの天然ガスの発見は国内で第二の貯蔵量と推定。

9月25日、アブドゥール・ザーヒル首相、辞表を提出するが、国王は拒否。

12月5日、ザーヒル・シャー、新首相任命まで官職に留まる事に同意したアブドゥール・ザーヒル首相の辞任を承認。

12月9日、ムサ・シャフィク、新たな組閣を約束。

12月11日、内閣発表（ムハンマド・ムサ・シャフィク—首相・外相。ハーン・ムハンマド—国防相）。

1973年　1月17日、東ドイツと外交関係が樹立されるであろうと放送。

3月13日、イラン首相アミル・アッバース・ホヴェダと首相ムハンマド・ムサ・シャフィク、ヘルマンド川紛争の正式和解に調印。

5月11日、パキスタン国境、2週間閉鎖。

7月8日、ザーヒル・シャー国王、休暇のためにイタリアに到着。

7月17日、ザーヒル・シャー国王、従兄弟ムハンマド・ダーウドのクーデターで失脚、国王は訪問先のイタリアに亡命。ムハンマド・ダーウド、共和国を宣言。

7月18日、ムハンマド・ダーウドが大統領と国防相を宣言。

7月19日、ソ連とインドが新政府の外交承認を延期。

7月27日、大統領ダーウド、1964年の憲法を廃止し、議会を解散させる。

8月2日、新内閣発表（ムハンマド・ダーウド—首相・国防相・外相。ムハンマド・ハサン・シャルク—首相代理。アブドゥル・マジド—司法。ファイズ・ムハンマド—内相）。

8月24日、国王を退位させ、ムハンマド・ザーヒルは王の退位を発表。

9月23日、政府の転覆計画が発覚、幾人かの軍の上級士官が逮捕。パキスタンがその集団を支援していると非難。

10月30日、インド外相スワラン・シング公式訪問のため到着。

1974年　2月16日、アフガニスタンとイラン、貿易協定調印。

4月5日、アフガニスタンとソ連、新貿易・支払協定締結。

7月7日、アフガニスタンとインド、貿易議定書調印。

7月19日、ジャルクドゥク天然ガス産出地の開発と石油の実地調査についてソ連の援助が報告される。

7月24日、イランとアフガニスタン、「ヘルマンド川共同地域」の大規模開発計画に調印。

11月1日、アメリカ合衆国国務長官ヘンリー・キッシンジャー、ムハンマド・ダーウドと会見。

1975年　2月26日、アフガニスタン政府、アメリカのパキスタンへの武器支援停止の解除を非難。

3月13日、ムハンマド・ダーウド大統領、インドを公式訪問。

5月1日、アフガニスタン政府、全ての銀行と銀行事業の国営化を発表。

7月11日、ワヒド・アブドゥラ外相代理、イスラーム外相会議に出席のためサウジアラビアへ行く。

7月28日、アフガニスタン防衛部隊、パキスタンによって武装化されたと伝えられるパンジシールのテロリスト集団を逮捕。

10月17日、イラン、技術援助と鉄道やカブール空港建設などの支援について調印。

11月21日、新内閣発足（ムハンマド・ダーウド―大統領・首相・国防相・外相。ムハンマド・ハサン・シャルク―第1首相代理。サイード・アブドゥリッラ―第2首相代理兼財務相。アブドゥール・カディル―内相）。


1976年 1月2日、アフガニスタンとソ連、ジャルクドゥク天然ガス産出地とガス産出の供給と設備を整理する協定を締結。

4月23日、赤十字社同盟、地震、大雨、洪水によって、アフガニスタンにいる約10万人がホームレス状態と報告。

6月7〜8日、パキスタン大統領ズルフィカル・アリ・ブットー、アフガニスタン訪問、ムハンマド・ダーウドと会見。

7月4日、インド大統領インディラ・ガンディー、アフガニスタン訪問。

8月8日、アメリカ合衆国国務長官ヘンリー・キッシンジャー、カブールにて大統領ダーウドと会見。

12月9日、50人以上の人が政府転覆を計画したとして検挙。


1977年 1月30日、ムハンマド・ダーウド大統領、ローヤ・ジルガを新憲法草案承認のため招集。2月14日、新憲法、ローヤ・ジルガにより承認。2月15日、ダーウド大統領、宣誓してローヤ・ジルガ解散。2月24日、新憲法公布。

2月26日、ダーウド大統領、内閣と中央革命委員会を解散。

3月13日、新政府組閣。

3月19日、新政府内閣、宣誓。

3月23日、ソ連、双務的貿易に関する会談開催のためアフガニスタン訪問。

6月22日、パキスタン首相ジフィカル・アリ・ブットー、ダーウド大統領と会見のためカブールに到着。

7月29日、アフガニスタンとソ連、カブールで6年の消費物資協定締結。

10月11日、パキスタン戒厳令行政官ズィアウル・ハク、大統領公邸で会見。

11月7日、ダーウド大統領、中央協議会メンバー指名（アブドゥル・マジド―国務。グーラム・ハイダル・ラスリ―国際防衛。サイド・フブドゥリッラー―財務。アブドゥール・カユーム―国境関係）。

11月16日、企画相アリ・アフマッド・クフラム、カブールで暗殺。


1978年 2月19日、サイド・フブドゥリッラー、副大統領に任命。

2月21日、ムハンマド・ダーウド大統領、ユーゴスラヴィア公式訪問のためカブールからベオグラードへ発つ。

2月24日、ダーウド大統領暗殺を計画と告発された25人の裁判、カブールで開始。

4月17日、PDPAの創設者の一人ミール・アクバル・ハイバル、カブールで暗殺。

4月27日、PDPA、クーデターで政権掌握。「四月（サウル）革命」。軍革命評議会、

新政府を編成。

4月29日、国防相グーラム・ハイダル・ラスリ、内相アブドゥール・カディル・ヌーリスタニ、副大統領サイド・フブドゥリッラーらが、ダーウド大統領と彼の弟ムハンマド・ナイームともに、クーデターで殺されたと、政府ラジオ報道。

4月30日、「革命評議会」宣言。ヌール・ムハンマド・タラキー、アフガニスタン民主共和国大統領兼首相に任命。革命評議会、大臣を選出（バブラク・カルマル—首相代理。ハフィーズッラー・アミン—首相代理・外相。ムハンマド・アスラム・ワタンジャール—首相代理・通信相。アブドゥール・カディル—国防相。ヌール・アフマド・ヌール—内相。スルタン・アリー・ケシュトマンド—企画相）。

5月1日、シャー・ムハンマド・ドーストとアブドゥール・ハディ・モカメル、外務大臣代理に任命。

5月6日、首相タラキー、アフガニスタンは「非同盟独立」であると述べる。

5月18日、外相ハフィーズッラー・アミン、非同盟諸国会議のため、カブールからキューバのハバナへ発つ。

7月5日、カブール・ラジオは内相ヌール・アフマドが駐ワシントン大使に任命、副大統領バブラク・カルマル、駐チェコスロヴァキア大使に任命されたと述べる。

8月17日、国民民主党中央評議会は革命評議会議長ヌール・ムハンマド・タラキーが国防相の任務を引き受けることを決定。

8月18日、カブール・ラジオは政府を打倒する陰謀が失敗し、国防相アブドゥール・カディルが陰謀加担のため逮捕されたと報道。

8月23日、PDPAの共産党政治局陰謀加担の理由で、企画相スルタン・アリー・ケシュトマンドと労働相ムハンマド・ラッフィらの逮捕を命令。

8月28日、続く任命が報道（ダスタギル・パンジャシリ—労働。アブドゥール・ラシッド・ジャリリ—教育。サヘビジャン・サフライ—民族関係担当）。

9月9日、パキスタン長官戒厳令行政官ムハンマド・ズィ－オルーハク、革命評議会議長タラキーとカブール付近のパグフマンにて会見。

9月17日、政府は韓国との外交関係を中断すると報道。

9月19日、インド対外関係担当大臣アタル・ビハリ・パジャパイはカブールにてタラキーと会見。

9月22日　タラキー、7月に任命した6人の大使を解雇（免職）。全てPDPAのパルチャム会議のメンバーである。

10月19日、アフガニスタン、新国家の象徴として赤旗採用。

12月3日、大統領ヌール・ムハンマド・タラキー、ソビエトの指導者らと会談するためにモスクワに到着。

12月5日、アフガニスタンとソ連、モスクワにて20年間友好善隣協力条約に調印。

4月、ダーウド大統領は人民民主党（PDPA）に殺害される。タラキー大統領就任。

1979年　9月、タラキー大統領が暗殺され、アミン大統領が就任。
12月、PDPAのカルマル党首が亡命先のモスクワから戻って大統領に就任。ソ連軍がアフガニスタンに侵攻。

1986年　5月、ナジブラ政権樹立。ソ連の傀儡と呼ばれる。

1988年　2月、ジュネーブ協定に合意。ソ連軍撤退を決定。

1989年　2月、ペシャワルでムジャヒディン7党連合が暫定政権樹立を宣言。ムジャディディが大統領に就任。

5月、ソ連軍がアフガニスタンより完全撤退。

1990年　1月、湾岸戦争。

1991年　8月、ソ連が崩壊。ナジブラ政権打倒を主張してムジャヒディン勢力が活発化。

1992年　4月、ナジブラ失脚、ムジャヒディン政権樹立。ムジャディディ党首、大統領就任。

5月、パキスタン、ムジャヒディン政権を承認。ナワーズ・シャリフ首相はカブールを訪問。イスラーム化徹底のため、イスラーム法に反する全法律の廃止と、禁酒・パルダ制を決定、イスラームによる国民の統合を目指すが、ヘクマティヤルは政権樹立直前に共産主義政権から寝返ったドストム派をムスリムではなく、新政権に参加する資格がないとして、ドストム派のカブールからの撤退を主張。

6月、ラバニ大統領、ファリード首相（ヘクマティヤル派）による新体制発足。ラバニの任期は半年。

8月、ヘクマティヤル派は総選挙実施を拒否し、カブールへの攻撃を開始。

12月、ラバニ大統領は10月末に任期を45日延長したのち、自派に近い4派による評議会を開催し、国家元首に就任。

1993年　1月、ラバニ評議会議長、大統領就任。ヘクマティヤル派によるカブール攻撃激化。

2月14日、パキスタン軍統合情報局（ISI）のハミード・グル局長を仲介者にしてペシャワル合意が成立するも、戦闘は再開。

3月9日、パキスタン、サウディアラビア、イランが仲介者となってイスラマバード合意が成立。ラバニ大統領、ヘクマティヤル首相の体制が整うが、マスードの国防相就任をヘクマティヤルが拒否し、シーア派統一党とカブールを攻撃。

5月20日、マスードが国防相を辞任。国防相は国防委員会としてラバニ派の管轄下に、内務省は内務委員会としてヘクマティヤル派の管轄となり、両派の軍事力を二分する方法で合意（ジャララバード合意）。暫定連合政権の発足。しかしヘクマティヤルはカブール入りを拒否する。

1994年　1月1日、ヘクマティヤル派とドストム派は共闘してカブールを攻撃。

2月、ペシャワル市内で通学バスがアフガニスタン人に乗っ取られる。パキスタンの陸軍特別部隊が犯人全員を射殺すると、カブール市内で市民がパキスタン大使館を襲撃。パキスタン政府は大使館の一時閉鎖を決定、国境を封鎖。

6月、ヘラート市でラバニ派系の会合が開催され、シューラ（評議会）やローヤ・ジルガ（大会議）による次期大統領選出を決定。ヘクマティヤルはこれを拒否、ドストム派、ムジャディディ派、統一党と共にアフガニスタン・イスラーム革命最高調整評議会（SCCIRA）を編成。ラバニは大統領任期の6ヶ月延長を決定。

10月、パキスタンのバーバル内相は在パキスタンの主要国大使に、クエッタからカンダハール、ヘラートを経由してトルクメニスタンに通じる経済ルートの開拓とアフガニスタン復興援助の視察旅行を企画。ラバニは内政干渉だと批判。「ブットー首相から中央アジアの友人への贈り物」と題して、生活用品31台を積載したトラックがクエッタを出発。

11月1日、トラックが地元の「山賊」に襲撃される。

11月4日、アフガニスタン人学生がトラックを救出。トラックを無事中央アジアへ

送り届ける。タリバンと紹介される。

11月6日、パキスタンの外務次官は同国のタリバンへの関与を否定。

12月、地元の山賊を処刑し、遺体を数日間曝す事で付近の山賊を震撼させる。タリバンの名が定着する。中旬までにアフガニスタン南部を制圧する。11月24日現在の推定勢力は2000人。


1995年　2月、タリバン、カブール南部まで進出。ヘクマティヤル派を駆逐する。

3月、タリバン、シーア派統一党のマザリ党首を殺害する。

5月、インド、パキスタン、イラン、トルコがカブールに大使館を再開。

6月、パキスタンは公賓待遇でザーヒル・シャー元国王の従兄弟で娘婿のワリー元将軍を招待。ムジャヒディン各派のほとんどがワリー元将軍のアフガニスタン入りを拒否。ラバニ派はパキスタンの動きを警戒。

9月、タリバンがヘラートを陥落させると、ラバニはパキスタンの支援を非難。カブール市民がパキスタン大使館を襲撃して大使館現地職員1名が死亡、大使館は閉鎖。パキスタン政府はアフガニスタン外交官の国外退去を命令。

10月、パキスタン政府はラバニ派政治顧問マスード・ハリリの国外退去を命令。ハリリ顧問は1996年1月にインド大使に着任。国連総会でパキスタンとラバニ政府の間で激しい応酬となる。


1996年　4月、タリバンの1000人のイスラーム学者がウマル師を首長に選出。

5月、ヘクマティヤル派がラバニ派と共闘で合意。

9月26日、タリバンがカブールを制圧、翌日ナジブラを処刑。ウマル代表は6人の国家暫定統治評議会による暫定政権の樹立を宣言。イスラーム刑法の導入を発表。アメリカ政府は、「アフガニスタン国民の権利を尊重する意志の表れ」とタリバン政府を歓迎。

10月、タリバン政府、女性の外出制限と男子公務員に顎鬚を蓄えることを命令。ラバニ派、ヘクマティヤル派、シーア派統一党とドストム派が会談し、共闘で合意。「北部同盟」の成立。


1997年　3月、北部同盟はラバニ大統領の下、マザリシャリフ市を拠点に新政権樹立を宣言。

5月、ドストム派のマリク将軍がタリバンに協力し、ドストム将軍はトルコに逃亡。政府はタリバン政府を承認。サウジアラビア、アラブ首長国連邦がこれに続く。

ウサマ・ビン・ラディンは対米・対ユダヤ聖戦のファトワーを呼びかけるが、ウマル代表は「アフガニスタン国内で自分以外の人物が首長のように振舞うことは許せない」とウサマ・ビン・ラディンを牽制、ウサマ・ビン・ラディンはウマル代表に謝罪し、タリバンとウマル首長に従う旨表明。

6月、ウマル代表が制圧後のカブールを初訪問。

10月、タリバン政府は「アフガニスタン・イスラーム首長国」を宣言し、ウマルを首長に選出する。


1998年　2月、ウサマ・ビン・ラディンがムスリムに対し、「アメリカとその同盟国の軍人・市民を問わず殺害すべき」との声明を発表。

8月7日、ケニアとタンザニアのアメリカ大使館爆破事件。

8月8日、タリバンはマザリシャリフを制圧したが、このときイラン外交官9人を殺害。このときタリバンは4000〜5000人を殺害したと言われる。

8月20日、アメリカはアフガニスタン東部ホースト州にあるテロリスト養成キャンプを攻撃。

9月、サウジアラビアはカブールから大使館員を撤退させる。

11月、アメリカはウサマ・ビン・ラディンの身柄確保につながる情報提供者に懸賞金として500万ドルを出すと発表。タリバンは独自の調査の結果、ウサマ・ビン・ラディンは無罪であると判定。


1999年 1月、タリバン宗教警察は、カブールの男性住民に対し、礼拝不参加の場合処罰すると発表。

7月、アメリカのクリントン大統領は、ウサマ・ビン・ラディンを匿うタリバンに対し経済制裁を実施する大統領令を発布。ウマル代表はこの制裁措置を不当と表明。

8月、アメリカはウサマ・ビン・ラディンの身柄引渡し問題に関し、タリバンのアメリカ国内での資産凍結を実施。キルギスタンで邦人技師誘拐事件が発生。

9月、タリバンのムッラー・ラバニ評議会議長は国連事務総長宛の書簡で、アフガニスタンにおけるウサマ・ビン・ラディン問題を含む諸事件に関する国連の理解は間違っていると主張。

10月、パキスタンで軍事クーデター。タリバンはパキスタンとの友好関係に変化はないと発表。

11月、国連は対アフガニスタン経済制裁を実施。カブールやカンダハール等で国連事務所が襲撃される。北部同盟はウサマ・ビン・ラディンに対する死刑宣告をファトワー（教令）として発令。

ザーヒル・シャー元国王を囲んだ和平会議が開催され、国民大会議（ローヤ・ジルガ）開催について合意。

12月、ハイジャックされたインド航空機がカンダハール空港に着陸、その後ハイジャック犯は人質全員を解放する。


2000年 1月、ラバニ評議会議長、国連事務総長に対し国連の経済制裁に遺憾の意を表明。日本政府はアフガニスタン国内で活動中のNGOに対し11万1377ドルを供与。タリバン政府はチェチェン政府を承認。ムタワッキル外相はパキスタンを初公式訪問。

2月、アリアナ航空便がハイジャックされる。同機はロンドンに着陸、その後人質全員が釈放された。

3月、日本政府、ザーヒド外務次官を東京に招聘し、東京での和平会議を提案。タリバンは時期が合わないと拒否。

5月、タリバン代表がニューヨークを訪問し、アメリカとの対話再開を要請。ウマル代表もアメリカとの対話再開を提案。

7月、ロシアのプーチン大統領は沖縄サミットでアフガニスタンを中心とする国際テロの脅威を強調。ウマル代表はウサマ・ビン・ラディン問題に関し、アメリカがパキスタンに仲介を求めていることについて、本件がタリバンとアメリカの2国間の問題であり、パキスタンには関係ないと発言。

9月、タリバンは北部タハール州を制圧、北部同盟の支配地域はバダフシャーン州のみとなる。ザーヒド外務次官は国連での記者会見で国土の9割を占めるタリバンが国連の議席を得るべきだと主張。

10月、アメリカはイエメンでのテロ事件（船員17人死亡）の犯人がウサマ・ビン・

ラディンであると判明した場合、アフガニスタンを攻撃すると発表。

12月、国連のアナン事務総長はパキスタンによるタリバンへの軍事支援を非難、パキスタンはこれを否定。

アメリカとロシアの提案により、国連は新たな制裁（国外のタリバン事務所とウサマ・ビン・ラディン関連施設の閉鎖と資産凍結）を決議。タリバンはカブール市内の国連和平ミッション事務所を閉鎖し、国連の和平調停を拒否。


2001年　1月3日、ウサマ・ビン・ラディン不在のまま、マンハッタンの裁判所で東アフリカにおけるテロ事件の裁判が開始される。

1月7日、中央山岳地帯でタリバンとシーア派勢力の戦闘激化。

1月、アメリカ政府はニューヨークのタリバン代表部の閉鎖を命令。

2月、タリバン内部で強硬派と穏健派の武力衝突が勃発。強硬派の勝利。カブール博物館の仏像破壊。

タリバンのウラマーが、バーミヤンの大仏立像破壊の指令を下すと、国連やその諸機関、タイ、ベトナム、スリランカ、ネパール等の仏教と関係の深い国や仏教団体、芸術団体、学者の団体、パキスタン、マレーシア、OIC内のイスラーム教育・科学・文化機関などが批判と破壊作業中止を呼びかける。

3月、タリバン政府はバーミヤンの大仏立像を破壊。

4月、マスード司令官がヨーロッパ議会の招待でフランス入り。記者会見で「ローヤ・ジルガ」の開催を求める。

4月10日、ウサマ・ビン・ラディンはムスリムに対し、反米闘争とタリバン支援を訴える声明を出す。

4月23日、国連のヴェンドレル特使は、国連が承認しているのは北部同盟のラバニ政権であると明言。

5月、タリバン、国内各地の国連事務所閉鎖を命令。

6月、タリバン、全外国人に対しタリバンの規則を遵守するとの誓約書提出を命令。

6月16日、国連の援助活動の代わりに、アラブ系NGOがカブールでの事業展開。

8月、ハーミド・カルザイ、ローヤ・ジルガ実現を求めて代表をロンドンに派遣。2001年以内にローヤ・ジルガ実現を発表。

タリバン、西側のNGO職員をキリスト教布教の疑いで逮捕。

9月10日、マスード司令官、アルジェリア系の自称ジャーナリスト2人組による自爆テロで死亡。

9月11日、アメリカで同時多発テロ起きる。同日、ムタワッキル外相はウサマ・ビン・ラディンの関与を否定。

9月12日、アメリカ政府はテロ事件実行犯として5人のアラブ人を特定したと発表。ウサマ・ビン・ラディンの関与が報じられる。

9月15日、アメリカのブッシュ大統領はウサマ・ビン・ラディンが主要な容疑者であると言明。

9月16日、マスード司令官の葬儀。後任はファヒーム・ハーン司令官。

9月19日、タリバンのシューラが開催される。翌日、シューラはウサマ・ビン・ラディンに対し、自発的にアフガニスタンを去るよう求めると共に、アメリカがアフガニスタンに攻撃を行なった場合、ジハードとして戦うことを決定。

9月21日、タリバン、ウサマ・ビン・ラディンの身柄引渡しを拒否。

9月25日、サウジアラビアはタリバンとの関係を絶つと発表。

9月26日、カブールのアメリカ大使館跡が襲撃される。

9月28日、北部同盟の代表者がローマでザーヒル・シャーとの会談に臨む。ウマル首長はザーヒル・シャーが高齢であり、国王の復帰はアフガニスタンに破滅をもたらすとしてザーヒル・シャーの復帰に強く反発。パキスタンの宗教指導者がタリバンの説得に出るも失敗。

10月、100万人規模の難民がパキスタンやイランに流入、国境地帯にも国内避難民が滞留する。

10月7日、アメリカによるアフガニスタンへの空爆開始。

10月8日、ビン・ラディン、ジハードの継続を協調し、アメリカでのテロを称賛。またアメリカの中東政策を批判。

10月10日、タリバンの空港施設はほぼ壊滅。

10月14日、ブッシュ大統領、タリバンとの交渉の余地はないと発表。

10月16日、アメリカとパキスタンは、幅広い多民族参加による新政権樹立で合意。

10月、パキスタンのイスラマバードでタリバンのムタワッキル外相がアメリカやパキスタンとの取引に応じていると報道される。

10月26日、ハリス派の元司令官アブドゥール・ハクがタリバンに殺害される。タリバンの分裂工作の失敗。

11月3日、ブッシュ大統領、ラマダーン中も攻撃と発表。ビン・ラディン、アフガニスタンへの攻撃を根拠がないと批判。国連を「犯罪者の道具」であると非難。

11月7日、ドイツとイタリアが派兵を決定。

11月8日、タリバンのカラチ領事館閉鎖。

11月10日、マザリシャリフ陥落。北部同盟が制圧。アメリカは北部同盟がカブールに侵攻するのを牽制。

11月13日、カブール、北部同盟が制圧。

11月15日、国連安保理でアフガニスタン新体制に関する決議。

11月18日、ザーヒル・シャー元国王、全勢力から成る新政権樹立を望む旨表明。

11月19日、パキスタン、タリバンと事実上の断交。

11月22日、イスラマバードのタリバン大使館閉鎖。事実上の断交。

北部クンドゥズ州を巡り北部同盟とタリバンの交渉決裂。アラブ系義勇兵が投降に反発。

11月27日、ドイツ・ボン郊外でアフガニスタン各派代表による会合開催。

12月5日、ボン会議で暫定行政機構が成立。議長はハミード・カルザイ。ドストム派は参加拒否。

12月6日、ウマル、カンダハールなど3州の明け渡しを決定。ナキーブッラーとグル・アーガーが同地入り。

12月22日、暫定政権樹立。

12月24日、ドストム将軍が国防次官に就任。

2002年　1月21日、東京でアフガニスタン復興会議開催。

1月22日、復興支援会議閉幕。45億ドル以上の支援。

1月29日、新しい国旗が掲揚される。

国王帰国を支持する大パクティアという部族の団体が、国王帰国に反対する為政者（北部同盟が任命）と衝突。

2月24日、新政権はタリバンのムタワッキル元外相の恩赦を検討と発表。

3月18日、川口外相、アフガニスタン訪問。

4月8日、ファヒーム国防相、ジャララバード空港で暗殺未遂に遭う。

4月15日、北部マルディヤーン地方で新政府のための代表者選出。復興後の初選挙。

4月18日、亡命中のザーヒル・シャー元国王が帰国。

4月20日、ラバニ元大統領、ザーヒル・シャーと会談。

4月21日、ザーヒル・シャー、国王復帰を否定。

4月23日、ブリュッセルにアフガニスタンで初の女性大使起用。

4月24日、日本政府、ローヤ・ジルガに270万ドル（3億5000万円）拠出を表明。政策顧問の派遣や日本への研修員受け入れ、政治プロセス支援が柱。退役軍人と難民の社会復帰を促進する支援や復員と地雷撤去を中心とした治安改善にも尽力の方向。

4月28日、カブールの南60キロのパクティア州ガルデズで支配権を巡り戦闘。25人以上が死亡。

ザーヒル・シャー元国王が裁判所を再開させる儀式に臨席。

5月1日、川口外相、カブールを訪問、カルザイ議長と会談。

5月2日、米軍、タリバンとアル・カーイダ捜索に兵士数百人投入。

5月10日、上海でアジア開発銀行（ADB）年次総会開幕。東京会議で決定した対アフガニスタン資金供与を開始。2年半で5億ドル（640億円）の資金供与を決定しており、当初は約1500万ドルを拠出の予定。その後年内に2億ドルに増額の見込み。

5月11日、204人のパキスタン人兵士が釈放される。先週にはドストムも600人のパキスタン人を釈放。

5月15日、中国の唐家璇外相がカブールを訪問、中国にとって37年ぶりの大臣訪問。

米国防総省、2001年10月以降の戦費は170億ドルと発表。

5月22日、北部クンドゥズの西60キロと領土権を巡りラバニ派とドストム派の衝突、6人死亡。

5月24日、米軍特殊部隊は戦闘の末、タリバン兵士50人を拘束。

5月27日、ザーヒル・シャーは象徴的国家元首への就任受け容れを表明、政治的権限は持たず、君主制復活を否定。

5月28日、国連は、過去数週間内でローヤ・ジルガ参加予定者8人が殺害と発表。

5月29日、ヘクマティヤル、アフガニスタンの解放を求める反米・反英ジハードを提唱。

アブドゥール・ハリーク・ファズル公共事業相が訪問先のイランより帰国、シースターンからニムルーズ、バローチスタンへの通商路開拓について合意を得たと発表、ザボール州のミラク地点に「アブリシャム」橋の建設も決定。

アメリカはガスパイプライン敷設に関し14億ドル以上の拠出を決定。

ユネスコはバーミヤンの大仏復元を断念し、現状のまま保存することを決定。

5月30日、カルザイ首相がイスラマバード訪問、アフガニスタン、パキスタン、トルクメニスタンによるガスパイプライン敷設に関する議定書締結。

6月11日、ローヤ・ジルガ開催。

6月15日、緊急ローヤ・ジルガは、今後2年間の国名を「アフガニスタン・イスラーム暫定政府」に決定。

6月17日、南東部でタリバンのウマル代表の肉声テープ（15分間）が配布される。

6月19日、ローヤ・ジルガで新暫定政府主要14閣僚と最高裁長官の名簿を公表。ファヒーム国防相、アブドゥッラー外相、アシュラフ・アリー財務相（カルザイ氏顧問）は副大統領を兼職、カルザイは大統領に就任。

ザーヒル・シャーの閉会宣言でローヤ・ジルガは閉会。

カブール市内の米国大使館とザーヒル・シャー邸宅付近にロケット弾2発が着弾。

6月21日、イギリスはアフガニスタンに展開中の英国軍1700人を7月上旬に撤退させる見通しを発表。

6月22日、カルザイ大統領、14人の新閣僚を添えた全員の名簿を発表。副大統領はファヒーム国防相、アブドゥッラー外相、アリー財務相に加え、カディル公共事業相やハリリ・シーア派統一党党首も就任。内務大臣をタジク人のカーヌーニーからパシュトゥン人に変えるなど、閣僚の民族構成を配慮。

6月26日、ザーヒル・シャー元国王の妻がローマで死去。遺体はカブールに移送される予定。

7月1日、米軍は南部ウルズガン州で誤爆、市民48人が死亡、117人が負傷。

7月6日、カディル副大統領がカブール市内公共事業省前で暗殺される。

7月16日、東京芸術大学でアフガニスタンの文化復興支援のための「アフガニスタン展」を開催。セイエッド・マフドゥム・ラヒン情報文化相、訪日。

7月17日、国連のアナン事務総長は、安保理と国連総会への報告書でアフガニスタンの治安情勢に懸念を表明し、カブールに展開中の多国籍軍を地方にも拡大配備すべきだと勧告。

7月29日、アフガニスタンの文化をめぐる国際シンポジウムを東京芸術大学で開催。

ジャム尖塔を世界遺産に認定。

8月17日、ファヒーム国防相、カルザイ大統領との不仲説に反論。

8月19日、イギリスからの独立を祝う83回目の記念式典を開催。

8月20日、日本政府の代表団が復興支援の視察。7月までに5億6000万ドルを拠出。1億6千万ドルは教育、公衆衛生、難民支援に充填。米軍は東部パクティア州のアル・カーイダ捜索を実施。

8月21日、ファヒーム国防相、タリバンのウマル代表が生存しているであろうが、国軍が全土を管理することは不可能と述べる。

8月22日、国連は、昨年11月にタリバン兵士1000人が移送中のコンテナ貨車内で窒息死し、遺体が秘密裏にシバルガンで埋葬されていた事件に関し、集団埋葬地の調査と保護を検討。

8月29日、日本の国会議員団、カブール訪問。

9月12日、カルザイ大統領、国連総会に出席。

前田耕作（まえだ・こうさく）
1933年生まれ。名古屋大学文学部卒業。和光大学名誉教授、東京藝術大学客員教授。アジア文化史を専攻。著書に『巨像の風景』（中公新書）、『玄奘三蔵、シルクロードを行く』（岩波新書）、『バクトリア王国の興亡』（ちくま学芸文庫）、『宗祖ゾロアスター』（ちくま学芸文庫）、『アフガニスタンの仏教遺跡バーミヤン』（晶文社）、『アフガニスタン往還半世紀』（明石書店）、『パラムナード』（せりか書房）など多数。

山根　聡（やまね・そう）
1964年生まれ。大阪大学大学院言語文化研究科教授。パキスタン・パンジャーブ大学大学院ウルドゥー文学研究科修了。博士（京都大学・地域研究）。ウルドゥー文学、南アジア・イスラーム論。著書に『現代パキスタン分析』（共著、岩波書店）、『食から描くインド』（共編著、春風社）、『越境者たちのユーラシア』（共編著、ミネルヴァ書房）、『朝倉世界地理講座－大地と人間の物語－５中央アジア』（朝倉書店）など。

アフガニスタン史

2002年10月30日　初版発行
2021年10月20日　新装版初版印刷
2021年10月30日　新装版初版発行

著　者　前田耕作・山根　聡
装幀者　岩瀬　聡
発行者　小野寺優
発行所　河出書房新社
〒151－0051　東京都渋谷区千駄ヶ谷２－32－２
電話　(03) 3404－1201〔営業〕(03) 3404－8611〔編集〕
https://www.kawade.co.jp/
組版　KAWADE DTP WORKS
印刷　モリモト印刷株式会社
製本　加藤製本株式会社
落丁・乱丁本はお取替えいたします
ISBN978－4－309－22835－8